AF273564

EL MANIFIESTO COMUNISTA
de Marx y Engels
con las
NOTAS ACLARATORIAS
de

David
RIAZÁNOV

LIBROS
CORRIENTES

Conjunto de notas publicadas originalmente en ruso por David Riazánov en su edición de 1922 del *Manifiesto comunista* dentro de la colección Biblioteca Marxista del Instituto Marx y Engels, creado por él en 1919. Utilizamos la traducción publicada en 1975 por la editorial Aquarius, si bien ampliamente purgada de errores. La hemos cotejado con la inglesa publicada por Martin Lawrence en 1930 y con la de Wenceslao Roces, publicada por Editorial México en 1949.

La traducción del *Manifiesto comunista* ha sido extraída de la publicada por Progreso en 1973.

Colección: De lo social, 33, serie «Ensayo»

1.ª edición, febrero de 2026

© De la edición, Libros Corrientes

ISBN: 978-84-126975-4-4
Depósito legal: M-1974-2026

Impreso en Estugraf

LIBROSCORRIENTES.ES
LIBROSCORRIENTES.INFO@GMAIL.COM

Nota corriente

Esta es la edición del *Manifiesto comunista* que habría que leer si sólo hubiera que leerlo una vez.

En 1922, David Riazánov, fundador del Instituto Marx-Engels, realiza una edición del *Manifiesto* con sus propias notas. Las notas tienen una extensión cuatro veces mayor que el propio manifiesto. En ellas, Riazánov se limita (añádanse las comillas pertinentes) a contextualizar históricamente el panfleto. Su trabajo consiste en glosar las referencias a personajes, escuelas de pensamiento y eventos históricos aludidos por Marx y Engels explícita o implícitamente. También remite ampliamente a fragmentos de las obras de estos en que se tratan los mismos temas, ayudando a entender su génesis..

En 1922 esas notas ya eran de gran utilidad, pero un siglo después de esta edición y, por tanto, siglo y medio después de la publicación del *Manifiesto*, esas notas han pasado a ser de un valor incalculable. Su lectura, más que nunca, ayuda a entender con mayor precisión y claridad así como evitar los no pocos malentendidos que sobre el texto recaen.

La presente edición retoma el trabajo de Riazánov tratando de que la lectura de las notas se acompase con las del texto.

Considerando que, pese a su enorme valor, no dejan de ser un acompañamiento a la lectura del panfleto, nuestra edición coloca las notas «al pie», es decir, en continuidad con el texto principal, aun-

que, eso sí, primando la lectura de las notas de Riazánov editándolas con un mayor tamaño de letra.

Es así que hemos decidido acotar en recuadro gris
el texto del *Manifiesto*, cortándolo allí donde la nota
se inserta para reproducirla íntegramente antes de
continuar con aquel. La idea es que las glosas de Riazánov se lean siempre al hilo del *Manifiesto*.

Su lectura evita montones de los muchos malentendidos que las ideas de Marx y Engels han sufrido
(en algunas ocasiones por una mala interpretación,
en muchas otras por interés ideológico). Esa es la intención que animó el trabajo de Riazánov, la misma
que anima ahora el nuestro.

UN FANTASMA RECORRE EUROPA: EL FANTASMA DEL COMUNISMO. Todas las fuerzas de la vieja Europa se han unido en santa cruzada para acosar a ese fantasma: el Papa y el zar, Metternich y Guizot, los radicales franceses y los polizontes alemanes.[1]

1. LA BATIDA CONTRA LOS COMUNISTAS EN 1847

Al ser elevado al solio pontificio en 1846, Pío IX se consideraba a sí mismo como un «liberal». En su actitud hacia el socialismo demostró, sin embargo, la misma hostilidad que el zar Nicolás I (1796-1855), desempeñando el papel de polizonte de Europa aun antes de que estallase la revolución de 1848. Metternich (1773-1859), canciller del imperio austríaco y representante caracterizado de la reacción europea, mantenía por entonces estrechas relaciones con Guizot, el más saliente historiador de la época, que había dirigido el Ministerio de Asuntos Exteriores de Francia desde 1840, pasando luego a ocupar la jefatura del Ministerio. Guizot (1787-1874) era el caudillo intelectual de la alta finanza y de la burguesía industrial y un enemigo irreconciliable del proletariado. A instancias del gobierno prusiano expulsó a Marx (1818-1883) de París. La policía alemana no sólo no dejaba en paz a los comunistas en su propio país, sino que los acosaba igualmente fuera de sus fronteras, en Francia, en Bélgica y hasta en Suiza, valiéndose de cuantas armas tenía a su alcance y utilizando todos los medios posibles para detener y ahogar su propaganda. Los radicales franceses Marrast (1801-1852),

Camot (1801-1888) y Marie (1795-1870) sostuvieron batallas polémicas no sólo contra los comunistas y socialistas, sino contra los socialdemócratas de su tiempo, acaudillados por Ledru-Rollin (1807-1874) y Flocon (1800-1866).

¿Qué partido de oposición no ha sido tachado de comunista por sus adversarios en el poder? ¿Qué partido de oposición, a su vez, no ha lanzado tanto a los representantes de la oposición, más avanzados, como a sus enemigos reaccionarios, el epíteto zahiriente de *comunista*?

De este hecho resulta una doble enseñanza:

Que el comunismo está ya reconocido como una fuerza por todas las potencias de Europa.

Que ya es hora de que los comunistas expongan a la faz del mundo entero sus conceptos, sus fines y sus tendencias, que opongan a la leyenda del fantasma del comunismo un manifiesto del propio partido.

Con este fin, comunistas de las más diversas nacionalidades se han reunido en Londres y han redactado el siguiente Manifiesto, que será publicado en inglés, francés, alemán, italiano, flamenco y danés.

I. BURGUESES Y PROLETARIOS

La historia de todas las sociedades hasta nuestros días es la historia de las luchas de clases.[2]

2. Haxthausen, Maurer y Morgan

En una nota posterior (1888) a otra de las más famosas frases del Manifiesto («La historia de todas las sociedades hasta nuestros días es la historia de las luchas de clases») apunta Engels:

«Es decir, la historia escrita. En 1847, la historia de la organización social que precedió a toda la historia escrita, la prehistoria, era casi desconocida. Posteriormente, Haxthausen ha descubierto en Rusia la propiedad comunal de la tierra; Maurer ha demostrado que esta fue la base social de la que partieron históricamente todas las tribus germanas, y se ha ido descubriendo poco a poco que la comunidad rural, con la posesión colectiva de la tierra, ha sido la forma primitiva de la sociedad, desde la India hasta Irlanda. La organización interna de esa sociedad comunista primitiva ha sido puesta en claro, en lo que tiene de típico, con el culminante descubrimiento hecho por Morgan de la verdadera naturaleza de la *gens* y de su lugar en la tribu. Con la desintegración de estas comunidades primitivas comenzó la diferenciación de la sociedad en clases distintas y, finalmente, antagónicas. He intentado analizar este proceso en la obra *El origen de la familia, la propiedad privada y el Estado*, 2.ª ed., Stuttgart, 1866.»

August von Haxthausen (1792-1866) era un barón prusiano. En 1843, a petición de Nicolás I, se trasladó a Rusia con el fin de hacer investigaciones e informar acerca de las leyes rurales, las condiciones de la agricultura y la vida del campesino.

Fruto de esta labor fue un libro titulado *Estudio de la vida del pueblo y en particular de las instituciones agrarias de Rusia*, cuyo primer volumen apareció en 1847, y el tercero en 1852, cerca de cinco años después de la publicación del *Manifiesto comunista*. El tercer volumen estaba principalmente dedicado a estudiar el comunismo agrario ruso. En sus viajes por Rusia, Haxthausen había sido acompañado por Aleksandr Herzen (1812-1870), a quien sus escritos de política revolucionaria habían de elevar más tarde a lugar tan prominente. Bajo la influencia de su amigo, Haxthausen exaltó la importancia del comunismo agrario ruso, viendo en él el medio para salvar a la nación de la «plaga» que representaba el tener que pasar por un período de desarrollo proletario.

Georg Ludwig von Maurer (1790-1872) fue un gran historiador, abogado, estadista y escritor alemán, que dedicó muchas de sus obras al estudio de las primitivas instituciones de los germanos. Estas obras, publicadas en el transcurso de las décadas del 50 y del 60, están todas ellas consagradas a estudiar la historia de las instituciones comunales, rurales y urbanas de Alemania. Apartándose de la vieja perspectiva (de la cual se encuentran todavía algunos vestigios en el *Manifiesto comunista*), Maurer demostró que el municipio de la temprana Edad Media, lejos de proceder de la servidumbre medieval de la gleba, se había desarrollado sobre la comuna rural libre (la Marca medieval).

Lewis Henry Morgan (1818-1881), norteamericano, fue un etnólogo especializado en la investigación de las organizaciones sociales primitivas. Vivió entre los indios iroqueses, siguiendo su vida y estudiando sus costumbres. Morgan sostenía que los factores fundamentales del desarrollo histórico eran las invenciones y descubrimientos técnicos, el desarrollo de las condiciones materiales de vida. Sus ideas acerca del desarrollo de la familia humana, y especialmente sus teorías sobre los sistemas de consanguinidad y afinidad, fueron analizados y discutidos por Engels en su obra sobre *Los orígenes de la familia, la propiedad privada y el Estado*, publicada por primera vez en 1884. Engels intenta trazar en este libro el cuadro evolutivo de la sociedad desde los albores de la historia, con la mira de demostrar cómo va transformándose gradualmente en una sociedad de clases.

Hombres libres y esclavos, patricios y plebeyos, señores y siervos, maestros y oficiales, en una palabra: opresores y oprimidos se enfrentaron siempre, mantuvieron una lucha constante, velada unas veces y otras franca y abierta; lucha que terminó siempre con la transformación revolucionaria de toda la sociedad o el hundimiento de las clases en pugna.

En las anteriores épocas históricas encontramos casi por todas partes una completa diferenciación de la sociedad en diversos estamentos, una múltiple escala gradual de condiciones sociales. En la antigua Roma hallamos patricios, caballeros, plebeyos y esclavos; en la Edad Media, señores feudales, vasallos, maestros, oficiales y siervos y, además, en casi todas estas clases todavía encontramos gradaciones especiales.

La moderna sociedad burguesa, que ha salido de entre las ruinas de la sociedad feudal, no ha abolido las contradicciones de clase.

Únicamente ha sustituido las viejas clases, las viejas condiciones de opresión, las viejas formas de lucha por otras nuevas.

Nuestra época, la época de la burguesía, se distingue, sin embargo, por haber simplificado las contradicciones de clase. Toda la sociedad va dividiéndose, cada vez más, en dos grandes campos enemigos, en dos grandes clases, que se enfrentan directamente: la burguesía y el proletariado.

De los siervos de la Edad Media surgieron los vecinos libres de las primeras ciudades; de este estamento urbano salieron los primeros elementos de la burguesía.

El descubrimiento de América y la circunnavegación de África ofrecieron a la burguesía en ascenso un nuevo campo de actividad. Los mercados de la India y de China, la colonización de América, el intercambio de las colonias, la multiplicación de los medios de cambio y de las mercancías en general imprimieron al comercio, a la navegación y a la industria un impulso hasta entonces desconocido y aceleraron, con ello, el desarrollo del elemento revolucionario de la sociedad feudal en descomposición.[3]

3. LA DECADENCIA DE LA ECONOMÍA MEDIEVAL, LA ÉPOCA DE LOS DESCUBRIMIENTOS GEOGRÁFICOS Y LOS ORÍGENES DEL MERCADO MUNDIAL

La sociedad medieval, basada en la producción en pequeña escala, se hallaba ya envuelta en un activo proceso de decadencia durante la segunda mitad del siglo XV. Los progresos de la economía monetaria, resultado de las crecientes facilidades del cambio, así interior como exterior, crearon condiciones favorables para el desarrollo del capital monetario y mercantil. En el campo, el pago de los tributos feudales va haciéndose cada vez más en dinero en vez de en especie; las condiciones de la pequeña producción, lo mismo la libre que la servil, son cada vez más desfavorables; los terratenientes feudales van convirtiéndose en agricultores y echan mano de todos los recursos con tal de obtener riqueza en forma de dinero. Las fastuosas cortes y las enormes comitivas de los señores feudales fueron disueltas, y sus huestes —privadas ahora de dueño, y con ellas los campesinos que habían sido despojados de las tierras que ellos y sus antepasados venían cultivando durante tantas generaciones— fueron a engrosar las filas de los «pícaros y vagabundos» que infestaban los caminos y las ciudades. A su vez, los gremios independientes, minados por las disensiones entre maestros y oficiales, cayeron bajo la férula del capital mercantil.

Los innumerables adelantos técnicos experimentados por los medios de producción metalúrgica, la manufactura textil, la navegación, los armamentos, la relojería, los instrumentos astronómicos, la invención de la imprenta y los progresos de las investigaciones científicas, especialmente los nuevos descubrimientos hechos en el mundo astronómico, todo vino a imprimir un poderoso impulso a las fuerzas productoras, alentando a los hombres de carácter emprendedor a asumir la iniciativa. La competencia desatada entre los comerciantes y manufactureros de las costas occidentales del Mediterráneo o los de las orillas del Atlántico (sirvan de ejemplo los puertos de Génova y Lisboa) y los venecianos, que tenían el monopolio del mercado del Asia y eran dueños del Mediterráneo oriental, movió a los mercaderes aventureros portugueses, españoles y genoveses a buscar una nueva ruta hacia las Indias. El príncipe Enrique el Navegante (1394-1460), cuarto hijo del rey Juan de Portugal, y la princesa Felipa de Inglaterra, hija de Juan de Gante, se habían distinguido ya, a principios del siglo XV, por los servicios prestados en materia de descubrimientos geográficos. Aquél fue quien mandó barcos a algunos lugares de la costa de África hasta entonces desconocidos, y sus capitanes quienes descubrieron en 1418 y 1420 las islas de Madeira y Porto Santo. A él se debió el fletamento de una expedición para explorar las Azores, cuya colonización por los portugueses progresó rápidamente. Por el año 1460, los barcos del príncipe Enrique se habían aventurado hasta cerca del Ecuador, a unas cien leguas más allá de Cabo Verde. En 1486, Bartolomé Díaz (1455-1500) dio la vuelta al cabo de Buena Esperanza. Antes de que los portugueses pudieran organizar una nueva expedición para el descubrimiento de las Indias, el navegante genovés Cristóbal Colón (1446-1506) partió en su busca por la ruta occidental, y en 1492 descubrió las Antillas.

Juan Caboto (1450-1498) y su hijo Sebastián (1474-1557) desembarcaron en las costas de Norteamérica en 1497. Pero hasta un año más tarde no coronó Vasco de Gama (1460-1524) la obra comenzada por Díaz, abriendo una ruta oceánica hacia la India. Dos años después, el navegante florentino Américo Vespucio (1451-1512), del cual se deriva el nombre de América, desembarcaba en las costas del Brasil. En 1500, el comandante portugués Pedro Álvares Cabral (muerto en 1526) emprendió, enviado por el rey, la ruta de Vasco de Gama; pero vientos adversos lo desviaron tanto de su camino, que hacia el viernes santo de aquel año arribó a las costas del Brasil. Finalmente, Fernando Magallanes (1470-1521), primer navegante que dio la vuelta al globo, se abrió paso hacia el Pacífico a través del estrecho que lleva su nombre. Estas empresas y descubrimientos pusieron al mercado mundial en condiciones de absorber la creciente producción del siglo XVI, siglo en que comienza la era capitalista moderna. La cruel devastación y el horrible saqueo de las poblaciones indígenas por los primeros conquistadores (Cortés, 1485-1547, en México y Pizarro, 1476-1541, en el Perú, por ejemplo) no abrieron paso hasta la segunda mitad del siglo XVI a la explotación sistemática de las tierras vírgenes con la ayuda del trabajo de los esclavos. Durante varios siglos África fue un vasto campo de caza para los negreros, que se adentraron por el continente negro en busca de esclavos para el mercado americano. De 1508 a 1860 cruzaron el Atlántico más de quince millones de negros y otros tantos murieron durante la travesía, víctimas de los «filantrópicos» esclavistas portugueses, españoles, franceses y, sobre todo, británicos.

«El mercado de esclavos dio a Liverpool rango de gran ciudad; pues ese mercado era allí el método de la acumulación originaria. En Liverpool había hasta hace muy poco tiempo «respetables» ciudadanos dispuestos en todo momento a abogar con caluroso entusiasmo por el mercado esclavista. Véase, por ejemplo, la obra del doctor Aikín, escrita en 1795, en que se habla de aquél "audaz espíritu aventurero que caracterizó el mercado de Liverpool, elevándolo rápidamente al presente nivel de prosperidad, dando empleo a gran número de marinos y navegantes y reforzando en grandes proporciones la demanda y el mercado para las manufacturas del país..."» (Marx, *El capital*, t. I, p. 842)

A comienzos del siglo XIX, cuando el desarrollo de la industria algodonera inglesa dio nuevo impulso a la producción del algodón en rama de los estados norteamericanos del Sur, la esclavitud había llegado a ser del otro lado del Atlántico una institución nacional y la cría de esclavos una empresa comercial muy rentable.

El descubrimiento y explotación de las minas de oro y plata de Bolivia, a partir de 1545, y las de México, a partir de 1548, contribuyó a engrosar las enormes reservas de oro y plata acumuladas por los europeos. La producción de plata, desde el año 1501 a 1544, se elevó a unos 460 millones de marcos; desde 1546 a 1600 alcanzó la cifra de 2.880 millones. La cantidad de monedas de plata puestas en circulación revela un aumento proporcional a esa alza.

La colonización sistemática de Norteamérica por los ingleses comenzó en 1620. Los franceses siguieron sus huellas. Al principio, los portugueses se hicieron dueños de las Indias Orientales, pero en 1600 los ingleses y los holandeses acometieron casi simultáneamente una campaña mediante la cual, luchando contra sus rivales de Europa (los portugueses y, más tarde, los franceses), fueron poco a poco sentando el pie en ellas. Los primeros europeos que concertaron relaciones con China fueron los portugueses, que se apoderaron de Macao en 1557. Los ingleses no se establecieron en las costas chinas hasta 1684.

La antigua organización feudal o gremial de la industria ya no podía satisfacer la demanda, que

> crecía con la apertura de nuevos mercados. Vino a ocupar su puesto la manufactura. El estamento medio industrial suplantó a los maestros de los gremios; la división del trabajo entre las diferentes corporaciones desapareció ante la división del trabajo en el seno del mismo taller.[4]

4. La manufactura

Al hablar aquí de la manufactura, nos referimos a ella como a una fase en el desarrollo del capitalismo industrial. Históricamente hablando, la manufactura se desarrolló invadiendo la pequeña producción artesana. Cuando el capitalista industrial hubo cogido en sus redes al artesano independiente, reunió bajo el mismo techo y en la misma empresa a diferentes clases de operarios, encargados de rematar tal o cual fase de un trabajo (de sastrería, por ejemplo) o de acabar las diferentes piezas (las piezas de un carro, v. gr.) para luego unirlas y formar un solo producto. La ventaja de este sistema de manufactura, en la época de su implantación, consistía en que la producción podía asumir dimensiones considerables, reduciendo los gastos superfluos. Sobre esta base se erige luego un sistema que va fomentando más y más la especialización en el trabajo, hasta que, por último, la manufactura se transforma en un mecanismo armónico, cuyos diferentes miembros corren a cargo de diferentes trabajadores, cada uno de los cuales no elabora más que una pequeña parte del artículo que sus antecesores habían tenido que elaborar completo y que ahora se convierten en meros instrumentos del proceso total de la producción. En Inglaterra, en Holanda, y más tarde en Francia, el período manufacturero de la producción capitalista comienza durante la

segunda mitad del siglo XVI, alcanzando su apogeo
en las primeras décadas del XVIII. (Téngase en cuenta que los autores del Manifiesto emplean el término
«manufactura» en el sentido estricto que se le da más
arriba y no en el sentido lato que incluye, como se
advierte en la siguiente nota, la «maquinofactura»).

> Pero los mercados crecían sin cesar; la demanda
> iba siempre en aumento. Ya no bastaba tampoco la
> manufactura. El vapor y la maquinaria revolucio-
> naron entonces la producción industrial. La gran
> industria moderna sustituyó a la manufactura; el
> lugar del estamento medio industrial vinieron a
> ocuparlo los industriales millonarios —jefes de
> verdaderos ejércitos industriales—, los burgueses
> modernos.
> La gran industria ha creado el mercado mun-
> dial, ya preparado por el descubrimiento de Amé-
> rica. El mercado mundial aceleró prodigiosamente
> el desarrollo del comercio, de la navegación y de
> los medios de transporte por tierra. Este desarro-
> llo influyó, a su vez, en el auge de la industria, y
> a medida que se iban extendiendo la industria, el
> comercio, la navegación y los ferrocarriles, desa-
> rrollábase la burguesía, multiplicando sus capitales
> y relegando a segundo término a todas las clases
> legadas por la Edad Media.[5]

5. LA REVOLUCIÓN INDUSTRIAL Y EL DESARROLLO DE LA «MAQUINOFACTURA»

La revolución industrial, que representa la su-
plantación de la manufactura capitalista por la producción en gran escala, tiene lugar a fines del siglo

XVIII, con la invención de la máquina. Fue Inglaterra quien rompió la marcha, y, hablando en términos generales, podemos decir que esta revolución no termina hasta la primera mitad del siglo XIX. Comienza con toda una serie de invenciones y descubrimientos, sobre todo en materia de ganadería, agricultura, minería, producción textil y medios de transporte. El impulso inicial partió de la creación de lo que llamamos máquinas de trabajo y su invasión de la órbita hasta entonces reservada a los instrumentos del artesano o al trabajo de la manufactura. En 1733, John Kay (cuyo desempeño fue de 1733 a 1764) patenta su lanzadera, que, gracias a un mecanismo especial, sólo requería una mano para los movimientos de avance y retroceso. La primera etapa en la evolución del hilado mecánico se halla representada por el invento de Lewis Paul (muerto en 1759), patentado en 1738 y conseguido con la ayuda de John Vyatt (1700-1766). De esta máquina se decía que era capaz de «hilar sin dedos». (v. *El capital*, t. I, p. 392) James Hargreaves (muerto en 1778), tejedor y carpintero, inventa en 1767 la máquina de hilar empleada en las manufacturas de algodón. Richard Arkwright (1732-1792) construye en 1767 su célebre bastidor, cuyo mérito principal consistía en estar provisto de la urdimbre de que carecía el invento de Hargreaves. Samuel Crompton (1753-1827), labriego y tejedor, dedica cinco años a la invención de su huso mecánico, aparato que precede a los descubiertos por Hargreaves y Arkwright para hilar la hebra más fina conocida. El telar mecánico fue inventado en 1785 por Edmund Cartwright (1743-1823), pero no llegó a popularizarse hasta algunos años más tarde, gracias al industrial algodonero John Horrocks (1768-1804). Allá por la tercera y cuarta década del siglo XIX, el telar mecánico había suplantado en la industria textil a los anticuados métodos manuales.

Los progresos de la industria minera durante el siglo XVIII (la producción mundial de carbón se eleva, en el período de 1700 a 1770, de 214.800 a 7.205.400 toneladas) impusieron la introducción universal de la bomba de vapor. La fuerza motriz fue aprovechada prácticamente por primera vez para desaguar las minas. La primera máquina de Watt no sirvió más que para generalizar el empleo de las bombas de vapor introducidas por Newcom (1663-1729). La nueva bomba de Watt tenía un aparato de doble acción y fue perfeccionada más tarde por la patente de 1784. La fuerza motriz, que hasta ahora no había sido aprovechada casi más que en la industria minera, podía ya emplearse ventajosamente en mover fábricas de hilados y telares mecánicos, haciendo que el vapor reemplazase al agua como fuente de energía. En el primer cuarto del siglo XIX, el uso del vapor como generador de fuerza motriz se hizo casi universal. Luego, vinieron los transportes por medio de vapor. Robert Fulton (1765-1815) perfeccionó en 1807 el descubrimiento de la navegación a vapor, y George Stephenson (1781-1848) ideó la primera locomotora, ensayada con éxito en 1814. Cinco años más tarde se tendían los primeros carriles experimentales. El primer barco de vapor que hizo la travesía de Norteamérica a Europa, en 1819, invirtió veintiséis días en el viaje. En 1825 se abrió al servicio público en Inglaterra el primer ferrocarril. En 1830, el tendido de los ferrocarriles británicos era de unas 57 millas; en 1840, de unas 843, y en 1850 la red alcanzaba ya 6.630 millas.

En el campo de la agricultura, el antiguo sistema de cultivo a tres hojas fue suplantado por el método alternativo de rotación de cosechas. Robert Bakewell (1725-1795) descubrió nuevos métodos para la ganadería, transformándola en una nueva rama industrial y acreditando una maravillosa pericia en la producción de diferentes ejemplares que respondieran a las necesidades del mercado. Sus especialidades eran la oveja de Leicester, de lana larga, y la raza vacuna de Dishley, de asta grande, que habían de hacerse famosas. El viejo régimen rural iba sometiéndose cada vez más a las condiciones de la producción capitalista. Paralelamente con la clase media propietaria y el campesino sin tierras que se había convertido en bracero, fue desarrollándose un nuevo tipo de agricultor en gran escala, verdadero capitalista industrial, que explotaba el trabajo asalariado en su provecho personal y en provecho del terrateniente, al que había de satisfacer la renta. El giro capitalista de la agricultura cobra todavía mayor relieve en el segundo cuarto del siglo XIX.

La burguesía moderna, como vemos, es ya de por sí fruto de un largo proceso de desarrollo, de una serie de revoluciones en el modo de producción y de cambio.

Cada etapa de la evolución recorrida por la burguesía ha ido acompañada del correspondiente progreso político. Estamento oprimido bajo la dominación de los señores feudales; asociación armada y autónoma en la comuna —en unos sitios República urbana independiente; en otros, tercer Estado tributario de la monarquía— después, durante el periodo de la manufactura, contrapeso de la nobleza en las monarquías estamentales o absolutas y, en general, piedra angular de

> las grandes monarquías, la burguesía, después del
> establecimiento de la gran industria y del mer-
> cado universal, conquistó finalmente la hegemonía
> exclusiva del poder político en el Estado represen-
> tativo moderno. El gobierno del Estado moderno
> no es más que una junta que administra los nego-
> cios comunes de toda la clase burguesa.[6]

6. LA EVOLUCIÓN POLÍTICA DE LA BURGUESÍA

Lo que ante todo y sobre todo tienen presente los autores del *Manifiesto* es la evolución política de la burguesía francesa.

Marx escribe en otro sitio lo siguiente:

> «La historia de la burguesía puede dividirse en dos fa-
> ses: durante la primera, la burguesía se destaca como
> una clase sujeta al régimen feudal y a la monarquía ab-
> soluta; durante la segunda, organizada ya como clase
> independiente, derriba el orden de la sociedad feudal
> y la monarquía, e instaura sobre sus ruinas el nuevo
> sistema burgués. La primera fase necesitó un período
> de tiempo mayor que la segunda para desarrollarse y
> un caudal de energías superior para su culminación.»
> (*La miseria de la filosofía*, p. 242)

Durante los siglos XII y XIII, los municipios fran-ceses hubieron de sostener una lucha contra los mag-nates feudales, aprovechándose de sus discordias in-testinas. (La palabra «comuna» fue adoptada, según explica Engels en una nota a una de las últimas edi-ciones del *Manifiesto*, por las comunidades municipa-les de Italia y Francia después de haber comprado o arrebatado a los señores feudales el derecho a gober-narse por sí mismas.) En los primeros años del siglo

XIV solicitaron tener representación en los Estados Generales, asamblea en la que se suponía representada toda la nación. De 1356 a 1358, la burguesía de París, acaudillada por Etienne Marcel (muerto en 1358), preboste de los comerciantes de París, trató de sustituir a los Estados Generales por una institución representativa que pudiera reunirse a deliberar en determinadas fechas fijas, sin necesidad de que el rey la convocase. El monarca absoluto, aprovechándose de las disensiones encendidas entre los distintos estamentos (el clero, la nobleza, etc.), decidió pactar un arreglo con la oposición burguesa. La burguesía se convirtió así en el *tiers état*, tercer Estado, en una clase sujeta a tributación y parte integrante del Estado monárquico, equipada con derechos propios, que concentraba todas sus energías en servirse del aparato gubernamental poniéndolo al servicio del desarrollo industrial y mercantil. A la cabeza de este movimiento nos encontramos con una serie de burgueses financieros que, ayudados por los nobles cortesanos que se volvían hacia esta potencia naciente en demanda de apoyo, tratan de utilizar el poder monárquico como un instrumento para sus fines. La explosión de esta política, basada en la inhumana explotación de las masas trabajadoras y en un absoluto desprecio hacia los intereses de la pequeña burguesía, condujo a la Gran Revolución francesa, que levantó su llamarada a fines del siglo XVIII. Después del intermedio napoleónico (que terminó en 1815) y de la restauración borbónica sobrevino la revolución de 1830 y la instauración de la «monarquía de julio», prototipo clásico de gobierno parlamentario basado en el derecho de sufragio de la burguesía.

En los Países Bajos, los burgueses sostuvieron una incesante lucha contra las instituciones feudales, lucha que a veces asume la forma de una verdadera guerra civil (como, por ejemplo, en la revolución de las ciudades flamencas, capitaneada por Iprés y Brujas en 1324, y que duró varios años). En la segunda mitad del siglo XVI, la burguesía de Holanda, unida a la nobleza baja y media, acaudilló el alzamiento nacional contra los Habsburgo y, tras larga y encarnizada lucha, los Países Bajos consiguieron manumitirse del yugo extranjero. Los holandeses fueron los primeros que crearon un Estado burgués, y desde el siglo XVII sirvieron de modelo a los demás estados burgueses que fueron estableciéndose poco a poco en la Europa occidental.

Las repúblicas de las ciudades autónomas de Italia, después de sacudir el yugo de la aristocracia territorial, fueron asumiendo gradualmente la forma de oligarquías industriales y mercantiles. Pero al mismo tiempo que declinaba la hegemonía comercial del norte de Italia (donde el capitalismo mercantil se había desarrollado antes que en ningún otro país de Europa), se advertía un retroceso paralelo del capitalismo en las ciudades. Estas perdieron su antiguo esplendor, y hasta el siglo XIX no se reanudó en Italia el proceso de consolidación política de la burguesía.

En Gran Bretaña, los municipios urbanos consiguieron muy pronto representación parlamentaria, pero al iniciarse el desarrollo del capitalismo industrial, la burguesía británica no se contentó ya con el papel de consejera y postulante, sino que abrazó cada vez con mayor ímpetu la lucha por el poder político. La guerra parlamentaria, que dura desde 1641 hasta 1649, termina con la ejecución de Carlos I y la instauración de la república bajo el caudillaje de Oliver Cromwell. Tras el breve período de restauración de los Estuardo, la revolución estalló nuevamente en

1688, logrando implantar esta vez una monarquía constitucional. La burguesía encuentra ahora valiosos aliados en los terratenientes de la clase media, que atraviesan por un rápido proceso de aburguesamiento. En el campo económico, el poder cayó en manos de los sectores más influyentes de la burguesía, como había de ocurrir más tarde en Francia. Hasta muy entrado el siglo XIX, después de la reforma electoral de 1832 y la derogación de las Leyes del cereal, el Estado británico no llegó a constituir una verdadera sociedad anónima integrada por toda la clase burguesa, unida por su política de explotación del mercado mundial, y sólo a partir de este momento se convierte el gobierno británico en un comité gestor de los intereses de la burguesía.

Este proceso de centralización política, en países que apenas si habían alcanzado todavía la unidad nacional, puede seguirse aún más claramente en la historia de Italia y Alemania durante el siglo XIX. En cuanto a Francia, el proceso cobró formas sobremanera relevantes y animadas, y la burguesía impuso su centralización política entre los años 1789 y 1815, aunque los toques finales no se diesen hasta 1830, 1848-50 y 1870-75.

La burguesía ha desempeñado en la historia un papel altamente revolucionario.

Dondequiera que ha conquistado el poder, la burguesía ha destruido las relaciones feudales, patriarcales, idílicas. Las abigarradas ligaduras feudales que ataban al hombre a sus «superiores naturales» las ha desgarrado sin piedad para no dejar subsistir otro vínculo entre los hombres que el frío interés, el cruel «pago al contado». Ha ahogado el sagrado

éxtasis del fervor religioso, el entusiasmo caballe-
resco y el sentimentalismo del pequeño burgués en
las aguas heladas del cálculo egoísta. Ha hecho de
la dignidad personal un simple valor de cambio.
Ha sustituido las numerosas libertades escrituradas
y adquiridas por la única y desalmada libertad de
comercio. En una palabra, en lugar de la explotación velada por ilusiones religiosas y políticas, ha
establecido una explotación abierta, descarada,
directa y brutal.[7]

7. EL DESARROLLO DEL CAMBIO Y EL PREDOMINIO DE LOS PAGOS AL CONTADO

«El cambio tiene tras de sí su historia propia y ha pasado por varias etapas en su desarrollo. Durante algún
tiempo, en la Edad Media, por ejemplo, sólo se cambiaba lo sobrante, es decir, aquellos productos que ex-
cedían de las necesidades de la gente. Vino luego otra
fase en la cual no sólo se cambiaba ya lo sobrante, sino
que todos los productos de la industria pasaron a ser
objeto de comercio. En este período la producción dependía enteramente del cambio. Finalmente, amaneció
el día en que hasta las mismas cosas que antes se consideraban inalienables pasaron a ser artículo de tráfico
mercantil. Hasta aquellas cosas que se entregaban pero
que no se vendían, que se daban pero que no se cam-
biaban, que se adquirían pero que no se compraban (la
virtud, el amor, las ideas, la ciencia, la conciencia, etc.),
entraron en el comercio. Comienza, así un período de
corrupción al por mayor, de venalidad universal, o,
para decirlo en términos de economía política, un período en el que todo, en el orden espiritual como en el
material, se convierte en valores de cambio y desciende

al mercado para ser tasado en su justo precio.» (Marx, *La miseria de la filosofía*, p. 41)

«Cuando los bienes se convierten en valores de cambio, o viceversa, éstos en aquéllos, despierta la codicia de dinero. A medida que la circulación de esos bienes se extiende, el poder del dinero aumenta, pues el dinero es una forma de riqueza absolutamente social, siempre presta para el uso. Colón, en una carta escrita en Jamaica en 1503, dice lo siguiente: "¡Cosa maravillosa es el oro! Quien lo posee obtiene cuanto desea. ¡Con el oro se abren hasta las puertas del cielo a las almas!" Desde el momento en que el dinero no deja traslucir aquello que ha sido convertido en él, todo, sea valor moral o material, puede convertirse en oro. Todo puede ser objeto de compraventa. La circulación es la gran retorta social donde se vuelca todo para volver a salir cristalizado en dinero. Ni los mismos huesos de los santos escapan a esta alquimia, y menos aún cosas más delicadas, cosas sacrosantas que permanecían hasta ahora fuera del tráfico comercial de los hombres. Y así como todas las diferencias cuantitativas entre unos y otros bienes se borran en el dinero, el dinero es, a su vez, el nivelador radical en el que se esfuman todas las distinciones.» (Marx, *El capital*, ed. alemana, t. I, p. 195)

El régimen idílico y patriarcal imperante en Gran Bretaña en vísperas de la revolución industrial de este país aparece admirablemente descrito por Engels en su obra sobre *La situación de la clase obrera en Inglaterra* (Londres, 1892). Esta obra, escrita en 1845, traza un animado cuadro de los tejedores que todavía disfrutaban de la propiedad de pequeñas parcelas de tierra:

«No hace falta un gran esfuerzo imaginativo para comprender que la vida moral e intelectual de esta clase de trabajadores tenía mucho de parecido. Aislados de las ciudades, a las que no se trasladaban nunca (puesto que el lienzo y la hebra se los compraban los viajantes que les tenían a sueldo), los tejedores se hallaban de tal modo divorciados de la vida urbana, que aun en su vejez, después de haberse pasado una larga vida en las cercanías de una ciudad, podían decir que no la habían visto nunca. Tal era su situación en el momento mismo en que la introducción de la máquina les arrebató los medios de vida, forzándolos a buscar trabajo en las ciudades. El plano moral e intelectual de los tejedores era el mismo de los propietarios rurales de su localidad, con los cuales se asociaban libremente y a los que estaban unidos por lazos de gran intimidad, gracias a las tierras que cultivaban en los ratos que les dejaba libres su oficio. Veían en los hacendados o terratenientes principales de la vecindad sus superiores naturales. Acudían a ellos en busca de consejo, exponiéndoles sus pequeños problemas para que se los resolvieran y prestándoles la reverencia y acatamiento que este régimen patriarcal implicaba. Eran gentes "respetables", buenos padres y buenos maridos; llevaban una vida honrada y honesta, pues no estaban expuestos a tentaciones que se la torciesen, ya que en el distrito rural no había tabernas ni burdeles y el hostelero de la mina, en cuyo mesón mitigaban a veces su sed, era un hombre igualmente "respetable", tal vez un arrendatario rural, pagado de su buena cerveza, su buen orden y pendiente siempre de cerrar temprano los domingos y días de fiesta. Los hijos se criaban encerrados en su casa y educados en el principio de la obediencia y el santo temor de dios. Mientras los jóvenes permanecían solteros, persistían estas relaciones patriarcales. Los niños llegaban a la mayoría de edad en un candor idílico, manteniendo la intimidad con sus compañeros de juego hasta el matrimonio. A pesar de ser muy estrechas las relaciones que se mantenían entre los jóvenes de diferente sexo, puede afirmarse casi como regla general que estas relaciones se consideraban como mero preludio del matrimonio. Este era el corolario natural de aquéllas. En una palabra, los artesanos y oficiales ingleses de aquel tiempo vivían y se sucedían unos a otros en una vida de retraimiento, en una soledad que todavía (1845) se encuentra en ciertas partes de Alemania, sin quebraderos intelectuales de cabeza y sin ninguna sacudida violenta en su modo de vivir. Eran muy pocos los que sabían leer y muchos menos los que sabían escribir. Cumplían con gran regularidad sus deberes con la Iglesia, no hablaban nunca de política, no conspiraban contra nada, no dejaban tiempo al pensamiento, se divertían con juegos y algazaras, escuchaban la lectura de la Biblia con piadosa atención y se sometían, llenos de humildad, mansedumbre y reverencia, a sus superiores. Pero desde un punto de vista intelectual vivían muertos, entregados exclusivamente a sus pequeños intereses, a sus telares y a sus huertos, bien ajenos al pujante movimiento que, más allá de su limitado horizonte, estremecía a la humanidad. Se sentían felices con aquella existencia tranquila y vegetativa. A no ser por la revolución industrial, jamás hubieran roto con aquel género de vida, indigno de seres humanos, pese a sus románticos colores. En rigor, apenas eran seres humanos, sino simples máquinas que trabajaban al servicio de un puñado de aristócratas, en quienes hasta entonces había residido la substancia de la historia.» (Engels, op. cit, pp. 2-4)

El dinero contante, factor que preside la sociedad capitalista, es el estímulo cardinal en la vida: psicológica del burgués. De aquí el grito de guerra: «¡A llenar la bolsa!» Engels traza una vívida pintura de esto en las siguientes líneas:

«A la burguesía inglesa le tiene completamente sin cuidado que sus obreros se mueran de hambre o de hartura, ya que, mientras dura su vida, los obreros no cesan de llevar dinero a sus manos. Lo mide todo por el mismo rasero monetario, y lo que no produce dinero es considerado, sea lo que sea, como insensato, inútil, como una quimera ideológica. El obrero es, para el burgués, no un ser humano, sino un simple "brazo", como él le llama aun en su propia presencia. El burgués reconoce que, para decirlo con las palabras de Carlyle, "el pago al contado es el único lazo que une a los hombres". Hasta los lazos entre marido y mujer pueden traducirse, en el noventa y nueve por ciento de los casos, a términos monetarios. La lastimosa influencia que el dinero ejerce sobre el burgués ha dejado su rastro en el idioma inglés. Para decir que un individuo posee un capital de 10.000 libras esterlinas se emplea la siguiente frase: *So and so is worth £ 10.000* (literalmente traducido: "Fulano vale 10.000 libras esterlinas"). Todo el que tiene dinero es hombre "respetable" y se le aprecia conforme a su riqueza; ocupa un puesto entre "los de arriba" y tiene influencia; cualquier cosa que haga será siempre un modelo para sus conciudadanos. El espíritu del traficante invade todo el lenguaje. No hay relación que no se exprese en términos tomados del vocabulario comercial y se resuma en categorías económicas. La oferta y la demanda: he aquí la fórmula en que se resume toda la perspectiva vital del inglés. De ahí que tenga por tan lícita la libre competencia en todos los campos de la actividad humana, y de ahí también el régimen del *laissez-faire, laissez-aller* en política, medicina, educación, etc.; esta actitud del no intervencionismo no tardará en invadir también el campo religioso, pues el poder incuestionable de la Iglesia aliada al Estado se está derrumbando más y más conforme pasan los días.» (Engels, op. cit, pp. 279-280)

La burguesía ha despojado de su aureola a todas las profesiones que hasta entonces se tenían por venerables y dignas de piadoso respeto. Al médico, al jurisconsulto, al sacerdote, al poeta, al hombre de ciencia, los ha convertido en sus servidores asalariados.

La burguesía ha desgarrado el velo de emocionante sentimentalismo que encubría las relaciones familiares y las ha reducido a simples relaciones de dinero.

La burguesía ha revelado que la brutal manifestación de fuerza en la Edad Media, tan admirada por la reacción, tenía su complemento natural en la más relajada holgazanería. Ha sido ella la primera en demostrar lo que puede realizar la actividad humana; ha creado maravillas muy distintas a las pirámides de Egipto, a los acueductos romanos y a las catedrales góticas, y ha realizado campañas muy distintas a las migraciones de pueblos y a las Cruzadas.

La burguesía no puede existir sino a condición de revolucionar incesantemente los instrumentos de producción y, por consiguiente, las relaciones de producción, y con ello todas las relaciones sociales. La conservación del antiguo modo de producción era, por el contrario, la primera condición de existencia de todas las clases industriales precedentes. Una revolución continua en la producción, una incesante conmoción de todas las condiciones sociales, una inquietud y un movimiento constantes distinguen la época burguesa de todas las anteriores. Todas las relaciones estancadas y enmohecidas, con su cortejo de creencias y de ideas veneradas durante siglos, quedan rotas; las nuevas se hacen añejas antes de llegar a osificarse. Todo lo estamental y estancado se esfuma; todo lo sagrado es profanado, y los hombres, al fin, se ven forzados a considerar serenamente sus condiciones de existencia y sus relaciones recíprocas.[8]

8. Carácter revolucionario del capitalismo

«Mientras el artesanado y la manufactura forman la base general de la producción social, la especialización del productor en una sola rama de producción, rompiendo con toda la variedad de sus ocupaciones primitivas, es un paso necesario de progreso. Sobre esta base, y como fruto de la experiencia, cada rama especial de producción asume su forma técnica adecuada; poco a poco, esa técnica se va perfeccionando hasta adquirir cierto grado de desarrollo que le permite al fin plasmarse en su forma más conveniente. Además de las diferentes clases de materias primas que afluyen al mercado, conspira a este proceso de diferenciación el perfeccionamiento gradual de los instrumentos de trabajo. Tan pronto como una forma determinada alcanza el grado de perfección que la experiencia señala como más adecuado, esa forma se plasma y cristaliza, fenómeno que puede advertirse prácticamente en el modo como se trasmite con frecuencia de generación en generación durante miles de años. Para la industria moderna, la forma de un proceso de producción no es nunca definitiva. Por eso sus bases técnicas son revolucionarias, mientras que el fundamento técnico de todos los antiguos métodos de producción era esencialmente conservador. Por medio de la máquina, los procedimientos químicos y demás métodos de que dispone, la industria moderna, al cambiar la base técnica de la producción, cambia las funciones de los trabajadores y el régimen social de los procedimientos de trabajo. Al mismo tiempo, y con no menos premura, transforma la división del trabajo dentro de la sociedad, desplazando incesantemente masas de capital y masas de trabajo de una a otra rama de producción.» (Marx, *El capital*, t. I, pp. 524-526)

Respecto al papel histórico del capitalismo, véase Plejánov (1856-1918), *Nuestras diferencias*, en *Obras* (edición rusa), t. I, pp. 230-237.

Espoleada por la necesidad de dar cada vez mayor salida a sus productos, la burguesía recorre el mundo entero. Necesita anidar en todas partes, establecerse en todas partes, crear vínculos en todas partes.[9]

9. EXPANSIÓN DEL CAPITALISMO A TRAVÉS DEL MUNDO

El ímpetu del capitalismo durante el siglo XVI fue debido a la expansión del mercado mundial. Pero hasta después de la revolución industrial del siglo XVIII la burguesía no se extendió por toda la faz de la tierra, valiéndose de los misioneros y los hombres de ciencia para penetrar en los más remotos rincones del mundo. Los ingleses se adueñaron de Australia, Nueva Zelanda, el África del Sur y el Indostán entre los años 1770 y 1848. Francia, que durante las guerras napoleónicas perdió la mayor parte de sus posesiones coloniales, arrebatadas por los ingleses, se compensó de estas pérdidas apoderándose de grandes extensiones de terreno en el África del Norte. Y así otros países.

Mediante la explotación del mercado mundial, la burguesía ha dado un carácter cosmopolita a la producción y al consumo de todos los países. Con gran sentimiento de los reaccionarios, ha quitado a la industria su base nacional. Las antiguas industrias nacionales han sido destruidas y están destruyéndose continuamente. Son suplantadas por nuevas industrias, cuya introducción se convierte en cuestión vital para todas las naciones civilizadas, por industrias que ya no emplean materias primas indígenas, sino materias primas venidas de las más lejanas regiones del mundo, y cuyos productos no solo se consumen en el propio país, sino en todas las partes del globo. En lugar del antiguo aislamiento y la amargura de las regiones y naciones, se establece un intercambio universal, una interdependencia universal de las naciones. Y eso se refiere tanto a la producción material como a la intelectual. La producción intelectual de una nación se convierte en patrimonio común de todas. La estrechez y el exclusivismo nacionales resultan de día en día más imposibles; de las numerosas literaturas nacionales y locales se forma una literatura universal.[10]

10. Desarrollo cuantitativo y cualitativo del mercado mundial

> «Antes de la invención de la maquinaria, la actividad industrial se contraía principalmente a la elaboración de materias primas producidas en el mismo suelo nativo. Así, la Gran Bretaña tejía géneros con la lana de sus ovejas; Alemania empleaba el lino para hacer géneros de lienzo; Francia producía lino y seda y transformaba estos productos en artículos acabados; en las Indias Orientales y en Levante, donde se daba el algodón, se fabricaban productos derivados de esta planta, y así sucesivamente. La introducción de la maquinaria de vapor determinó una división del trabajo tal, que la gran industria, desarraigada del suelo nativo, llegó a depender exclusivamente del mercado mundial, del cambio internacional y de la división internacional del trabajo.» (Marx, *La miseria de la filosofía*, p. 194)

De no ser por el algodón, el yute, el petróleo y el caucho, la industria europea hubiera ido fatalmente a la ruina. La industria maquinista y automovilística de Italia depende enteramente de la importación de carbón y de metales. Todas las mercancías transportadas durante un año por el paso de San Gotardo en los tiempos más florecientes del comercio medieval podrían acomodarse hoy holgadamente en un par de trenes corrientes. Las proporciones que ha llegado a adquirir el comercio mundial pueden documentarse con ayuda de las siguientes cifras. En 1800, el comercio internacional se calcula que ascendía a 6.050 millones de marcos (1 marco=8 onzas de plata); en 1820, la cifra es de 6.820 millones; en 1840 asciende a 11.500 millones, y en 1850 se remonta a 16.650

millones. A comienzos del siglo XX, el comercio mundial había quintuplicado el volumen de 1850, alcanzando la cifra de 88.500 millones de marcos, y en 1912 se elevaba a 169.000 millones. La variedad de las mercancías lanzadas al mercado mundial es diez veces mayor. A fines del siglo XVIII aparecieron en escena, y empezaron a circular en una escala cada vez mayor ciertas «mercancías aristocráticas», artículos solicitados por las clases ricas. Entre el Báltico y las costas del noroeste de Europa se desarrolló un activo tráfico marítimo de granos y maderas de construcción. En 1790 se descargan en Londres, el centro más importante del comercio internacional, 580.000 toneladas de mercancías transportadas en barcos de vela. Cien años más tarde, esta cifra había aumentado a 7.709.000 toneladas. El desarrollo de la industria algodonera motivó una demanda cada día mayor de algodón en rama, que determinó la intensificación del cultivo de este producto en los estados norteamericanos del sur. En 1790, la producción arrojaba 2.000.000 de libras, en 1820 asciende a 180 millones. Esto determinó un aumento enorme de la importación de algodón en rama en Inglaterra. En 1751, la importación de este producto llegaba a 5.000.000 de libras; en 1820, la cifra aumentó a 142 millones. Durante el siglo XIX se operó una transformación completa en la naturaleza de los cargamentos que afluían al mercado mundial. De los Estados Unidos: trigo, algodón, petróleo y cobre; de Sudamérica: café, guano, nitro chileno y carne; de Asia: trigo, yute, algodón, arroz y té; de Australia: trigo, carne y lana. Toda esta variedad de productos era lanzada a los mares en barcos de vapor y abarrotaba los mercados del mundo.

Merced al rápido perfeccionamiento de los instrumentos de producción y al constante progreso de los medios de comunicación, la burguesía arrastra a la corriente de la civilización a todas las naciones, hasta a las más bárbaras. Los bajos precios de sus mercancías constituyen la artillería pesada que derrumba todas las murallas de China y hace capitular a los bárbaros más fanáticamente hostiles a los extranjeros. Obliga a todas las naciones, si no quieren sucumbir, a adoptar el modo burgués de producción, las constriñe a introducir la llamada civilización, es decir, a hacerse burgueses. En una palabra: se forja un mundo a su imagen y semejanza.[11]

11. Desarrollo de los medios de comunicación y transporte bajo el régimen capitalista

«La revolución operada en los métodos de producción industrial y agrícola obligaba a revolucionar también las condiciones generales del progreso social de producción, esto es, los medios de comunicación y de transporte. En una sociedad cuyas columnas (para emplear la expresión de Fourier) eran, primero, la agricultura en pequeña escala, con sus industrias domésticas derivadas, y segundo, el artesanado urbano, los medios de transporte y comunicación tenían que resultar prácticamente inadecuados para las exigencias del período manufacturero, con su amplia división del trabajo social, su concentración de los instrumentos de trabajo y de los obreros y sus mercados coloniales. Por eso, los transportes y las comunicaciones tenían que ser, como de hecho lo fueron, revolucionados. Y a su

vez, los medios de transporte y comunicación legados
por el período manufacturero al de la gran industria no
tardaron en revelarse como trabas intolerables para el
nuevo régimen industrial, con su ritmo febril de producción, sus vastas gradaciones, su constante trasiego
de capitales y trabajo de una a otra esfera de producción y las nuevas proporciones del mercado mundial.
He ahí por qué, aparte de los adelantos conseguidos en
la construcción de barcos de vela, los medios de comunicación y de transporte hubieron de irse adaptando
gradualmente, por medio de una red de vapores, ferrocarriles y telégrafos, a los métodos industriales de
la gran producción.» (Marx, *El capital*, t. I, pp. 347-8)

En la segunda mitad del siglo XVIII, los barcos que
hacían la travesía de Inglaterra a la India necesitaban
de dieciocho a veinte meses para cubrir el viaje de
ida y vuelta. Estos veleros transportaban un promedio de 300 a 500 toneladas de carga. El tonelaje total
de la flota, a fines del siglo XVIII, se aproximaba a
1.725.000 toneladas. Con la invención del barco de
vapor, impulsado al principio por ruedas de paletas y
posteriormente por un sistema de hélices, el aumento
de carga y velocidad en el tráfico marítimo adquirió
proporciones gigantescas. Actualmente, los barcos de
carga tienen un promedio de diez a doce mil toneladas, y los barcos de pasaje, con un tonelaje bruto de
cuarenta a cincuenta mil, pueden navegar a una velocidad de veinte nudos por hora. Según las estadísticas
noruegas, la capacidad de toda la flota marítima del
mundo en el año 1821 sumaba 5.250.000 toneladas,
en cuya cifra sólo correspondía un 0,2 por 100 al tonelaje de los barcos de vapor. En 1914, el tonelaje
mundial alcanzaba la cifra de 31.500.000, siendo la
inmensa mayoría barcos de vapor. En cuanto a los

ferrocarriles, la extensión mundial cubierta por las líneas férreas, en 1840, era de 4.800 millas; en 1850 ascendía a 21.600; en 1870, a 136.000, y en 1913 era ya de 690.000 millas. El promedio de velocidad de los trenes de mercancías es de veinte a veinticinco millas por hora; el de los trenes de viajeros, de treinta y cinco. En 1812 se necesitaban cinco días para trasladarse de Berlín a Viena; en 1912, el viaje queda reducido a doce horas. La travesía de Berlín a París duraba, en 1812, nueve días; en 1912, sólo dura ya diecisiete horas. En vez de los cuarenta y ocho días necesarios para hacer la travesía de Hamburgo a Nueva York, en 1812, a los cien años, en 1912, se necesitaban solamente siete días. A partir de 1840, después de las reformas introducidas por Rovland Hill (1795-1879), fueron organizados los servicios postales para responder a las demandas de la gran industria. A fines del siglo XIX este servicio abarcaba, prácticamente, el mundo entero, desde la Tierra del Fuego a los islotes helados de Spitzbergen. La Unión Postal convirtió al globo terráqueo en un solo «país postal».

El primer semáforo o telégrafo óptico, inventado por Claude Chappe (1763-1805), fue adoptado por la Asamblea Legislativa en 1792 y prestó grandes servicios a los ejércitos revolucionarios en sus luchas contra la coalición monárquica. Actualmente, el semáforo más corriente es el usado en los ferrocarriles. Antes de la invención del telégrafo eléctrico, el semáforo se utilizaba para transmitir mensajes a grandes distancias y con mucha velocidad. Hacia el año 1830 se construyó un aparato electro-telegráfico, y Morse (1791-1872), un norteamericano, inventó el método telegráfico que lleva su nombre. A partir de 1844 fue universalmente adoptado el telégrafo eléctrico como medio de comunicación acomodado a las necesidades del mercado mundial y en consonancia con el ritmo de su desarrollo. Sólo por medio del telégrafo puede el mundo del comercio mantenerse al día en las alzas y bajas de los precios. En 1865, fecha en que fue tendido el primer cable submarino, el mundo entero quedó unido por una red telegráfica. El telégrafo ha permitido estrechar los lazos entre las metrópolis y sus colonias, entre las centrales comerciales y sus sucursales y agencias en el extranjero. A fines del siglo XIX, las redes de comunicación telegráfica tendidas abarcaban una extensión de cinco millones de millas. El teléfono fue introducido hacia el año 1870, y desde entonces se ha desarrollado de tal modo, que no sólo nos permite comunicar con nuestros amigos dentro del país en que nos encontramos, sino también por encima de las fronteras nacionales. Se calcula que los hilos telegráficos y telefónicos tendidos en todo el mundo alcanzan actualmente una extensión aproximada de cuarenta millones de millas y que podrían dar la vuelta al planeta mil seiscientas veces. Con la innovación del telégrafo y el teléfono sin hilos se abre una nueva era en la historia de los medios de comunicación.

Los comerciantes ingleses, rebajando el precio de sus productos, especialmente de los artículos de algodón, arruinaron a la industria de las Indias Orientales. No contentos con sus fuentes de riqueza económica, echaron mano de los métodos políticos, sin el menor escrúpulo de conciencia. De este modo, encañonándolos con sus fusiles, obligaron a los chinos a aceptar la importación de opio. Por estos procedimientos logró vencerse la hostilidad de los japoneses contra el comercio extranjero. Sólo que esta vez fue la marina de guerra norteamericana la que cumplió la misión. Por virtud de la convención Perry de 1854, de la convención Harris de 1857 y del tratado de Yedo de 1858, los japoneses se comprometieron a abrir ciertos puertos de sus costas al mercado occidental.

> La burguesía ha sometido el campo al dominio de la ciudad. Ha creado urbes inmensas; ha aumentado enormemente la población de las ciudades en comparación con la del campo, substrayendo una gran parte de la población al idiotismo de la vida rural. Del mismo modo que ha subordinado el campo a la ciudad, ha subordinado los países bárbaros o semibárbaros a los países civilizados, los pueblos campesinos a los pueblos burgueses, el Oriente al Occidente.[12]

12. EL DIVORCIO ENTRE EL CAMPO Y LA CIUDAD

«Tres siglos necesitó Alemania para instaurar la primera división del trabajo en gran escala: la separación del campo y la ciudad. Al cambiar en este respecto las relaciones entre el campo y la ciudad, fue transformada la sociedad entera. Concentrémonos en este aspecto de la división del trabajo nada más y notemos el contraste entre las repúblicas clásicas, en que regía, de una parte, la esclavitud, y de otra el feudalismo cristiano, o, sin ir tan lejos, en el contraste entre la vieja Inglaterra, con sus terratenientes blasonados, y la moderna Inglaterra, con sus lores algodoneros. Durante los siglos XIV y XV, cuando no se conocían todavía las posesiones coloniales, cuando América no existía para los europeos y el tráfico con el Asia se mantenía al través de Constantinopla, cuando el mar Mediterráneo era la clave del comercio, en esos tiempos, la división del trabajo dentro de la sociedad era completamente distinta a lo que había de ser luego, en el siglo XVII, cuando España, Portugal, Holanda, Inglaterra y Francia se hallaban empeñadas en la adquisición de posesiones coloniales en todos los rincones del planeta.» (Marx, *La miseria de la filosofía*, pp. 177-8)

En *El capital*, Marx vuelve sobre este tema y añade:

«La base fundamental de toda división del trabajo en su pleno desarrollo, tal como la implanta el cambio de productos, es el divorcio entre el campo y la ciudad. Puede decirse que toda la historia económica de la ciudad se cifra en esa separación.» (Marx, *El capital*, t. I, pp. 371-2)

La gran industria asestó el golpe de gracia a los anticuados métodos de la agricultura, arrancando al campesino a las pésimas condiciones de la vida rural.

«En el campo de la producción agrícola, el efecto más revolucionario de la gran industria consistió en destruir el baluarte de la vieja sociedad, el campesino, desplazado ahora por el jornalero. De este modo, la apetencia de transformaciones sociales en el campo y la oposición con que tropiezan se van asimilando a las de la ciudad. El régimen capitalista de producción corta radicalmente los viejos lazos de unión entre la agricultura y la manufactura, que se mantuvieron unidas mientras ambas se hallaban en la infancia.» (Marx, *El capital*, t. I, p. 546)

Por las cifras que damos a continuación podemos juzgar de la rapidez con que se desarrolló la población urbana a expensas del campo durante las primeras décadas del siglo XIX. En 1800, el censo de población de Londres era de 959.000 habitantes; hacia 1850 había ascendido a 2.363.000. Entre 1800 y 1850, el censo de población de París se elevó de 547.000 a 1.053.000 habitantes. En el mismo período, el censo urbano de Nueva York ascendió de 64.000 a 612.000 habitantes. El aumento de población experimentado por los nuevos centros industriales, tales como Mánchester, Birmingham, Sheffield y Bradford fue todavía más rápido. Pero esto no es nada, comparado con el aumento de la población urbana durante la segunda mitad del siglo XIX. He aquí algunos datos:

	1850	1900
Viena	444.000	1.675.000
San Petersburgo	485.000	1.133.000
Berlín	419.000	1.889.000
Múnich	110.000	500.000
Essen	9.000	119.000
Leipzig	63.000	456.000
Chicago	30.000	1.699.000
Nueva York	612.000	3.437.000

En el año 1851, la población urbana de Inglaterra y el país de Gales ascendía ya a 8.991.000 habitantes, lo que arroja un 50 por 100 de la población total. Hacia 1901, el cálculo arroja 28.169.000 habitantes, o sea, el 88 por 100 de la población total del país. La rapidez con que creció el censo de población en Inglaterra y Gales puede deducirse del siguiente cuadro:

Año	Población
1690	5.000.000
1801	9.000.000
1851	17.900.000
1901	32.500.000

En 1800, la densidad de población en Inglaterra y Gales es de unos 146 habitantes por milla cuadrada; en 1840, de 265, y en 1901, de 540.

> La burguesía suprime cada vez más el fracciona-miento de los medios de producción, de la propie-dad y de la población. Ha aglomerado la población, centralizado los medios de producción y concen-trado la propiedad en manos de unos pocos. La consecuencia obligada de ello ha sido la centraliza-ción política. Las provincias independientes, liga-das entre sí casi únicamente por lazos federales, con intereses, leyes, gobiernos y tarifas aduaneras dife-rentes, han sido consolidadas en una sola nación, bajo un solo gobierno, una sola ley, un solo interés nacional de clase y una sola línea aduanera.[13]

13. LA ACUMULACIÓN DEL CAPITAL

La acumulación del capital en manos de los capitalistas sigue dos caminos distintos: primero, el capital se multiplica automáticamente, incremen-tándose con las ganancias obtenidas del trabajo ajeno (concentración del capital), y luego se acumula por la unión de varios capitales individuales formando sociedades, monopolios, sindicatos y trusts (centra-lización del capital).

La renta total sujeta a tributación en el Reino Uni-do sumaba en 1856, 307.068.898 libras esterlinas; en 1865, 385.530.020; en 1882, 601.450.977, y en 1912, 1.111.456.413. A esto hay que agregar los ingresos no sujetos a tributación, y tendremos un total de 2.200 millones de libras esterlinas. La mitad de estas rentas corresponde a una octava parte de la población. En

1884, el número de sociedades anónimas existentes en Inglaterra era de 8.192. En 1900, la cifra había ascendido a 29.730; en 1917, a 66.094. El capital de estas sociedades aumenta en la misma proporción: de 480.000.000 de libras esterlinas, en 1884, a 1.640.000.000 en 1900 y a 2.720.000.000 en 1916.

La riqueza nacional de Francia entre los años 1909 a 1913 se calculaba en 225.000 millones de francos, repartidos entre 11.634.000 franceses. De éstos, 98.243 personas poseían más de 250.000 francos cada una, sumando entre todas 106.000.000.000 de francos, o sea, cerca de la mitad de toda la riqueza nacional. Si dejamos a un lado a los grandes acaudalados, que vienen a sumar, aproximadamente, unos 18.586 individuos con un capital total de 60.500.000.000 de francos, nos quedarán menos de 9.500.000 personas con más de 10.000 francos de capital cada una y una riqueza global de 66.000 millones de francos.

En Prusia había 8.570.418 individuos cuyas rentas no llegaban a 900 marcos. Sumadas todas estas rentas nos darán una cantidad menor a la de la suma a que ascienden las rentas de 146.000 individuos de categoría superior. El siguiente cuadro se refiere a las personas que disfrutan rentas de más de 100.000 marcos cada una:

Año	Número de personas
1913	4.747
1914	5.215
1917	13.327

En 1850, la riqueza nacional de los Estados Unidos era de 7.100 millones de dólares; en 1870, de 30.000 millones, y en 1900 había ascendido a 88.500 millones. Según algunos economistas, en 1920 alcanza ya la suma de 500.000 millones de dólares. En 1917 existían 19.103 ciudadanos norteamericanos con una renta anual de más de 50.000 dólares; de éstos; 141 disfrutaban ingresos de más de 1.000.000 de dólares cada uno. El capital invertido en la industria manufacturera sumaba, en 1899, 8.900 millones de dólares, y en 1914, 22.700 millones. El capital invertido en ferrocarriles ascendía en 1899 a 11.000 millones de dólares, y en 1914, a 20.200 millones.

El National City Bank, banco controlado por los grandes trusts, poseía ya en 1879 un capital de 16.700.000 dólares. Hacia 1899, el capital del Banco había ascendido a 128 millones y en la actualidad suma ya mil millones.

Los Estado Unidos no representan más que el 7 por 100 del territorio mundial y su población hacia un 6 por 100 del censo de población del mundo; sin embargo, esta república capitalista produce el 20 por 100 del oro mundial, el 25 por 100 del trigo, el 40 por 100 del hierro y el acero, el 40 por 100 del plomo, el 40 por 100 de la plata, el 50 por 100 del cinc, el 52 por 100 del carbón, el 60 por 100 del cobre, el 60 por 100 del algodón, el 60 por 100 del petróleo, el 75 por 100 del trigo y el 85 por 100 de los automóviles que circulan por el mundo. Pues bien, toda esta producción está en manos de unos cuantos *trusts*, capitaneados por una veintena de multimillonarios como Rockefeller, Morgan, Ford, MacCormick y Armour.

La burguesía, a lo largo de su dominio de clase, que cuenta apenas con un siglo de existencia, ha creado fuerzas productivas más abundantes y más grandiosas que todas las generaciones pasadas juntas. El sometimiento de las fuerzas de la naturaleza, el empleo de las máquinas, la aplicación de la química a la industria y a la agricultura, la navegación de vapor, el ferrocarril, el telégrafo eléctrico, la asimilación para el cultivo de continentes enteros, la apertura de ríos a la navegación, poblaciones enteras surgiendo por encanto, como si salieran de la tierra. ¿Cuál de los siglos pasados pudo sospechar siquiera que semejantes fuerzas productivas dormitasen en el seno del trabajo social?[14]

14. EL CAPITALISMO Y LA CONQUISTA DE LA NATURALEZA POR EL HOMBRE

Hasta 1848, la conquista de la naturaleza por el hombre se había ido desarrollando muy lentamente. Sin embargo, el aprovechamiento energético del aire y del agua y el empleo del vapor como fuerza motriz habían hecho progresos considerables después de adoptarse con carácter general los inventos de Watt. Desde 1820, las invenciones en el campo de la electricidad se sucedieron sin cesar, destacándose los nombres de Oersted (1777-1851), Seebeck (1770-1831) y Faraday (1791-1867). Pero, a excepción del telégrafo eléctrico y de la electrometalurgia, estos descubrimientos no habían llegado a aplicarse a la industria manufacturera hasta que en el último tercio del siglo XIX apareció una nueva rama industrial: la electrotecnia.

La aplicación de las ciencias químicas a la agricultura, la química agrícola, como se la llama algunas veces, se debe principalmente a un alemán, Justus von Liebig (1803-1873), si bien no debemos omitir aquí el nombre del inglés Humphry Davy (1778-1829), cuyo libro acerca de los *Elementos de la química agrícola* vio la luz en 1813. La primera obra de Liebig, *La*

*química en sus aplicaciones a la agricultura y a la fisiolo-
gía* apareció en 1840.

> «Uno de los servicios inmortales prestados por Liebig
> a la ciencia consiste en haber expuesto los aspectos
> negativos o destructores de la agricultura moderna y
> en haberlo hecho enfocándolo en la perspectiva de las
> ciencias naturales.» (Marx, *El capital*, t. I, p. 548, nota)

Un poco más arriba, en el mismo texto, nos encontramos con estas líneas:

> «Con el aumento cada vez mayor del censo de pobla-
> ción concentrada en los grandes centros urbanos, la
> producción capitalista imprime, de un lado, mayor
> movilidad a la sociedad, mientras que de otro destruye
> el intercambio de materias entre el hombre y el suelo,
> es decir, impide que se restituyan a la tierra los elemen-
> tos que el hombre utiliza para su alimentación y vesti-
> do, restitución que es la reserva natural indispensable
> para la conservación de la fertilidad del suelo.» (Marx,
> *El capital*, t. I, pp. 546-547)

Liebig fue el primero en demostrar que la razón
de que se agotase la capacidad de producción de la
tierra estaba en que el régimen de intercambio entre
el hombre y el suelo se veía interrumpido, pues al irse
desarrollando las cosechas extraían del suelo ciertas substancias que el hombre no podía restituirle.
Una de las características de la economía capitalista,
con su separación de la ciudad y el campo, consiste
en que roba al suelo ciertas substancias fertilizadoras, sin lograr devolvérselas en forma de abono natural. En la economía natural, cuando los frutos de
la tierra se consumían casi por entero en la misma

localidad donde se producían, el abono fisiológico producido por los consumidores, así hombres como animales, bastaba para devolver al suelo sus materias fertilizantes. Pero al irse formando ciudades cada día más populosas, los productos agrícolas pasaron a ser consumidos fuera de los lugares de cultivo, sin que, por tanto, el abono natural pudieses ser restituido al suelo. Con la pérdida del abono natural surgió la necesidad de descubrir substancias fertilizadoras artificiales que devolvieran a la tierra loa elementos que le habían sido extraídos por el cultivo. Liebig sostenía que el abastecimiento de substancias minerales tenía un límite, toda vez que el suelo no podía aportarlas en cantidad ilimitada; por eso el primer deber del agricultor y la misión de los abonos consistía en restituir a la tierra aquellas materias minerales que las cosechas, al multiplicarse, le arrebataban. Con este criterio se fabricó un abono químico, integrado por las substancias minerales esenciales, tales como ácido fosfórico, potasa y nitrógeno. Desde 1840 fue generalizándose el empleo de los abonos químicos. Hoy se emplean como fertilizantes abonos artificiales nitrogenados, escoria básica y superfosfatos, huesos pulverizados y abonos sintéticos. La escoria básica es un producto obtenido de la fundición del acero, y sus propiedades fertilizantes no fueron descubiertas hasta 1878. La aplicación de la química a la producción industrial fue descubierta hacia fines del siglo XVIII. Allá por el año 1787, Nicolás Leblanc (1742-1806) fijó su atención en el urgente problema de la fabricación de carbonato sódico, como producto derivado de la sal. Sus trabajos experimentales condujeron en 1790 a la fundación de la importantísima industria del álcali, cuyos productos se emplean para el blanqueado de diferentes artículos (de determinadas clases de papel, especialmente) y para la fabricación de cohetes, cerillas, jabón, en las industrias textiles, tintes, etc. La primera aplicación práctica del gas de carbón al alumbrado se suele atribuir a William Murdoch (1754-1839), que hizo experimentos demostrativos de sus posibilidades por los años de 1792 a 1802. En 1804, un alemán hizo una demostración de este descubrimiento en el Lyceum Theatre de Londres, en la cual la invención del gas de alumbrado había alcanzado ya un alto grado de progreso. Como resultado de todas estas experiencias, el nuevo sistema fue instalado en Pall Mall, en la ciudad de Londres, en 1807. El residuo sólido más importante obtenido por la destilación del carbón es el cok; el residuo líquido da el alquitrán y el amoníaco. Entre los productos secundarios tenemos el benzol, los tintes de anilina, una serie de desinfectantes, naftalina, sacarina, etc. Los productos empleados en la fabricación de jabón y velas de sebo fueron revolucionados a comienzos del siglo XIX por las investigaciones de Chevreuil (1786-1889) sobre las grasas y los aceites, y por Leblanc (1742-1806), que hizo descubrimientos importantes en cuanto al modo de obtener sosa cáustica de la sal. Pero la nueva era de la aplicación de las investigaciones químicas a la industria no comenzó hasta mediados del siglo XVIII, pocos años después de la publicación del *Manifiesto*. Hacia el año 1848, la revolución industrial experimentada por la producción textil, que hasta entonces se había limitado principalmente a los hilados y tejidos, entró en su etapa final con los adelantos introducidos en el tinte y los procedimientos de estampación. En 1856, W. H. Perkin (1838-1907) preparó el primer tinte de anilina, o sea la materia colorante que da el tono llamado malva. No tardaron en sucederse rápidamente otros brillantes descubrimientos en la industria del tinte, procedentes de la destilación del alquitrán de hulla, y hoy día el tintorero tiene a su disposición la más compleja variedad de tintes, capaces de producir toda la gama de colores y matices, de las más diversas cualidades, poco permanentes muchos de ellos, pero otros en cambio, en gran número, absolutamente fijos y capaces de resistir toda serie de influencias.

La roturación y cultivo de las partes distantes del planeta (proceso al que se refieren Marx y Engels en el *Manifiesto*) había recorrido ya sus primeras etapas en el año 1848. En 1815, los Estados Unidos de América empezaban a ser el centro principal del cultivo del algodón. La producción algodonera de los Estados Unidos en el año 1830 fue de 73.000 balas; en el año 1840 había ascendido ya a 1.348.000. En los años que siguen al de 1850, el aumento de la producción de cereales en los Estados Unidos adquirió todavía mayor incremento. En 1840, la producción de trigo fue de 84.800.000 bushels; durante el quinquenio de 1901 a 1905, la cifra asciende a 662.000.000 de bushels anuales. La producción total de cereales fue en 1848 de 377.000.000 de bushels, mientras que en el transcurso de 1901 a 1905 el promedio de producción anual alcanza la cifra de 2.100.000.000. Canadá, América del Sur, Siberia, África, etc., no entraron en competencia con Norteamérica hasta después de 1850.

La navegación fluvial se atuvo a métodos anticuados hasta el último tercio del siglo XVIII. A mediados de este siglo, Inglaterra comenzó la construcción de canales, y en Francia empezó también a construirse una red de vías artificiales de agua. Los canales abiertos en los primeros tiempos eran, en su mayoría, de los llamados de bote o de gabarra, y por su poca profundidad y anchura sólo eran navegables por barcos

de poco calado. El desarrollo que toma la construcción de canales se debe a las necesidades del comercio. A medida que la técnica de estas obras hidráuli-
cas se fue perfeccionando fueron abriéndose canales
mayores, hasta llegar a las grandes vías practicables
por barcos de gran calado. Estos canales se abren,
bien para acortar la distancia entre dos mares, rompiendo un istmo (el canal de Suez y el de Caledonia,
por ejemplo), o para convertir importantes centros in-
teriores en puertos de mar (sirvan de ejemplo el canal
de Mánchester y el de Zeebrugge-Brujas en Flandes).
El curso tortuoso de los ríos se salvó abriendo cauces
de una curva a otra, y los declives del cauce por medio
de esclusas y represas. El fondo y la desembocadura de
los ríos se mantienen limpios por medio de máquinas
especiales de dragado, movidas generalmente a vapor.
La construcción de canales no cesó de desarrollarse
hasta la introducción de los grandes ferrocarriles.

Hemos visto, pues, que los medios de producción y
de cambio sobre cuya base se ha formado la burguesía fueron creados en la sociedad feudal. Al alcanzar un cierto grado de desarrollo, estos medios de
producción y de cambio, las condiciones en que
la sociedad feudal producía y cambiaba, la organización feudal de la agricultura y de la industria
manufacturera, en una palabra, las relaciones feudales de propiedad, cesaron de corresponder a las
fuerzas productivas ya desarrolladas. Frenaban la
producción en lugar de impulsarla. Se transformaron en otras tantas trabas. Era preciso romper esas
trabas, y las rompieron.

En su lugar se estableció la libre competencia, con
una constitución social y política adecuada a ella y

con la dominación económica y política de la clase burguesa.

Ante nuestros ojos se está produciendo un movimiento análogo. Las relaciones burguesas de producción y de cambio, las relaciones burguesas de propiedad, toda esta sociedad burguesa moderna, que ha hecho surgir como por encanto tan potentes medios de producción y de cambio, se asemeja al mago que ya no es capaz de dominar las potencias infernales que ha desencadenado con sus conjuros.

Desde hace algunas décadas, la historia de la industria y del comercio no es más que la historia de la rebelión de las fuerzas productivas modernas contra las actuales relaciones de producción, contra las relaciones de propiedad que condicionan la existencia de la burguesía y su dominación. Basta mencionar las crisis comerciales que, con su retorno periódico, plantean, en forma cada vez más amenazante, la cuestión de la existencia de toda la sociedad burguesa. Durante cada crisis comercial se destruye sistemáticamente no solo una parte considerable de productos elaborados, sino incluso de las mismas fuerzas productivas ya creadas. Durante las crisis, una epidemia social que en cualquier época anterior hubiera parecido absurda, se extiende sobre la sociedad: la epidemia de la superproducción. La sociedad se encuentra súbitamente retrotraída a un estado de súbita barbarie: diríase que el hambre, que una guerra devastadora mundial la han privado de todos sus medios de subsistencia; la industria y el comercio parecen aniquilados. Y todo eso, ¿por qué? Porque la sociedad posee demasiada civilización, demasiados medios de vida, demasiada industria, demasiado comercio. Las fuerzas productivas de que dispone no favorecen ya el régimen burgués de la propiedad;

por el contrario, resultan ya demasiado poderosas para estas relaciones, que constituyen un obstáculo para su desarrollo; y cada vez que las fuerzas productivas salvan este obstáculo, precipitan en el desorden a toda la sociedad burguesa y amenazan la existencia de la propiedad burguesa. Las relaciones burguesas resultan demasiado estrechas para contener las riquezas creadas en su seno. ¿Cómo vence esta crisis la burguesía? De una parte, por la destrucción obligada de una masa de fuerzas productivas; de otra, por la conquista de nuevos mercados y la explotación más intensa de los antiguos. ¿De qué modo lo hace, pues? Preparando crisis más extensas y más violentas y disminuyendo los medios de prevenirlas.[15]

15. ALGUNOS DATOS ACERCA DE LA TEORÍA Y LA HISTORIA DE LAS CRISIS

En su libro acerca de la situación de la clase obrera en Inglaterra, Engels trata con alguna extensión del problema de las crisis, demostrando que tienen su origen en la competencia y en el mismo carácter genuino de la producción capitalista.

«Las condiciones anárquicas de la moderna producción y distribución de los productos, condiciones que están gobernadas por el afán de lucro y no por la satisfacción de necesidades, y que hacen que todo el mundo trabaje con el único fin de enriquecerse, no pueden por menos de producir frecuentes colapsos. En los comienzos de la era del progreso industrial, estos colapsos se limitaban a tal o cual rama de la industria o a determinados mercados; pero tan pronto como se centralizaron las actividades de los competidores, los obreros privados de trabajo en una rama de la industria se lanzaron a otra, prefiriendo siempre, naturalmente, el oficio más fácil de aprender. De este modo, los artículos que no encuentran comprador en un mercado afluyen a otro, y así sucesivamente. En ocasiones, estas pequeñas crisis se aglutinan, formando crisis en gran escala y sucediéndose periódicamente de cinco en cinco años, tras un corto período de expansión y prosperidad general.» (Engels, *La situación de la clase obrera en Inglaterra*, ed. alemán, p. 84)

Engels habla en otro lugar de ciclos de cinco y de seis años, y en sus *Principios de comunismo* menciona períodos de siete años.

«Desde comienzos de siglo, la industria ha venido fluctuando constantemente entre épocas de prosperidad y épocas de crisis, y cada cinco, seis o siete años se produce una de estas crisis, que trae aparejada una miseria cada vez mayor de la clase obrera, una agudización revolucionaria general y el mayor de los peligros para el orden social existente.» (v infra, apéndice: *Principios de comunismo*, por Engels: respuesta a la pregunta 12)

Bastantes años después de 1848, cuando Marx se hallaba entregado a la redacción de *El capital*, vino Engels a reconocer que esos ciclos de fluctuación entre la prosperidad y las crisis abarcaban, no cinco, seis ni siete años, sino hasta diez y once.

La primera crisis de proporciones nacionales se produjo en 1825-1826. La había precedido una explosión de fiebre especulativa, que recibió su impulso inicial con la apertura del mercado de la América del Sur. La segunda crisis general se manifestó en los años 1836-1837, precedida por un desarrollo gigantesco de la industria inglesa y una gran alza en las exportaciones, principalmente a Norteamérica. El año 1847 asistió a la tercera crisis de grandes proporciones: la depresión que siguió inmediatamente a la «fiebre ferrocarrilera» de 1845 y 1846, que hizo que el capital se volcase febrilmente en la construcción de ferrocarriles.

Este ritmo febril en la apertura de vías férreas, que al principio atrajo una masa imponente de hombres, dejó al fin en la calle a unos 50.000 obreros. Además, la crisis afectó a la industria algodonera y a las ramas minera y metalúrgica. Fue en el apogeo de esta crisis, que se extendió a la Gran Bretaña, América y a casi todo el continente europeo (a excepción de Rusia), cuando Marx, a petición de la Liga Comunista, redactó su *Manifiesto*.

> Las armas de que se sirvió la burguesía para derribar el feudalismo se vuelven ahora contra la propia burguesía. Pero la burguesía no ha forjado solamente las armas que deben darle muerte; ha producido también los hombres que empuñarán esas armas: los obreros modernos, los proletarios.
>
> En la misma proporción en que se desarrolla la burguesía, es decir, el capital, desarróllase también el proletariado, la clase de los obreros modernos, que no viven sino a condición de encontrar trabajo, y lo encuentran únicamente mientras su trabajo acrecienta el capital. Estos obreros, obligados a venderse al detalle, son una mercancía como cualquier otro artículo de comercio, sujeta, por tanto, a todas las vicisitudes de la competencia, a todas las fluctuaciones del mercado.[16]

16. Evolución histórica del proletariado

Por «proletario» se entiende hoy todo el que no dispone de más medios de vida que la venta de su fuerza de trabajo. Originariamente, en su forma latina, *proletarius* no significa enteramente lo mismo. En la Roma antigua, «proletario» era el que no tenía más fortuna que su descendencia, sus vástagos, la «prole» (*proles*). En un principio, el proletariado, la clase más humilde de la población romana, estaba exenta de tributos y del servicio militar. Más tarde fue admitida en el ejército y equipada por el Estado. En la época de las guerras civiles, cuando el campesino romano se hallaba ya arruinado, y posteriormente bajo el Imperio, el proletariado formaba el verdadero núcleo del ejército. En tiempo de paz, este cuerpo de hombres se sostenía a expensas del Estado, recibiendo regularmente sus raciones de grano. Salvo el nombre, entre este proletariado y los proletarios europeos sin tierras ni hogares de nuestros días, apenas hay nada de común. Ni debemos olvidar tampoco que, como indica Marx, «en la Roma clásica, la lucha de clases se mantenía en la esfera de una minoría privilegiada, entre libres ricos y libres pobres. Los esclavos, que formaban la gran masa trabajadora de la población, no eran sino el pedestal pasivo que sostenía esta lucha. La gente parece haberse olvidado de la notable frase de Sismondi: "El proletariado romano vivía a expensas de la sociedad; en cambio, la sociedad moderna vive a expensas del proletariado"» (Marx, *El 18 Brumario de Luis Bonaparte*, pp. 18-19).

La palabra «proletariado», en su acepción de «salariado», no fue admitida en el lenguaje general hasta la primera mitad del siglo XIX. En la introducción a la edición original alemana de su libro sobre la situación de la clase trabajadora en Inglaterra, libro en el que por primera vez se traza un detallado estudio del proletariado inglés, remontándose hasta mediados del siglo XVIII, Engels advierte que emplea las palabras *obrero, proletario, clase trabajadora, clase no poseedora y proletariado* como expresiones sinónimas del mismo concepto. En otro lugar escribe:

> «El proletariado es aquella clase social cuyos medios de vida dependen por entero de la venta de su trabajo (fuerza de trabajo) y no de las ganancias obtenidas del capital; cuya suerte y cuya desventura, cuya vida y cuya muerte, cuya existencia entera dependen de la demanda de trabajo (fuerza de trabajo), de la sucesión alternativa de buenas y malas épocas, de las fluctuaciones producidas por la competencia desenfrenada. El proletariado o clase proletaria es, en una palabra, la clase trabajadora del siglo XIX.»

En la segunda mitad del siglo XIV surgió en Inglaterra una clase de proletarios o trabajadores asalariados. A lo largo de ciento cincuenta años, esta clase formó la capa inferior de la población, logrando diferenciarse gradualmente de las filas de artesanos, oficiales y campesinos, y emancipándose de los vínculos feudales.

En lo que concierne a la condición social, el proletariado, en los primeros días de su existencia, apenas se diferenciaba de otros braceros dedicados al trabajo manual o a las labores del campo. Pero al desarrollarse el capitalismo, el proletariado adquirió características específicas. La diferencia entre el proletario, el campesino libre y el artesano estriba en el hecho de que el trabajador proletario carece de todo medio de producción, y, por tanto, no pudiendo trabajar por su cuenta (como el artesano y el campesino), se ve obligado a trabajar al servicio de otro, al servicio del dueño del capital. Se vende a sí mismo, vende su fuerza de trabajo, ni más ni menos que otra mercancía cualquiera, recibiendo a cambio un salario.

Mientras el capitalismo no había salido todavía de la infancia, mientras los poderes feudales en el campo y las corporaciones gremiales en la ciudades entorpecían la transformación del capital monetario y mercantil en capital industrial, mientras la nueva industria manufacturera sólo podía echar raíces en aquellos centros urbanos que permanecían al margen de la jurisdicción corporativa, durante todo este tiempo, los proletarios, los asalariados podían, a pesar de la legislación represiva, aprovecharse de la creciente demanda de sus servicios resultante de la acumulación del capital. Pero después de la expropiación de los bienes de la Iglesia en el siglo XVI, después del reparto de las propiedades del Estado y de las extensas tierras comunales, medidas que privaron de vida a cientos de miles de campesinos, echándolos por los caminos y las veredas en busca de trabajo, la condición del asalariado empeoró notablemente. El desarrollo de la manufactura, la acumulación del capital, tan necesaria para la fundación de empresas independientes, todo contribuyó a matar en los asalariados la esperanza de volver a ser nunca más dueños de sus destinos, pues hasta los oficios independientes iban viéndose desplazados, cada día con mayor vertiginosidad, por empresas capitalistas. Es cierto que la industria manufacturera fue adueñándose poco a poco, en el transcurso de unos cien años, más o menos, desde la segunda mitad del siglo XVII a la segunda mitad del siglo XVIII, de casi toda la producción urbana y rural. Pero las filas del proletariado se veían engrosadas

de continuo por la afluencia de artesanos y trabajadores domésticos rurales. Mientras tanto, a pesar
del flujo de estos nuevos elementos, el proletariado
se iba diferenciando más y más como clase. El artesano de la ciudad y el trabajador doméstico rural no
desaparecieron hasta la implantación de la fábrica
en gran escala. Esta los lanzó en masa a las filas del
proletariado, despojándolos de toda posibilidad de
retorno a su «estado primitivo». La introducción de
la gran fábrica fue la que creó esa clase de personas
que acudían al mercado a vender su propio pellejo y
lanzaban sus cuerpos a la vorágine de la competencia en busca de trabajo.

> «La competencia [escribe Engels] es la expresión más
> perfecta de la lucha de todos contra todos que presi-
> de la moderna sociedad burguesa. Esta lucha, que es
> una lucha por la vida, por la existencia y por todo (en
> caso extremo, por tanto, una lucha a vida o muerte),
> no es solamente una batalla librada entre las diversas
> clases sociales, sino que enfrenta también entre sí a
> los individuos de estas clases. Unos se interponen en
> el camino de otros, y cada cual trata de derribar al
> vecino y ocupar su lugar. Los trabajadores se hacen la
> competencia, ni más ni menos que los burgueses. El
> tejedor fabril hace la competencia al tejedor a mano;
> el obrero sin trabajo o mal pagado hace la competen-
> cia al compañero que trabaja en mejores condiciones
> y trata de desplazarlo. Esta competencia de los traba-
> jadores entre sí constituye el aspecto más deplorable
> de las condiciones de vida del obrero, pues pone en
> manos del burgués el arma más eficaz contra el pro-
> letariado.» (Engels, *La situación de la clase obrera en
> Inglaterra*, p. 778)

El creciente empleo de las máquinas y la división del trabajo quitan al trabajo del proletario todo carácter propio y le hacen perder con ello todo atractivo para el obrero.[17]

17. La división del trabajo en la época de la manufactura y en la producción en gran escala (producción fabril)

El artesano fabrica, una tras otra, todas las piezas del artículo con el que luego, una vez completo, acude al mercado. Aun en pleno apogeo del desarrollo corporativo, era limitadísimo el número de subdivisiones en el campo de la producción. Pero al surgir la manufactura, se implantó una división del trabajo puramente mecánica, que venía a convertir al trabajador en una mera pieza del proceso total. Sin embargo, durante esta etapa, la división del trabajo en el proceso de la producción no se conocía más que en ciertas ramas de la industria. Además, en la manufactura, toda la producción, obra manual, dependía de la aptitud y habilidad del obrero.

«En la manufactura y en las artes mecánicas, el obrero maneja un instrumento; en la fábrica, en cambio, se pone al servicio de una máquina. En el primer caso, los movimientos del instrumento de trabajo responden a la voluntad del obrero; en el segundo, los movimientos del obrero están supeditados a los de la máquina. En la manufactura, los trabajadores forman parte de un mecanismo viviente; en la fábrica, trabaja un mecanismo inanimado, al que se les adscribe como accesorios vivientes suyos. La sorda rutina de una tarea de trabajo incesante, en la que se repite constantemente el mismo proceso mecánico, se parece bastante al tormento de

Sísifo, pues lo mismo que la roca de Sísifo, el trabajo revierte perpetuamente, una y otra vez, sobre el fatigado operario. Además de ejercer una influencia depresiva sobre el sistema nervioso, el trabajo en la máquina entorpece la multiforme actividad muscular y el libre juego mental y físico. El mismo aligeramiento del trabajo se convierte en medio de tortura, pues la máquina no liberta al hombre del trabajo, sino que despoja al trabajo de interés.» (Marx, *El capital*, t. I, p. 451)

Este pasaje en que se compara al obrero con Sísifo lo toma Marx del libro de Engels, *La situación de la clase obrera en Inglaterra*, ed. 1845, p. 217, y Engels, a su vez, de la obra de James Phillips Kay, M. D., *The Moral* and *Physical Condition of the Working Classes employed in the Cotton Manufacture in Manchester*, Didgeway, London, 1832, p. 8.

La producción mecánica exige un aumento en la producción de materias primas, artículos a medio elaborar, etc., y conduce a la creación de nuevas ramas industriales, cada vez más numerosas. La elaboración de estas materias primas y artículos a medio trabajar se opera por medio de una cantidad innumerable de variedades y subvariedades de procedimientos, que originan un aumento creciente en el número de «oficios». Las estadísticas alemanas calculaban el número de oficios y ocupaciones existentes en 1882 en la cifra de 6.000, y en 1895 habían ascendido, aproximadamente, a 10.000.

Por consiguiente, bajo el régimen capitalista, la gran industria no sólo acaba de raíz con la antigua división del trabajo y sus especializaciones, sino que crea un número enorme de procedimientos que son otras tantas especialidades. Hoy, las condiciones de vida del trabajador especializado son, como es lógico, peores todavía que las antiguas, ya que dependen enteramente de los azares de la realidad, los cuales atentan a cada paso contra la seguridad y solidez de su base de vida.

Este se convierte en un simple apéndice de la máquina, y solo se le exigen las operaciones más sencillas, más monótonas y de más fácil aprendizaje. Por tanto, lo que cuesta hoy día el obrero se reduce poco más o menos a los medios de subsistencia indispensables para vivir y perpetuar su linaje. Pero el precio de todo trabajo, como el de toda mercancía, es igual a los gastos de producción. Por consiguiente, cuanto más fastidioso resulta el trabajo, más bajan los salarios. Más aún, cuanto más se desenvuelven la maquinaria y la división del trabajo, más aumenta la cantidad de trabajo, bien mediante la prolongación de la jornada, bien por el aumento del trabajo exigido en un tiempo dado, la aceleración del movimiento de las máquinas, etc.[18]

18. TRABAJO Y FUERZA DE TRABAJO

Marx y Engels emplean todavía en el *Manifiesto* una terminología que más tarde desecharán. El trabajo, considerado como producto, se diferencia del trabajo cuya cantidad determina el valor de un producto. En vez de hablar del trabajo como producto, Marx empleará más tarde el término de «fuerza de trabajo» para designar la capacidad de trabajo del obrero, su aptitud para crear un producto. El obrero, privado de medios de producción, no se halla en condiciones de aplicar su capacidad de trabajo a una tarea productiva hasta que no encuentra en el mercado quien le compre su fuerza de trabajo como una mercancía. Marx y Engels modifican asimismo sus puntos de vista en lo tocante a las causas que determinan el precio del trabajo como producto o el precio de la fuerza de trabajo. En su libro sobre la situación de la clase trabajadora en Inglaterra y en su *Apuntes para una crítica de la economía política*, Engels llega a la conclusión de que el precio del trabajo está determinado por las mismas leyes que determinan el precio de cualquier otro producto, esto es, por el coste de su producción, que en el caso del trabajador está representado por el coste de los medios de vida indispensables para mantenerse en condiciones de trabajar. El precio del «trabajo», es decir, de la fuerza de trabajo, el salario, es, por tanto, el mínimo necesario para el sostenimiento de la vida del obrero. Marx hace suya esta conclusión. En *La miseria de la filosofía*, como más tarde en su obra *El trabajo asalariado y el capital*, define así el salario:

> «El costo de producción del trabajo (fuerza de trabajo) es igual a los gastos necesarios para el sostenimiento del obrero y su reproducción. El sostenimiento del obrero y su reproducción se le paga en forma de salario. Este salario mínimo hace referencia a la especie humana en general y no a un obrero determinado, del mismo modo que el precio de las mercancías en general se determina por el coste de su producción. Hay obreros, mejor dicho, millones de obreros, que no perciben salarios suficientemente elevados para sostener su vida y reproducir su especie. Pero dentro de la trama de sus propias fluctuaciones, los salarios de los obreros se ajustan, en conjunto, a este mínimo.» (Marx, *Trabajo asalariado y capital*, p. 24)

Lassalle adopta esta fórmula, que desarrolla como «la ley de bronce del salario», frase que sólo tiene, por lo demás, un valor de propaganda.

En *El capital*, Marx demuestra que el precio de la fuerza de trabajo, cómo el de cualquier otra mercancía, se determina por el tiempo de trabajo necesario para su producción, y que el tiempo necesario para la producción de la fuerza de trabajo equivale al tiempo de trabajo necesario para producir los medios de subsistencia con que el obrero satisface sus necesidades de alimento, vestido, alojamiento, etc., etc. Pero el volumen de estas necesidades fundamentales, la medida dentro de la cual pueden ser satisfechas y la habilidad en el modo de satisfacerlas son el resultado de una serie de condiciones históricas. Dependen, en gran parte, del desarrollo cultural del país a que se refieren, y, entre otras cosas, de las condiciones de vida en que se haya desenvuelto la clase de trabajadores libres, de los hábitos de esta clase social y del tipo medio de vida que reclame. Es decir, que, a diferencia de lo que ocurre con otras mercancías, la determinación del precio de la fuerza de trabajo obedece en parte a factores históricos y morales. El cálculo mínimo del valor de la fuerza de trabajo se basa en el coste de los elementos puramente necesarios para el sostenimiento de la vida. Si el precio de la fuerza de trabajo (el salario) desciende hasta el mínimo, cae por debajo de su valor. En estas condiciones, la fuerza de trabajo no puede sostenerse en el nivel normal. Marx demuestra, además, que en la sociedad capitalista al obrero sólo se le concede el privilegio de trabajar para sostenerse, a condición de que se avenga a trabajar gratuitamente cierta fracción de tiempo, fracción de tiempo durante la cual produce plusvalía para el capitalista. Marx explica también los procedimientos de que el capitalista puede valerse para aumentar este trabajo no retribuido, a saber: prolongando las horas de trabajo, intensificando éste y redoblando su capacidad productiva. Por tanto, el capitalista dispone de medios para reducir el precio de la fuerza de trabajo, el salario, hasta un nivel inferior a su precio de coste. (Véase el estudio detallado de este punto, del que nos limitamos a apuntar un breve extracto, en *El capital*, t. I, pp. 158-165.)

La industria moderna ha transformado el pequeño taller del maestro patriarcal en la gran fábrica del capitalista industrial. Masas de obreros, hacinados en la fábrica, son organizados en forma militar. Como soldados rasos de la industria, están colocados bajo la vigilancia de toda una jerarquía de oficiales y suboficiales. No son solamente esclavos de la clase burguesa, del Estado burgués, sino diariamente, a todas horas, esclavos de la máquina, del capataz y, sobre todo, del burgués individual, patrón de la fábrica. Y ese despotismo es tanto más mezquino, odioso y exasperante, cuanto mayor es la franqueza con que proclama que no tiene otro fin que el lucro.[19]

19. DESPOTISMO FABRIL

«La supeditación técnica del obrero a los movimientos uniformes del instrumento de trabajo y la peculiar contextura del cuerpo de trabajadores (integrado por individuos de ambos sexos y diferentes edades) engendran una disciplina cuartelaría que acaba por convertirse en todo un sistema interior de fábrica, con las categorías ya descritas de obreros y vigilantes, que equivale a la división de los obreros en operarios e inspectores, en soldados y sargentos del ejército industrial. La legislación fabril (en que el capital formula su poder autocrático sobre los trabajadores, en un sistema legislativo de carácter privado, sin las garantías de la autoridad ni el régimen representativo, de que tanto gusta en otros terrenos la burguesía) no es más que la caricatura capitalista de la reglamentación social de los procedimientos de trabajo que se impone cuando aparece la cooperación en gran escala y los instrumentos de trabajo se unifican en la máquina. En vez del látigo empleado por el capataz de esclavos, tenemos el reglamento del inspector que marca los castigos. No hay que decir que estos castigos se reducen todos a multas y deducciones de salario; el genio legislativo del Licurgo industrial es tan inventivo, que consigue, en la medida de lo posible, que la infracción de las reglas resulte todavía más beneficiosa para él que su estricta observancia.» (*El capital*, t. I, pp. 453-4)

A este propósito, Marx cita a Engels, que había trazado veinte años antes, en su libro sobre la situación de la clase trabajadora en Inglaterra, una viva pintura del despotismo de las fábricas:

«En ninguna parte se ve tan patente la esclavitud impuesta por la burguesía al proletariado como en la fábrica. Dentro de la fábrica, la libertad está, de hecho y por ley, en la agonía. El obrero se ve obligado a entrar en la fábrica a las cinco y media de la mañana. Si llega dos minutos más tarde le imponen una multa; si llega diez minutos fuera de la hora, no le admiten hasta después del almuerzo, con lo cual pierde la cuarta parte del salario del día. Se levanta y se acuesta, bebe y come a la voz de mando... El pitido despótico de la sirena le hace saltar de la cama, y le obliga a dejar el plato como esté, sin acabar de almorzar o de comer. ¿Y qué ocurre una vez dentro de la fábrica? De puertas adentro de su fábrica, el patrono es un legislador absoluto. Dicta medidas según su real antojo; reforma su código y suprime o le agrega cuanto le parece oportuno. Y aunque dicte las disposiciones más absurdas, los tribunales dicen siempre al trabajador: "Por cuanto que firmaste ese contrato por tu omnímoda voluntad, estás obligado a someterte a él con todas sus consecuencias..." Así, los obreros viven sentenciados al azote (y no sólo en sentido metafórico) desde la edad de los nueve años hasta el día de su muerte.» (*El capital*, t. I, p. 453)

La forma repulsiva que adoptaba en Rusia, antes de la revolución, el despotismo industrial, el grado de refinamiento a que había llegado el sistema de castigos impuestos por los patronos en las fábricas, fueron admirablemente descritos por Lenin en su folleto *Comentarios a la Ley de Penas*, que vio la luz por primera vez en 1897.

Cuanta menos habilidad y fuerza requiere el trabajo manual, es decir, cuanto mayor es el desarrollo de la industria moderna, mayor es la proporción en que el trabajo de los hombres es suplantado por el de las mujeres y los niños. Por lo que respecta a la clase obrera, las diferencias de edad y sexo pierden toda significación social. No hay más que instrumentos de trabajo, cuyo coste varía según la edad y el sexo.[20]

20. El trabajo de la mujer y del niño

«En cuanto suprime la necesidad de gran energía muscular, la máquina se convierte en medio para dar entrada en la fábrica a obreros de menor resistencia física y a aquellos cuyos miembros, por hallarse todavía en la época del crecimiento, presentan mayor flexibilidad. Por eso el trabajo de la mujer y del niño fue el primer fruto que rindió el empleo capitalista de la máquina. Pronto este poderoso sustituto del brazo se transformó en el medio de aumentar el número de asalariados reclutando a todos los miembros de la clase obrera sin distinción de edad ni de sexo y sometiéndolos al imperio del capital. Los trabajos forzados vinieron así a sustituir no sólo a los juegos infantiles, sino también al trabajo libremente realizado por la familia dentro de la esfera doméstica y en pequeñas proporciones.» (Marx, *El capital*, t. I, pp. 418-9)

Bajo el capitalismo, en vez de trabajar solamente el cabeza de familia, encargado de alimentar y vestir a los demás, entra en la fábrica y se entrega a las máquinas la familia entera. Y hasta puede acontecer que las personas mayores carezcan de trabajo en esta fábrica y se vean obligadas a buscarlo en alguna otra industria, o bien a sostenerse a costa de los salarios de sus hijos. En la industria textil inglesa trabajaban en 1861, por cada 1.000 obreros: ramo del algodón, 567 obreras (en 1901, 628); ramo de la lana, 461 (en 1901, 582); ramo de la seda, 642 (en 1901, 702). En 1841, la proporción de obreros empleados en diez industrias diferentes, tales como la industria alfarera, química, alimenticia y textil, era de 1.030.600 hombres y 463.000 mujeres; en 1891, de 1.576.100 hombres y 1.447.500 mujeres. En la industria textil alemana trabajaban 38 mujeres por

cada cien hombres, en 1882; en 1895, la proporción
era de 45 y 100, y en 1907, de 50 y 100.

> Una vez que el obrero ha sufrido la explotación del
> fabricante y ha recibido su salario en metálico, se
> convierte en víctima de otros elementos de la bur-
> guesía: el casero, el tendero, el prestamista, etc.[21]

21. EL OBRERO ABRE CRÉDITO AL CAPITALISTA

«En los países en que está instaurado el reglamento capitalista de producción, la fuerza de trabajo no se le retri-
buye al obrero hasta después de haber trabajado durante
el período de tiempo especificado en el contrato; por
ejemplo, hasta el final de la semana. Por consiguiente, el
trabajador adelanta al capitalista el importe de su fuerza
de trabajo; el vendedor de la fuerza de trabajo permite
al comprador hacer uso de ella antes de que se le pague;
en todas partes el obrero abre crédito al capitalista. Y la
prueba de que este crédito no es puramente ficticio la
tenemos en que cuantas veces quiebra un capitalista los
obreros pierden sus salarios, argumento que aun podríamos reforzar con el estudio de otras consecuencias más
viciosas.» (Marx, *El capital*, t. I, p. 162)

Marx pone al pie de esto una nota en la que demuestra cómo los tenderos se aprovechan de esta
situación del obrero que no cobra hasta el fin de la
semana, teniendo por consiguiente que comprar al
fiado, para recargarle los precios de los artículos.

Todavía más desventajosa es la situación del obrero
que cobra por meses o por quincenas. Tiene que pagar precios más altos y se halla de hecho sometido al

tendero o comerciante que le suministra los artículos de primera necesidad. Estos artículos son siempre de calidad inferior, cuando no adulterados. La adulteración de materias alimenticias adquirió enormes proporciones durante el siglo XIX. El obrero está asimismo a merced del casero en lo tocante a los alquileres. Cuanto más mísero es el cuarto, más trabajo cuesta mantenerlo en buen estado, y los barrios relativamente más caros son precisamente los habitados por la clase más pobre de la población.

> «Los especuladores de la vivienda explotan estas minas de la pobreza con tanto provecho y tan poco costo como si se tratara de las minas de un nuevo Potosí.» (Marx, *El capital*, t. I, p. 727)

Pequeños industriales, pequeños comerciantes y rentistas, artesanos y campesinos, toda la escala inferior de las clases medias de otro tiempo, caen en las filas del proletariado; unos, porque sus pequeños capitales no les alcanzan para acometer grandes empresas industriales y sucumben en la competencia con los capitalistas más fuertes; otros, porque su habilidad profesional se ve depreciada ante los nuevos métodos de producción. De tal suerte, el proletariado se recluta entre todas las clases de la población.[22]

22. LA PEQUEÑA BURGUESÍA Y LA CLASE MEDIA ENTRAN EN LAS FILAS DEL PROLETARIADO

«La clase trabajadora se ve igualmente engrosada por la afluencia de individuos de capas superiores de la sociedad. Numerosos industriales en pequeña escala y

pequeños rentistas ingresan en las filas del proletariado y se ven obligados a descender al mercado de trabajo
con los obreros a ofrecer sus brazos al mejor postor. La
selva de brazos que se alzan en demanda de trabajo se
hace cada vez más tupida, al paso que esos mismos brazos adelgazan cada día más. Es evidente que el pequeño
productor no puede competir con la gran industria, en
una fase de organización en que la primera condición
del éxito está en la producción en gran escala. Ni hace
falta insistir tampoco en el hecho de que el interés del
capital disminuye a medida que el capital aumenta, a
medida que aumentan la masa y dimensiones del capital. El pequeño rentista se ve cada día más agobiado si
quiere vivir del producto de su capital. Se ve, por consiguiente, obligado a sumarse al proceso industrial, es
decir, a engrosar las filas de los productores en pequeña
escala, los cuales a su vez pasan a engrosar el ejército del
proletariado.» (Marx, *Trabajo asalariado y capital*, p. 39)

El proletariado pasa por diferentes etapas de desarrollo. Su lucha contra la burguesía comienza con
su surgimiento.

Al principio la lucha es entablada por obreros
aislados; después, por los obreros de una misma
fábrica; más tarde, por los obreros del mismo oficio
de la localidad contra el burgués individual que los
explota directamente. No se contentan con dirigir sus ataques contra las relaciones burguesas de
producción, y los dirigen contra los mismos instrumentos de producción: destruyen las mercancías
extranjeras que les hacen competencia, rompen las
máquinas, incendian las fábricas, intentan recon-
quistar por la fuerza la posición perdida del artesano de la Edad Media.[23]

23. Distintas formas de protesta de la clase obrera contra el capitalismo

La sociedad capitalista degrada al obrero al nivel de un objeto inanimado. El trabajador no puede mantener los derechos de su dignidad humana si no es protestando contra esta degradación, luchando contra el capitalismo y sus mantenedores, los capitalistas, rebelándose contra la burguesía, detestando del orden social burgués. En su libro sobre la situación de la clase obrera en Inglaterra, escribe Engels:

«La rebelión de la clase obrera contra la burguesía comenzó poco después de alcanzar la industria, en el sentido moderno, sus primeras etapas de desarrollo… Esta rebelión, en su forma más cruda, prematura e infructuosa de manifestarse, asumió las características del crimen. El obrero vivía en la indigencia y la miseria, viendo que otros llevaban una vida feliz. No acertaba a comprender por qué él, que había hecho por la comunidad más que el rico perezoso, había de ser el que llevara el peso del sufrimiento. La necesidad le obligaba a vencer su respeto tradicional a la propiedad, y se echó a robar. A medida que la industria progresaba, los delitos aumentaban, y el número anual de condenas correspondía sobre poco más o menos al número de balas de algodón consumidas. Sin embargo, el obrero no tardó en darse cuenta de que con el robo no salía ganando nada. El ladrón sólo podía protestar individualmente, aisladamente, contra la forma social imperante, y la sociedad caía sobre él con todo su peso, aplastándolo con su abrumadora mayoría. El robo es la forma más primitiva de protesta; por eso no llegó a ser jamás reflejo general del espíritu de la clase obrera, por mucho que los trabajadores la perdonasen secretamente en el fuero interno de sus corazones.» (Engels, *La situación de la clase obrera en Inglaterra*, pp. 216-7)

Forma semejante adoptaban otros modos de protesta con que nos encontramos en los comienzos del desarrollo capitalista: muertes de dueños de fábricas, asesinatos de vigilantes, etc.

La primera forma de protesta colectiva fueron los amotinamientos de obreros en las fábricas, fomentados con el fin de inferir daños a la propiedad y especialmente para destruir las máquinas. La lucha del obrero contra la máquina empieza en el mismo momento en que se inventan los nuevos artefactos. Pero la acción en masa no comienza hasta principios del siglo XIX. Bajo el nombre de «ludditas», los obreros iniciaron una campaña organizada con el fin de destruir colectivamente las máquinas en los centros fabriles de Nottingham, Yorkshire y Lancashire. Estos destructores de máquinas aparecen por vez primera en Nottingham y sus alrededores a fines de 1811. Comenzaron destruyendo los telares de medias y encajes. El director de las bandas era un obrero conocido por el apodo de *General Ludd*, una figura mítica en cuyo nombre se perpetraban actos de violencia contra los dueños de fábricas, se destruían las propiedades industriales y se hacían pedazos las máquinas. La policía resultaba impotente para luchar contra los «ludditas», y el gobierno no tuvo más remedio que recurrir al ejército para sofocar la revuelta. Se dictaron leyes conminando con la pena de muerte a cualquier obrero al que se le probara haber roto una máquina. En la campaña parlamentaria de oposición a estas medidas represivas es notable un discurso de lord Byron (1788-1824) pronunciado en la Cámara de los Lores. En él traza Byron una descripción gráfica de la miseria de que son víctimas los trabajadores de Nottingham. En el drama de Ernest Toller, *Los destructores de máquinas*, puede verse

un animado cuadro literario del movimiento de los
«ludditas». Este movimiento se reprodujo en 1812,
y en enero de 1813 fueron ahorcadas tres personas
implicadas en él. En la semana que siguió al asalto a
la fábrica de Cartwright fueron ejecutados catorce
hombres. Todavía en el año 1817 se aplicó en Derby
la pena de muerte a varios «ludditas». Por fin, el
gobierno logró acabar con la organización, ayuda-
do por agentes provocadores. Con el renacimiento
de la prosperidad industrial, y gracias también en
parte a la campaña de Cobbett (1762-1835), por la
cual los obreros se fueron dando cuenta de la insen-
satez que era destruir las máquinas (a lo que también contribuyó el desarrollo cada vez mayor de su
conciencia de clase), desapareció el movimiento de
los «ludditas». Claro está que este medio de protesta persistió en su forma más elemental y adaptado
a las circunstancias, produciéndose de tiempo en
tiempo, cada vez que se introducían en las fábricas
nuevas máquinas. Así, allá por el año 1830, el «ga-
llo rojo» de la revuelta dejó oír su canto por todo
el campo inglés, pues capitaneados por un tal *Jack
Swing* (figura mítica como la del General Ludd), los
braceros comenzaron a quemar graneros y cosechas.

En Alemania se produjo un movimiento parecido
hacia el año 1840 entre los tejedores silesianos, que
describió Wilhelm Wolff, el amigo de Marx, y sirvió
de tema a Gerhart Hauptmann para su famoso drama
Los tejedores. En Rusia se produjeron también, a fines
del siglo pasado, motines encaminados a la destrucción de las máquinas.

«Fueron necesarios mucho tiempo y mucha experiencia para que los obreros llegasen a distinguir entre las
máquinas en sí y el empleo que les daba el capital y a

dirigir sus tiros no contra los instrumentos materiales de producción, sino contra la forma social en que se aplicaban.» (Marx, *El capital*, t. I, p. 458)

En esta etapa, los obreros forman una masa diseminada por todo el país y disgregada por la competencia. Si los obreros forman masas compactas, esta acción no es todavía consecuencia de su propia unión, sino de la unión de la burguesía, que para alcanzar sus propios fines políticos debe —y por ahora aún puede— poner en movimiento a todo el proletariado. Durante esta etapa, los proletarios no combaten, por tanto, contra sus propios enemigos, sino contra los enemigos de sus enemigos, es decir, contra los restos de la monarquía absoluta: los propietarios territoriales, los burgueses no industriales y los pequeños burgueses. Todo el movimiento histórico se concentra, de esta suerte, en manos de la burguesía; cada victoria alcanzada en estas condiciones es una victoria de la burguesía.[24]

24. LOS PROLETARIOS, PEONES EN EL JUEGO DE LA BURGUESÍA

En el primer tercio del siglo XIX (1820-1840), la burguesía francesa e inglesa se arrogaron el papel de directores de la clase obrera, utilizando a los proletarios como peones en su juego. Marx escribe por esta fecha:

«Por una parte, la gran industria se hallaba todavía en la adolescencia. Advertimos esto porque el carácter cíclico que se percibe en la vida de la industria moderna no se manifestó hasta la crisis de 1825. Por otro lado, la lucha social entre el capital y el trabajo quedó relegada a segundo término: políticamente, fue eclipsada por la lucha entre los gobiernos y los poderes feudales coaligados en la Santa Alianza y por los avances de las masas populares, acaudilladas por la burguesía; económicamente, por el feudo entre el capital industrial y el latifundio aristocrático, que en Francia se disfrazó bajo el conflicto entre la grande y la pequeña propiedad, pero que en Inglaterra estalló francamente ante la cuestión de las Leyes del cereal.» (Marx, prólogo a la 2.ª ed. alemana de *El capital*)

En Inglaterra, los obreros ayudaron a la burguesía en sus luchas por implantar el principio del librecambio, la ayudaron a derogar las Leyes del cereal, a conseguir la reforma de los códigos civil y penal, a extender la franquicia, etc.

Economistas como Ricardo (1772-1823), juristas como Bentham (1748-1832) y políticos como Joseph Hume (1777-1855) ejercían gran autoridad sobre los obreros.

Hasta después de 1830, cuando el ala radical de la burguesía aceptó tan a la ligera la transacción por la cual venía a adquirir influencia política sobre los industriales capitalistas, no se produjo un profundo divorcio entre la vanguardia de la clase obrera y la burguesía.

De 1815 a 1830, durante el período de la Restauración, la burguesía liberal francesa atravesó por una época de desarrollo semejante. Se puso al frente de las masas populares en su lucha contra la aristocracia feudal y el poder monárquico de los Borbones; asumió el papel de guía, filósofo y amigo de los explotados; trató de disfrazar, en la forma más hábil que pueda imaginarse, el antagonismo de intereses entre los industriales capitalistas y la aristocracia feudal, y el que existía entre ella misma y la clase obrera. Pero la revolución de julio y los alzamientos de los obreros de Lyon en 1831 y 1834 abrieron los ojos a los trabajadores y los llevaron a enfocar sus propias perspectivas políticas y a asumir el papel que hasta entonces había estado reservado al ala izquierda de los partidos burgueses.

Pero la industria, en su desarrollo, no solo acrecienta el número de proletarios, sino que los concentra en masas considerables; su fuerza aumenta y adquieren mayor conciencia de la misma. Los intereses y las condiciones de existencia de los proletarios se igualan cada vez más a medida que la máquina va borrando las diferencias en el trabajo y reduce el salario, casi en todas partes, a un nivel igualmente bajo. Como resultado de la creciente competencia de los burgueses entre sí y de las crisis comerciales que ella ocasiona, los salarios son cada vez más fluctuantes; el constante y acelerado perfeccionamiento de la máquina coloca al obrero en situación cada vez más precaria; las colisiones entre el obrero individual y el burgués individual adquieren más y más el carácter de colisiones entre dos clases. Los obreros empiezan a formar coaliciones contra los burgueses y actúan en común para la defensa de sus salarios. Llegan incluso a formar asociaciones permanentes para asegurarse los medios necesarios, en previsión de estos choques eventuales. Aquí y allá la lucha estalla en sublevación.[25]

25. Origen y desarrollo de las *trade unions*

Engels es el primero que trata de darnos una exposición teórica del desarrollo de estas sociedades obreras. Discrepando de los economistas y socialistas de su época, demostró ya en 1845 que las *trade unions* eran el fruto obligado de la lucha entre obreros y patronos y que estas sociedades constituían la base de toda organización obrera de clase. En sus comienzos, la unión de los obreros tomó una forma fugaz, como nacida al calor de una huelga, y como toda agrupación de trabajadores estaba prohibida por la ley, como toda sociedad o asociación obrera constituía un delito (severamente penado, sobre todo, después de la Gran Revolución francesa, al dictarse medidas legislativas especiales en los años de 1799 y 1800), los obreros fundaron sociedades secretas, que fueron creciendo en número y actividad. Después de una obstinada lucha, en que la burguesía radical tomó partido por los obreros (lucha que adquirió proporciones casi revolucionarias durante los años de 1816-1817 y 1819, que llevó al Ministerio reaccionario de Sidmouth a imponer las «Seis leyes» infames), por fin, en 1824, fue aprobada una ley derogando las antiguas normas que prohibían toda clase de agrupaciones obreras, y a pesar de que esta ley, que reconocía el derecho de asociación, hubo de ser parcialmente derogada en el siguiente año, los trabajadores continuaron haciendo uso de los derechos que les reconocía.

> «En todas las ramas de la industria surgieron *trade unions* laborando abiertamente en defensa de los obreros contra el despotismo y la injusticia de la burguesía. Sus fines eran los siguientes: fijar los tipos de salarios mediante contratos colectivos, tratar con el patrono en nombre de todos los obreros sindicados, regular

los salarios de acuerdo con las ganancias del patrono, impulsar hasta donde fuera posible el aumento
de salarios, mantener el mismo nivel de salarios en
todas las ramas industriales. Los representantes de
estas asociaciones, fieles a su misión, se enfrentaban
frecuentemente con el capitalista para tratar acerca de
la fijación de un tipo de salario fijo, obligatorio para
todos los patronos, y, caso de que alguno se negara a
cumplir con este acuerdo, se declaraba la huelga hasta
hacerle entrar en razón. Además, limitando el número
de aprendices, trataban de mantener firme la demanda de trabajo y, con ello, de sostener alto el nivel de
los jornales. Trataban también de contener la introducción de nuevos tipos de máquinas que provocaran
la baja de salarios, refrenando la voluntad del patrono.
Finalmente, las *trade unions* prestaban ayuda pecunia-
ria a los sindicados sin trabajo.» (Engels, *La situación
de la clase obrera en Inglaterra*, p. 28)

Engels sabía perfectamente que ya en su tiempo los
obreros ingleses se hallaban empeñados en la creación de asociaciones de envergadura nacional.

«En cuantos casos podían y lo estimaban conveniente,
las asociaciones locales de obreros se unían formando
federaciones; en fechas determinadas, estas asociaciones celebraban congresos, a los cuales enviaban sus representantes. Estas organizaciones no sólo trataban de
unir a todos los trabajadores de una determinada rama
industrial en una sola agrupación, sino que de cuando
en cuando (como, por ejemplo, en 1830) intentaban
organizar a todos los trabajadores de Inglaterra en una
vasta asociación, dentro de la cual los obreros de cada
ramo podían agruparse independientemente.» (Engels,
La situación de la clase obrera en Inglaterra, p. 219)

Engels nos describe también los métodos de lucha de las *trade unions*. El principal era la huelga; luego, venía la lucha contra el *scab labor* o esquirolaje, contra los rompehuelgas, y la presión sobre los que no participaban del método unionista para hacerlos ingresar en sus filas. Pero aun reconociendo que el tradeunionismo es una forma necesaria de organización obrera, Engels señala la relatividad de su importancia en una sociedad capitalista.

> «La historia de estas asociaciones es una cadena constante de derrotas interrumpidas por alguna que otra victoria ocasional. Es evidente que, aun con toda la fuerza de que dispone, el tradeunionismo no puede subvertir la ley económica según la cual los salarios se regulan por la oferta y la demanda imperantes en el mercado del trabajo.» (Engels, op. cit, p. 220)

Pero por más que una huelga pueda parecer ineficaz, es evidente que los obreros tienen que protestar contra toda reducción de salarios, pues de lo contrario la codicia de los patronos no se detendría ante nada.

> «Las *trade unions* y las huelgas declaradas en su nombre tienen la importancia de ser el primer paso dado para la abolición de la competencia entre unos y otros obreros. Se basan en la premisa de que el régimen burgués tiene su asiento en la rivalidad desatada entre los mismos trabajadores, en su falta de solidaridad, en los conflictos de intereses que separan a los distintos grupos obreros.» (Engels, op. cit, p. 222)

Engels recuerda a los socialistas y economistas que condenan las huelgas el valor educativo de estas luchas.

«Puede ocurrir que una huelga no sea más que una escaramuza; pero a veces una escaramuza puede convertirse en importante batalla. No son combates decisivos, pero es evidente que algún día tiene que surgir el conflicto final entre el proletariado y la burguesía. Las huelgas son para los obreros las escuelas de adiestramiento militar, los campos donde se prepara el proletariado para la gran lucha final inevitable, las proclamas por medio de las cuales las secciones individuales de trabajadores anuncian su adhesión al movimiento social obrero. Como escuelas en el arte de la guerra contra el capitalismo, las huelgas no tienen igual.» (Engels, op. cit, p. 227)

Proudhon (1809-1865) condenaba las huelgas, sosteniendo que eran «anticonstitucionales»; pero Marx, encareciendo las conclusiones de Engels y haciéndolas más definitivas, demostró que el desarrollo de las *trade unions* iba estrechamente unido al desarrollo del proletariado como clase.

«Siempre dondequiera que los obreros intentan aunar sus fuerzas, la forma que esa unión asume es la de una coalición. La gran industria concentra bajo el mismo techo a una masa de individuos, desconocidos unos de otros. La competencia los desune. Pero animados por el deseo de mantener el nivel de los salarios (interés común de todos, que está en contradicción con los intereses del patrono), los obreros se unen resistiendo a todo intento de rebaja, y forman, para organizar esta resistencia, una "coalición". La coalición tiene dos objetos: disminuir la competencia entre los propios obreros y concentrar la fuerza total de la masa obrera contra el capitalista. Parecerá que el primer objeto no tiene más fin que mantener el nivel de los salarios.

Sin embargo, un examen detenido nos demuestra que a medida que los capitalistas aúnan sus fuerzas para oprimir al obrero, el obrero tiende a agruparse y organizarse, y que, ante la solidaridad mantenida por los capitalistas, el sostenimiento de estas agrupaciones cobra con el tiempo más importancia a los ojos de los obreros que las forman que la misma defensa del nivel de los salarios. Y tan verdad es esto, que por mucho que ello sorprenda a los economistas ingleses, los obreros sacrifican una parte de su salario con el fin de reunir fondos para estas agrupaciones, fundadas, según los mismos economistas, sin otro fin que defender los salarios. En el curso de esta lucha (una verdadera guerra civil) se van reuniendo todos los elementos para la batalla futura. Al llegar a este punto, las coaliciones asumen ya un carácter político.» (Marx, *La miseria de la filosofía*, pp. 240-1)

A veces los obreros triunfan; pero es un triunfo efímero. El verdadero resultado de sus luchas no es el éxito inmediato, sino la unión cada vez más extensa de los obreros. Esta unión es propiciada por el crecimiento de los medios de comunicación creados por la gran industria y que ponen en contacto a los obreros de diferentes localidades. Y basta ese contacto para que las numerosas luchas locales, que en todas partes revisten el mismo carácter, se centralicen en una lucha nacional, en una lucha de clases. Mas toda lucha de clases es una lucha política. Y la unión que los habitantes de las ciudades de la Edad Media, con sus caminos vecinales, tardaron siglos en establecer, los proletarios modernos, con los ferrocarriles, la llevan a cabo en unos pocos años.[26]

26. ORGANIZACIONES POLÍTICAS DE LA CLASE OBRERA: EL CARTISMO

La apelación a la huelga, la creación de *trade unions*, la consolidación de las agrupaciones obreras y el tránsito a las organizaciones regionales, primero, luego a las organizaciones nacionales, y, finalmente, el intento de crear una federación provisional de varias uniones, todos estos progresos fueron desarrollándose paralelamente con la lucha política de la clase obrera, que después de vencida la crisis de 1836-1837 cobró una gran intensidad. La *National Charter Association* se formó en 1839 para hacer campaña a favor de las reivindicaciones que un año antes se habían formulado en el *People's Charter* o *Carta del Pueblo*. Esta agrupación, cuya mira era aliviar la penuria de las clases obrera y artesana, puede considerarse como el primer partido político de los trabajadores. Engels nos traza una animada descripción del modo cómo las luchas parciales de asociaciones sueltas, primero, y luego su federación en la lucha de clases hasta adquirir proporciones nacionales, se fueron transformando gradualmente en una lucha política de toda la clase obrera.

«El obrero no venera la ley; lo que hace es simplemente someterse a sus mandatos, mientras no está en sus manos cambiarla. Es, pues, perfectamente natural que el obrero tratara de reformar la ley, sustituyendo la legislación burguesa por otra proletaria. Los trabajadores ingleses se decidieron, por tanto, a alzar un programa de reformas que englobaron en la Carta del Pueblo, documento puramente político que tendía, entre otras cosas, a la reorganización democrática de la Cámara de los Comunes. El cartismo es la expresión evidente de la oposición de la clase obrera contra la burguesía. Este conflicto asumía una forma esporádica y local en las huelgas y las *trade unions*; los obreros luchaban contra los burgueses individualmente o en grupos difusos. Y raras eran las veces en que esta lucha se generalizaba, pues los obreros lo evitaban con plena conciencia de lo que hacían. Pero el movimiento fue extendiéndose y adquiriendo alcance cada vez mayor, proyectándose sobre objetivos deliberados. En este movimiento es la clase trabajadora entera la que rompe el fuego contra la burguesía, atacando primeramente al poder político y pugnando por abrir una brecha en la muralla legislativa en que se atrincheraba.» (Engels, *La situación de la clase obrera en Inglaterra*, pp. 230-1)

La *Carta del Pueblo* fue proclamada en 1838, en una conferencia celebrada en Londres y en la que tomaron parte seis diputados de la Cámara de los Comunes y algunos representantes de la Asociación de Trabajadores. Sus reivindicaciones eran las siguientes: primera, sufragio universal para todos los varones mayores de veintiún años; segunda, reunión anual del parlamento; tercera, abolición de un mínimum de propiedad como condición para ser diputado del parlamento; cuarta, votación por papeletas; quinta, distritos electorales iguales, para que la representación fuese más equitativa; sexta, asignación de dietas a los diputados.

En su «anti-Proudhon» (*La miseria de la filosofía*) describe Marx el proceso a través del cual la clase obrera se convierte en clase independiente, y en los trabajadores se va desarrollando la conciencia de clase. He aquí su, palabras:

«Al comenzar la era capitalista, las condiciones económicas transformaron a la gran masa de la población en una masa de asalariados. El régimen del capital creó condiciones que afectaron del mismo modo a todos los obreros y les dieron intereses comunes. A partir de este momento se consolidan como clase frente al capitalista, aunque todavía no tengan conciencia de sí mismos como clase aparte. En el transcurso de la lucha... la masa obrera se consolida hasta llegar a formar conscientemente una masa distinta. Sus intereses se convierten en intereses de clase. Y la lucha de una clase contra otra es una lucha política.» (Marx, op. cit, p. 241)

El proletariado, como clase, como sector diferenciado de la sociedad, como grupo de individuos que desempeñan un papel importante en el proceso de la producción, adquirió fisonomía definitiva durante el primer cuarto del siglo XIX. En esta época es cuando el proletariado se convierte en objeto de investigación científica. Su existencia era tan patente, que Ricardo, máximo exponente de la política económica de la burguesía en su aspecto teórico, consideraba deber primordial de esta doctrina económica dilucidar las leyes que, bajo el capitalismo, rigen la distribución de las mercancías entre tres clases sociales: terratenientes, capitalistas y obreros. Sin embargo, habían de pasar todavía muchos años antes de que la clase obrera se convirtiera en una clase aparte, consciente de su existencia como clase independiente, como una clase específica con sus intereses específicos de clase, su específica misión histórica; en una palabra, una clase existente por cuenta propia.

Esta organización del proletariado en clase y, por tanto, en partido político, vuelve sin cesar a ser socavada por la competencia entre los propios obreros. Pero resurge, y siempre más fuerte, más firme, más potente. Aprovecha las disensiones intestinas de los burgueses para obligarles a reconocer por la ley algunos intereses de la clase obrera; por ejemplo, la ley de la jornada de diez horas en Inglaterra.

En general, las colisiones en la vieja sociedad favorecen de diversas maneras el proceso de desarrollo del proletariado. La burguesía vive en lucha permanente: al principio, contra la aristocracia; después, contra aquellas fracciones de la misma burguesía cuyos intereses entran en contradicción con los progresos de la industria, y siempre, en fin, contra la burguesía de todos los demás países. En todas estas luchas se ve forzada a apelar al proletariado, a reclamar su ayuda y arrastrarle así al movimiento político. De tal manera, la burguesía proporciona a los proletarios los elementos de su propia educación, es decir, armas contra ella misma.

Además, como acabamos de ver, el progreso de la industria precipita a las filas del proletariado a capas enteras de la clase dominante o, al menos, las amenaza en sus condiciones de existencia. También ellas aportan al proletariado numerosos elementos de educación.

Finalmente, en los periodos en que la lucha de clases se acerca a su desenlace, el proceso de desintegración de la clase dominante, de toda la vieja sociedad, adquiere un carácter tan violento y tan agudo que una pequeña fracción de esa clase reniega de ella y se adhiere a la clase revolucionaria, a la clase en cuyas manos está el porvenir. Y así como antes una parte de la nobleza se pasó a la burguesía, en nuestros días un sector de la burguesía se pasa al proletariado, particularmente ese sector de los ideólogos burgueses que se han elevado hasta la comprensión teórica del conjunto del movimiento histórico.

De todas las clases que hoy se enfrentan con la burguesía, solo el proletariado es una clase verdaderamente revolucionaria. Las demás clases van degenerando y desaparecen con el desarrollo de la gran industria; el proletariado, en cambio, es su producto más peculiar.

Los estamentos medios —el pequeño industrial, el pequeño comerciante, el artesano, el campesino— luchan contra la burguesía para salvar de la ruina su existencia como tales estamentos medios. No son, pues, revolucionarios, sino conservadores. Más todavía, son reaccionarios, ya que pretenden volver atrás la rueda de la historia. Son revolucionarios únicamente por cuanto tienen ante sí la perspectiva de su tránsito inminente al proletariado, defendiendo así no sus intereses presentes, sino sus intereses futuros, por cuanto abandonan sus propios puntos de vista para adoptar los del proletariado.

El lumpenproletariado, ese producto pasivo de la putrefacción de las capas más bajas de la vieja sociedad, puede a veces ser arrastrado al movimiento por una revolución proletaria; sin embargo, en virtud de todas sus condiciones de vida, está más bien dispuesto a venderse a la reacción para servir a sus maniobras.[27]

27. CONTRADICCIONES INTERNAS DE LA SOCIEDAD BURGUESA. USO QUE HACE EL PROLETARIADO DE ESTOS CONFLICTOS

La discordia reinante en las filas de la burguesía, la contienda desatada entre ésta y la clase capitalista, la lucha entre propietarios rurales y propietarios industriales, la rivalidad entre los intereses financieros y los intereses fabriles, todos estos conflictos se producen provocados por la misma naturaleza de la sociedad capitalista.

> «En el curso de su evolución histórica, la burguesía acentúa necesariamente los antagonismos latentes en sus filas. A medida que se desarrolla la burguesía, surge en la trama del orden burgués el nuevo proletariado, un proletariado característico de los nuevos tiempos. Y entre este proletariado y la burguesía estalla la guerra, una guerra que, al principio, antes de que los dos combatientes la sientan, la perciban, la aprecien, la entiendan, la reconozcan y, por último, la proclamen abiertamente, es una serie de conflictos pasajeros que se manifiestan fugazmente en determinados casos, contrayéndose a ciertas actividades destructoras. A pesar de que todos los miembros de la burguesía moderna tienen intereses comunes en la medida en que forman una clase específica contrapuesta a otra clase, en sus relaciones interiores median intereses encontrados. Estos antagonismos tienen su origen en la estructura económica del sistema burgués.» (Marx, *La miseria de la filosofía*, p. 170)

La historia de la burguesía británica durante la primera mitad del siglo XIX ilustra admirablemente estos conflictos.

En 1815, a poco de ser definitivamente derrotado Napoleón (1769-1821), los terratenientes ingleses impusieron leyes restrictivas para la importación de cereales, fijando el precio del trigo en 80 chelines como tasa mínima para que la importación de este cereal pudiera hacerse libre de derechos. Con esta ley se pretendía mantener el precio del trigo en el mercado británico por encima de 80 chelines el quarter. Libre de competencia continental en el mercado de cereales, el terrateniente británico tenía así garantizado un ingreso gigantesco. Pero la clase media protestó enérgicamente contra las nuevas leyes. Este cuerpo de opinión pública estaba compuesto por todos los pequeños industriales, artesanos, la pequeña burguesía y muchos representantes de la burguesía industrial, todos los cuales, al obrar así, luchaban por sus propios intereses. Al principio, la campaña tomó la forma de una protesta pacífica, pero estos recursos resultaron desoladoramente insuficientes. Las peticiones veíanse todas implacablemente rechazadas.

Tampoco la reforma electoral de 1832 condujo a ninguna solución. Todos los sectores de la clase terrateniente se unieron en la lucha por la salvaguardia de sus rentas. La burguesía industrial decidió entonces llevar el asunto al terreno de la política, invitando al «pueblo» a la lucha. En 1839 se constituyó en Mánchester la *Anti-Corn Law League* (Liga contra las Leyes del cereal), con Bright (1811-1889) y Cobden (1804-1865) a la cabeza. La lucha se fue enconando cada día más. Los dos bandos apelaron a «las clases bajas» en demanda de ayuda; comenzaron las recriminaciones. La burguesía industrial señaló la angustia en que vivía el trabajador agrícola; los terratenientes se desquitaron saliendo a la defensa de los obreros de las fábricas y haciendo una campaña a favor de la legislación industrial.

«De un lado, los agitadores burgueses tenían de su parte el poder demostrar lo poco que aquella ley protegía a los agricultores; de otro lado, los industriales montaban en cólera al ver que la aristocracia de la tierra denunciaba los abusos del sistema fabril y al observar la simpatía que aquellos corrompidos, despiadados y elegantes holgazanes afectaban sentir por la miseria de los trabajadores. Los representantes de los intereses industriales consideraban esta defensa de la legislación fabril por parte de los terratenientes como resultado de un exceso de celo diplomático. Hay un proverbio inglés que encaja muy bien aquí y que dice que cuando los ladrones se pelean, los honrados se aprovechan.» (Marx, *El capital*, t. I, p. 747)

Por último, el 29 de junio de 1846 se puso fin a la disputa con la famosa Ley Peel (1788-1850), derogando las tan discutidas leyes. La Anti-Corn Law League había vencido en toda la línea. Su campaña había sido apoyada por los obreros.

«Los obreros ingleses demostraron a los librecambistas que no se dejaban embaucar con las ilusiones de librecambio ni con engañifas. Si, a pesar de ello, se aliaron a los librecambistas contra la aristocracia terrateniente, fue con el fin de barrer los restos del feudalismo, dejando así un solo enemigo a quien combatir. Los obreros no se equivocaron en sus cálculos. En el debate entablado acerca del proyecto de ley de diez horas, los terratenientes, deseosos de vengarse de los industriales, se unieron en defensa del obrero, que había venido demandando en vano esta reforma por espacio de treinta años. Las reivindicaciones de los obreros se incorporaron a la legislación inmediatamente de derogarse las Leyes del cereal.» (Marx, «Discurso sobre el librecambio», pronunciado en la

Association Démocratique de Bruxelles en 9 de enero
de 1848, en *La miseria de la filosofía*, p. 275)

Marx describe del modo siguiente los precedentes
del proyecto de ley de la jornada de diez horas:

> «Las Leyes del cereal fueron derogadas, los aranceles
> de importación sobre el algodón y otras materias pri-
> mas abolidos, y el librecambio se erigió en la estrella
> polar de la legislación inglesa; en una palabra, estaba
> a punto de inaugurarse un nuevo milenio. Mas por
> aquellos mismos años llegaban a su apogeo el movi-
> miento cartista y el proyecto de la ley sobre la jornada
> de diez horas, gracias al apoyo de los tories, sedientos
> de venganza. A pesar de la obstinada resistencia de los
> librecambistas (capitaneados por Cobden y Bright), el
> proyecto de las diez horas, que había sido discutido
> durante tanto tiempo, fue convertido en ley.» (Marx,
> *El capital*, t. I, pp. 289-90)

La Liga contra las Leyes del cereal fue para los obreros ingleses una gran escuela de agitación. Esta Liga
disponía de fondos en abundancia y no escatimó los
gastos de propaganda por medio de la prensa, del libro, folletos, pasquines y proclamas. En 1843, la suma
de folletos que llevaba publicados la Liga ascendía a 10
millones de ejemplares. Al frente de la Liga estaba un
comité ejecutivo, entre cuyos miembros se distribuían
las distintas actividades de la asociación. A sus tareas se
asociaron inmediatamente las organizaciones obreras
de ambos sexos. Los representantes de la Liga no rece-
laron en apelar a la fuerza para la consecución de sus
fines, expresándose en los términos más claros acerca
de la ferocidad de los terratenientes, que no vacilaban
en llevar a las clases productoras del país a la miseria.

Mientras que en la revolución burguesa surgieron gran número de teóricos de origen aristocrático dispuestos a abrazar el punto de vista de la burguesía y defenderlo, los teóricos burgueses capaces de abarcar en su totalidad el curso del desarrollo social y de adoptar la perspectiva proletaria fueron muy pocos. La razón primordial de esto está en que el abismo entre el proletariado y la burguesía es mucho más grande y más hondo que el que separa a la burguesía de la nobleza. En la historia del movimiento revolucionario ruso, esos teóricos (los llamados intelectuales revolucionarios, los militantes de los partidos democráticos) rara vez mostraron el deseo de entrar en fuego en las líneas del proletariado.

> Las condiciones de existencia de la vieja sociedad están ya abolidas en las condiciones de existencia del proletariado. El proletariado no tiene propiedad; sus relaciones con la mujer y con los hijos no tienen nada de común con las relaciones familiares burguesas; el trabajo industrial moderno, el moderno yugo del capital, que es el mismo en Inglaterra que en Francia, en Norteamérica que en Alemania, despoja al proletariado de todo carácter nacional. Las leyes, la moral, la religión son para él meros prejuicios burgueses, detrás de los cuales se ocultan otros tantos intereses de la burguesía.[28]

28. PROLETARIADO, «PUEBLO» Y CAMPESINOS. IMPORTANCIA DE LAS FORMAS DE EXPLOTACIÓN

El proletariado se diferencia de otras clases explotadas y oprimidas, no tanto en la medida en que se le explota, como en la forma que asume esa explotación. Bajo el régimen de producción de mercancías, es decir, bajo el capitalismo (la forma de producción mercantil en que el trabajo humano desciende al mercado como una mercancía), el proletariado lucha contra las bases de la explotación por la sencilla razón de que es la clase a quien más afecta este régimen de producción mercantil. El proletariado tiene que vivir de sí mismo, de su fuerza de trabajo; en cambio, los elementos pertenecientes a las demás clases oprimidas (pequeño-burgueses de todas clases, campesinos, artesanos independientes) no abrigan ninguna predisposición contra la producción de mercancías como tal, y se limitan, en cuanto constituyen clases aparte, a apetecer la supresión de las condiciones que colocan a sus mercancías en situación desfavorable en el plano de la competencia.

El hecho de que el proletariado viva esclavizado no es, por tanto, el hecho fundamental, pues hay también otras clases que viven igualmente esclavizadas. Lo importante es el modo cómo se desarrolla esta esclavización y la forma que asume, pues cambiando la forma cambiaremos a la par el espíritu de los individuos esclavizados, los pensamientos y las ideas que brotan o pueden brotar de la mente de los oprimidos. En una época en que la perspectiva de los pequeños burgueses y los campesinos los hace aliarse involuntariamente a las clases gobernantes, a despecho de sus propios intereses; en que, para ellos, como para la mayoría de los hombres dentro de la sociedad capitalista, el régimen de la propiedad privada representa, al parecer, la última palabra en punto a la libertad humana y a la independencia personal, la perspectiva del proletariado está cada vez más en consonancia con sus intereses. Pues, como dice el *Manifiesto*: «De todas las clases que hoy se enfrentan con la burguesía, solo el proletariado es una clase verdaderamente revolucionaria. Las demás clases van degenerando y desaparecen con el desarrollo de la gran industria; el proletariado, en cambio, es su producto más peculiar».

El proletariado, en el sentido actual de la palabra, es un producto de la gran industria. Su contingente aumenta a medida que la gran industria se extiende. Pero este aumento numérico no es lo único que interesa. También en la antigüedad existieron movimientos revolucionarios de masas. Lo que importa fundamentalmente es la calidad. En efecto, el proletariado es una clase nueva de oprimidos. Al paso que, con el desarrollo del capitalismo, la importancia de otras clases de trabajadores va en descenso, el proletariado se convierte en un factor cada vez más importante y decisivo en la organización general de la producción. Mientras que las energías de otras clases oprimidas se dispersan, no pudiendo manifestarse más que en puntos distanciados del organismo social, las energías del proletariado se concentran en unos cuantos puntos capitales de vital importancia para los proletarios. El proletariado elimina una multitud de elementos de desunión, tales como los prejuicios de oficio, el fanatismo religioso, los sentimientos nacionalistas y otros por el estilo, y esto le permite organizarse más libremente dentro del gran ejército de los que luchan por un mañana mejor.

En el transcurso del desarrollo económico, el «pueblo» (palabra que nos encontramos con mucha frecuencia en boca de los «liberales» y «populistas», y de los socialrevolucionarios, que desdeñan nuestra «estrecha» fraseología marxista) no forma un todo, sino que se compone de varias partes, cada una con sus intereses específicos propios. En cambio, el proletariado, a pesar de que sus componentes proceden de varias capas de la población, se consolida, en el curso de la evolución económica, formando un todo orgánico, integrado por individuos que tienen intereses comunes que defender. Claro está que existen también otras clases explotadas con un sentido revolucionario, pero este sentido revolucionario suyo se desata únicamente «porque sus miembros temen caer en las filas del proletariado; es decir, que no defienden sus intereses actuales, sino sus intereses futuros, y abandonan sus propios puntos de vista para adoptar los del proletariado». De este modo, la ideología de clase del proletariado va convirtiéndose más y más en la ideología de todos los trabajadores oprimidos, y al frente del movimiento que lucha por la libertad humana, surge, no un pequeño grupo de intelectuales, sino el potente ejército del proletariado, consciente de su misión histórica.

No tenemos más que echar una mirada en torno nuestro para darnos cuenta de las enormes dificultades que tiene que vencer el pequeñoburgués para abrazar las perspectivas del proletariado. Obsérvense los diferentes partidos nacionalistas, antisemitas y clericales, el Partido de Centro alemán o el Partido Popular Italiano, y se verá cuán difícil es para el artesano y el campesino, que forman el principal contingente de sus aliados, desnudarse de la esperanza de mejorar de situación reforzando su propiedad privada, y a qué grado de madurez tienen que llegar antes de aceptar por entero la perspectiva del proletariado.

Ya hemos visto cómo se formó la clase obrera moderna, cómo el desarrollo de la gran industria crea las condiciones que precipitan el proceso de su formación como clase bien deslindada. El régimen del capital determina la creación de condiciones e intereses comunes entre los obreros. Los pequeños propietarios agrícolas viven en circunstancias completamente distintas. Marx nos habla de esto, tomando como ejemplo el campesino francés:

«Los pequeños propietarios del campo forman la mayoría de la población francesa. Viven en condiciones casi idénticas en todo el país, pero se relacionan muy poco entre sí. Su régimen de producción los aísla en vez de ponerlos en contacto mutuo. Este aislamiento se agudiza por lo primitivos que son en Francia los medios de comunicación y por la pobreza del campesino. Lo que posee es tan poco, que no deja margen para la menor división del trabajo, ni ofrece oportunidad alguna para el empleo de la agricultura científica. Por lo tanto, entre el campesinado no puede haber multiplicidad de desarrollo, ni diferenciación de talentos, ni riqueza de relaciones sociales. Cada familia subviene casi por entero a sus necesidades produciendo en su parcela la mayor parte de los artículos necesarios para su sustento, satisfaciendo sus necesidades más bien por medio de un intercambio con la naturaleza que entrando en contacto con la sociedad. Aquí nos encontramos con una pequeña parcela de tierra que cultiva un campesino con su familia; más allá con otra, cultivada a su vez por otro campesino, con su mujer y sus hijos. Una veintena o dos de átomos de éstos forman una aldea, y entre unas cuantas veintenas de aldeas forman un departamento. Así, la gran masa de la nación francesa se forma por la simple suma de entidades idénticas, del mismo modo que un saco de patatas se forma con una porción de patatas metidas en un saco. A partir del momento en que varios millones de familias viven en circunstancias económicas idénticas que caracterizan su régimen de vida, sus intereses, su cultura y las diferencias de las demás

clases, haciéndolas más o menos hostiles a ellas, estas familias constituyen una clase. Pero si tenemos en cuenta
que sus lazos de unión se limitan a su proximidad y que
la afinidad de sus intereses no basta para darles una
expresión común en una organización nacional, en un
partido político, esas familias no forman una clase. Se
hallan, por consiguiente, incapacitadas para la defensa
de sus intereses, ya sea por medio del parlamento o dejándose oír en un congreso. No pueden representarse
a sí mismas y tienen que ser representadas por otros.
Quien pretenda erigirse en representante suyo deberá
aparecer a los ojos de los campesinos como señor o jefe,
como una autoridad indiscutible que está por encima
de ellos, como persona que ejerza poderes ilimitados,
los proteja contra las otras clases y les mande el sol y el
agua del cielo cuando les haga falta. Es decir, resumiendo: que la influencia política de los campesinos halla
su más alta expresión en un poder ejecutivo que supe-
dite la sociedad al poder autocrático de su albedrío.»
(Marx, *El 18 Brumario de Luis Bonaparte*, pp. 132-3)

Por sus mismas condiciones de vida, el campesino
es un elemento incompatible con una política colectiva. El movimiento de los labriegos que estalló en
Inglaterra durante el año 1381, acaudillado por Wat
Tyler (asesinado en el mismo año); el de Francia en
1358; la gran guerra de los campesinos alemanes en
1525; todas estas llamadas guerras campesinas sólo
adquirieron una significación política a partir del
momento en que el labriego unió temporalmente sus
fuerzas a las de las ciudades que luchaban por sus libertades. Como sector social aparte de la población de
un país, puede decirse que los campesinos tienen intereses comunes; pero esto no significa que sus intereses
sean siempre idénticos. Por eso no se levantan todos

como un solo hombre, a no ser que se hallen agobiados por una pobreza extrema; y cuando, a poco, bajo el régimen de la sociedad vigente, las causas de esa pobreza se repiten, el campesino vuelve a apurar la copa amarga de su miseria. Los intereses locales continúan mandando y, tarde o temprano, por muchas ganas que tenga de seguir resistiendo, el campesino acaba por sucumbir fácilmente al señuelo de las llamadas reformas, dejándose engañar por un plato de lentejas. El fuego de los primeros momentos se apaga en seguida y las aldeas desertan una tras otra de la «causa común», ateniéndose a las pequeñas mejoras conquistadas. La actuación política, la capacidad para perseverar en la persecución de un fin, no ha sido jamás virtud campesina, ni aun en los viejos tiempos, antes de que existiera una clase campesina con sus características diferenciales.

Pero aun es menor la capacidad de acción del campesino mediatizado por la influencia de la economía monetaria. Estas influencias no sólo diferencian a la masa campesina dentro del municipio y de la aldea, sino que la desintegran en grupos territoriales, cada uno con sus propios intereses específicos. En tiempos de revolución, el campesino casi nunca lucha directamente en las filas revolucionarias. La efervescencia en el campo sólo comienza después que la revolución ha estallado en la ciudad, contribuyendo, cuando más, a prolongarla. Esta fue la marcha que siguieron las cosas en la Gran Revolución francesa, y otro tanto ocurrió en Alemania y en Austria.

Los filósofos burgueses, especialmente los del continente europeo, suelen identificar con el proletariado a todo el cúmulo de personas que Marx bautizó con el término de *lumpenproletariat* («proletariado andrajoso»). Para estos señores, todo proletario es un «pobre», un «indigente», un «vagabundo», etc. En su polémica contra Stirner (uno de los maestros de Bakunin), Marx demuestra que «el pauperismo es un estado en que sólo se halla el proletario arruinado, el último escalón a que desciende el proletario que ha perdido su fuerza de resistencia ante la presión burguesa. Sólo el proletario desangrado de toda su energía se convierte en pobre» (Marx, *San Max*, en *Documentos de socialismo*, editados por Bernstein, t. III, p. 175).

En *El capital*, donde se analizan las distintas formas del exceso de población, leemos que el poso del exceso relativo de población se deposita en el mundo del pauperismo (*El capital* t. I, p. 711) El «proletariado andrajoso», en el que Marx incluye a los vagabundos, los criminales, las prostitutas y otros elementos dañinos de la sociedad, ocupa un plano aparte. El pauperismo [dice (*El capital*, t. I, p. 712)] es la enfermería del ejército activo del trabajo y la carga muerta que tiene que llevar a cuestas el ejército industrial de reserva. Estos despojos de la producción industrial se concentran en las grandes ciudades, y así surgen los apaches, los pícaros, los matones, etc.; no intervienen en el proceso de la producción y están siempre dispuestos a venderse a cualquier caudillo reaccionario, yendo de ese modo a engrosar las filas del fascismo y otros movimientos por el estilo.

En *El 18 Brumario*, donde se traza un brillante análisis histórico de las condiciones sociales que permitieron a Napoleón III (1808-1873) dar su golpe de Estado, demuestra Marx el importante papel que el «proletariado andrajoso» desempeñó en el triunfo de la revolución que consolidó bajo el tercer Napoleón el poder de la burguesía. La Sociedad del Diez de Diciembre databa del año 1849.

«Bajo el pretexto de fundar una sociedad benéfica, el proletariado andrajoso de París se había organizado en secciones secretas. Cada una de estas secciones estaba bajo la dirección de un agente bonapartista, y todas ellas puestas bajo el alto mando de un general de Bonaparte. Con los crápulas fracasados de dudosos medios de vida y borrosos antecedentes, con los aventureros derrotados desprendidos de las filas de la burguesía, formaban allí toda laya de vagabundos, desertores, licenciados de presidio, fugados de galeras, tahúres, bohemios, mendigos profesionales, carteristas, nigromantes, jugadores, chulos, dueños de burdeles, porteros, literatuelos, organilleros, traperos, afiladores, hojalateros; en una palabra, toda esa chusma desaliñada y andrajosa que los franceses designan con el nombre de la *boheme*. Eran todos de la familia de Luis Bonaparte, que levantó sobre ellos el armazón de su Sociedad del Diez de Diciembre.» (Marx. *El 18 de Brumario de Luis Bonaparte*, p. 83)

Todas las clases que en el pasado lograron hacerse dominantes trataron de consolidar la situación adquirida sometiendo a toda la sociedad a las condiciones de su modo de apropiación. Los proletarios no pueden conquistar las fuerzas productivas sociales, sino aboliendo su propio modo de apropiación en vigor y, por tanto, todo modo de apropiación existente hasta nuestros días. Los proletarios no tienen nada que salvaguardar; tienen que destruir todo lo que hasta ahora ha venido garantizando y asegurando la propiedad privada existente.[29]

29. EL PROLETARIADO Y EL RESPETO A LA LEY

La propiedad privada forma la base de la sociedad capitalista. En nombre de la justicia y de la igualdad, la burguesía la libertó de las mallas del feudalismo, del monopolio y del privilegio. Bajo la acción de las leyes que rigen el desarrollo del capitalismo, esta propiedad privada fue transformándose gradualmente en propiedad privada capitalista, es decir, en una clase de propiedad privada cuya existencia dependía del número, cada vez mayor, de personas que se iban quedando desnudas de toda propiedad privada. Cuantos más aspavientos hacen los burgueses hablando del carácter sagrado e inviolable de la propiedad privada, más vorazmente despojan de ella al pequeño comerciante, al artesano y al campesino, transformándolos así en una masa de población carente de toda propiedad, es decir, en proletarios. Al pedir la abolición de la propiedad privada, el proletario no hace más que pedir la abolición de algo que a él le ha sido arrebatado ya, de algo cuya carencia es su característica esencial. El proletariado es la masa de individuos que se forma al deshacerse la vieja sociedad, con la decadencia de la clase media, y sobre todo de las últimas capas de esta clase. Al formular por primera vez su idea de la misión histórica del proletariado, escribe Marx (*Sobre la crítica de la filosofía jurídica hegeliana*, edición alemana de *Obras completas*, t. I, p. 620):

> «Cuando el proletariado pregona la disolución del orden social preexistente no hace más que expresar el misterio de su propia existencia, ya que él mismo representa, de hecho, la disolución de ese orden social. Cuando el proletariado pide la supresión de la

propiedad privada no hace más que elevar a principio social aquello de que la sociedad ha hecho ya su propio principio, aquello que en el mismo proletariado, y sin intervención suya, se ha incorporado ya a la sociedad como un producto negativo.»

Las leyes de protección de la propiedad privada fueron creadas por el sistema capitalista. En el curso del desarrollo capitalista se puso cada vez más de manifiesto que, a no estar tan cuidadosamente redactadas, esas leyes serían insuficientes para defender la propiedad. En lo que a los obreros se refiere, las tales leyes no tienen más razón de ser que impedir sus ataques contra la propiedad privada. Sólo a costa de una lucha perseverante y del sacrificio de muchas vidas ha conseguido el proletariado arrancar alguna protección para su propia, para su única propiedad: su fuerza de trabajo. Ha sido necesario que los trabajadores batallasen incansablemente para lograr la concesión de algunas leyes de defensa de esta fuerza de trabajo contra la cruel expoliación de los capitalistas. En su libro sobre la situación de la clase trabajadora en Inglaterra, Engels traza una admirable descripción de la actitud de los obreros ante las leyes burguesas: su falta de respeto hacia ellas, etc.

«Es natural que la ley sea sagrada a los ojos de la burguesía, pues no en vano fue confeccionada por ella, aprobada con su beneplácito; no en vano sirve para proteger y salvaguardar el orden social burgués. La clase burguesa sabe perfectamente que, si bien tal o cual ley específica puede perjudicar a tal o cual miembro de la burguesía, los códigos protegen en conjunto los intereses de la clase burguesa en general. Es más: la santidad de la ley, la inviolabilidad de las instituciones establecidas y consagradas por la afanosa actividad de una parte de la sociedad y aceptadas pasivamente por el resto de los hombres, son otras tantas abstracciones que constituyen el más firme sostén de la posición burguesa dentro de la sociedad de hoy. Para el burgués de Inglaterra, la ley es sagrada, pues ve en ella su propia imagen y semejanza, del mismo modo que ve su imagen y semejanza en Dios. ¡Por eso la porra del policía (que es en rigor su propia porra) se le representa con una virtud tan confortadora! Pero el obrero no ve esa santidad. La experiencia le ha enseñado, harto implacablemente, que la ley es un flagelo que el burgués ha trenzado para servirse de él. Por eso, a menos que las circunstancias le obliguen, el obrero no apela nunca a la ley...» (Engels, *La situación de la clase obrera en Inglaterra*, p. 230)

«¿Cuál es la razón fundamental de que el obrero se abstenga de robar? No hay duda de que la frase "santidad de la propiedad" está bien construida y suena agradablemente a los oídos del burgués; pero es bastante difícil que la propiedad sea sagrada para quien no tiene nada propio. El dinero es el dios de la tierra. El burgués priva al proletariado de dinero, es decir, le priva de dios, en beneficio suyo. ¿Ha de sorprendernos, pues, que el proletariado confiese su ateísmo, que pierda todo respeto a la santidad y al poder del dios de este mundo? Cuando la pobreza del proletariado se agudiza hasta el extremo de carecer de lo más indispensable para cubrir sus necesidades más perentorias, cuando el hambre y el desamparo le aguijonean como espuelas, es natural que se agudice también el estímulo por el desprecio hacia el orden social existente y sus cánones legales.» (Engels, *La situación de la clase obrera en Inglaterra*, p. 118)

La psicología del obrero cambia radicalmente bajo la acción de las condiciones creadas al desarrollarse la gran industria y concentrarse en las ciudades las grandes masas de población. Asociándose para la consecución de fines comunes, los obreros empezaron a considerarse una clase, empezaron a advertir que, luchando individualmente, su poder era escaso, pero que la unión les daba una fuerza considerable; se dieron exacta cuenta de su diferenciación de la burguesía; comenzaron a pensar por cuenta propia, a tener sus puntos de vista propios, a ajustar sus ideas y sus perspectivas a su situación especial de obreros; comprendieron la relativa esclavitud en que vivían y, poco a poco, fueron cobrando conciencia de los acontecimientos políticos y sociales. El viejo régimen patriarcal velaba astutamente la esclavización del obrero. Espiritualmente hablando, el obrero no era más que un cadáver; vegetaba en la más completa ignorancia de sus propios intereses y sin el menor conocimiento general. Sólo cuando el amo se hubo convertido en un extraño; sólo cuando se patentizó a los ojos de todo el mundo que el único lazo que unía al esclavo y el señor era el interés personal de éste por sacar partido de su posición; sólo cuando hubo desaparecido todo vínculo de simpatía, sin dejar detrás de sí el menor rastro, sólo entonces empezó el obrero a cobrar conciencia de su posición y de sus intereses, sólo entonces comenzó a revivir espiritualmente, dejando de ser, en sentimiento, en pensamiento y en esfuerzo, el esclavo de su señor.

La burguesía tiene más afinidad con las naciones atrasadas del planeta que con los obreros que viven en su propio seno. Los obreros hablan un idioma diferente, tienen ideas y creencias antagónicas a las suyas, hábitos y principios morales distintos, puntos de vista políticos y religiosos que no coinciden con los de los burgueses. La burguesía y el proletariado son, en realidad, dos naciones distintas, tan marcadamente diferenciadas una de otra, que podemos decir que constituyen más bien dos razas. Disraeli escribió su novela *Sybil or the Two Nations* (Sibila o las dos naciones) en 1845, coincidiendo en el tiempo con la gestación del libro de Engels sobre la situación de la clase obrera en Inglaterra, y menos de tres años antes de que viese la luz el *Manifiesto comunista*. Empleando la vieja terminología, Disraeli dice a sus lectores que las «dos naciones» son «el rico» y «el pobre». (v. infra.) Hoy sabemos claramente que el joven estadista conservador escribió su libro hondamente impresionado por el abismo cada día mayor que, así en lo físico como en lo mental, se abría entre la burguesía y el proletariado.

Todos los movimientos han sido hasta ahora realizados por minorías o en provecho de minorías. El movimiento proletario es un movimiento propio de la inmensa mayoría en provecho de la inmensa mayoría. El proletariado, capa inferior de la sociedad actual, no puede levantarse, no puede enderezarse, sin hacer saltar toda la superestructura formada por las capas de la sociedad oficial.

Por su forma, aunque no por su contenido, la lucha del proletariado contra la burguesía es primeramente una lucha nacional. Es natural que el proletariado de cada país deba acabar en primer lugar con su propia burguesía.

Al esbozar las fases más generales del desarrollo del proletariado, hemos seguido el curso de la guerra civil más o menos oculta que se desarrolla en el

seno de la sociedad existente hasta el momento en
que se transforma en una revolución abierta, y el
proletariado, derrocando por la violencia a la burguesía, implanta su dominación.[30]

30. EVOLUCIÓN Y REVOLUCIÓN. CARÁCTER
INTERNACIONAL DEL MOVIMIENTO PROLETARIO

«La existencia de una clase oprimida es esencial
en esta sociedad basada en antagonismos de clase.
Emancipar a la clase oprimida equivale, por consiguiente, a crear una nueva sociedad. Mas para que la
clase oprimida pueda emanciparse es menester que
las fuerzas de la producción y las relaciones sociales vigentes dejen de ser incompatibles entre sí. La
clase revolucionaria es, de todos los instrumentos
de producción, la fuerza productiva más poderosa.
La organización de los elementos revolucionarios
en una clase única presupone que todas las fuerzas
productivas susceptibles de ser creadas dentro de la
armazón de la vieja sociedad lo hayan sido ya. ¿Pero
ha de argüirse de aquí que al derrumbamiento de
la sociedad preexistente deba seguir el triunfo de
otra clase y que este nuevo triunfo haya de culmi-
nar en un nuevo régimen político? De ningún modo.
La condición esencial de la emancipación de la clase obrera consiste precisamente en la desaparición
de todas las clases. El precedente histórico de la
emancipación del tercer Estado, es decir, de la clase
burguesa, en que la condición esencial para su libertad era la abolición de todos los estados del reino,
nos brinda un paralelo exacto de lo que decimos.»
(Marx, *La miseria de la filosofía*, pp. 242-3)

En otra nota (número 42) trataremos con más am-
plitud lo que se refiere al carácter internacional del
movimiento proletario. Aquí nos limitamos a recordar al lector que los autores del *Manifiesto* emplean la
palabra «nacional» en un sentido puramente geográ-
fico y como sinónima de «Estado». Cuando hablan
de la lucha de clases como movimiento «nacional»,
quieren significar que esa lucha se libra dentro de
las fronteras de un Estado, v. gr., dentro de Francia,
Inglaterra, Bélgica, etc. Para poder hacer frente a la
burguesía internacional es indispensable que el proletariado luche en una escala internacional, agrupan-
do a los proletarios de todos los países del mundo
en una alianza combativa. Pero antes, el proletariado
de cada país tiene que entendérselas con la burguesía
de su propio Estado. La Segunda Internacional llegó
adonde llegó porque sus dirigentes, abrazando como
grito de guerra la «defensa de la patria», se aplicaron
con gran ahínco a la destrucción de la burguesía extranjera, lo que llevaba aparejada la matanza consiguiente, no sólo de sus hermanos proletarios de otros
países, sino de los propios camaradas de su nación.
Jamás, ni en la más fiera de las guerras civiles, en la
más cruenta revolución, en la época más fanática de
contiendas entre naciones, jamás en todo el transcurso de la historia se derramó tanta sangre ni se sacrifi-
caron tantas vidas como en la última guerra mundial,
en una matanza santificada con las bendiciones de
los mismos que vuelven la cara horrorizados ante la
idea de derrocar por la fuerza a la burguesía de su
propio país, pues esto puede traer consigo, a no du-
darlo, efusión de sangre.

> «Cuando se haya desarrollado, la clase obrera despla-
> zará a la vieja sociedad burguesa, sustituyéndola por

una asociación que no sabrá nada de clases ni de antagonismos de clase. Ese día no existirá ya un poder político, en el sentido usual de esta palabra, pues el poder político no es más que la expresión oficial de los antagonismos imperantes en la sociedad burguesa. Pero mientras ese día llega, el conflicto entre proletariado y burguesía es la lucha entre dos clases; una lucha que, llevada a su límite, constituye una revolución. ¿Ha de sorprendernos, pues, que una sociedad basada en los antagonismos de clase acabe en una colisión de dos bandos armados y dividida por una lucha cuerpo a cuerpo? El movimiento social no excluye el político, antes, al contrario. No ha habido nunca un movimiento político que no fuera al mismo tiempo social. Sólo cuando se haya implantado un sistema del que desaparezcan las clases y los antagonismos de clase dejarán las evoluciones sociales de ser a la par revoluciones políticas. Entretanto que eso ocurre no se podrá hacer una revisión general de la sociedad sin que la última palabra de la ciencia social sea, para decirlo con las palabras de George Sand (1804-1876), "la guerra o la muerte, la lucha encarnizada o la extinción; he ahí el dilema inexorable".» (Marx, *La miseria de la filosofía*, pp. 23-24)

Todas las sociedades anteriores, como hemos visto, han descansado en el antagonismo entre clases opresoras y oprimidas. Mas para poder oprimir a una clase es preciso asegurarle unas condiciones que le permitan, por lo menos, arrastrar su existencia de esclavitud. El siervo, en pleno régimen de servidumbre, llegó a miembro de la comuna, lo mismo que el pequeño burgués llegó a elevarse a la categoría de burgués bajo el yugo del absolutismo feudal. El obrero moderno, por el contrario, lejos de elevarse con el progreso de la industria, desciende siempre más y más por debajo de las condiciones de vida de su propia clase. El trabajador cae en la miseria, y el pauperismo crece más rápidamente todavía que la población y la riqueza. Es, pues, evidente que la burguesía ya no es capaz de seguir desempeñando el papel de clase dominante de la sociedad ni de imponer a esta, como ley reguladora, las condiciones de existencia de su clase. No es capaz de dominar, porque no es capaz de asegurar a su esclavo la existencia, ni siquiera dentro del marco de la esclavitud, porque se ve obligada a dejarle decaer hasta el punto de tener que mantenerle, en lugar de ser mantenida por él. La sociedad ya no puede vivir bajo su dominación; lo que equivale a decir que la existencia de la burguesía es, en lo sucesivo, incompatible con la de la sociedad.

La condición esencial de la existencia y de la dominación de la clase burguesa es la acumulación de la riqueza en manos de particulares, la formación y el acrecentamiento del capital. La condición de existencia del capital es el trabajo asalariado. El trabajo asalariado descansa exclusivamente sobre la competencia de los obreros entre sí. El progreso de la industria, del que la burguesía, incapaz de oponérsele, es agente involuntario, sustituye el aislamiento de los obreros, resultante de la competencia, por su unión revolucionaria mediante la asociación. Así, el desarrollo de la gran industria socava bajo los pies de la burguesía las bases sobre las que esta produce y se apropia lo producido. La burguesía produce, ante todo, sus propios sepultureros. Su hundimiento y la victoria del proletariado son igualmente inevitables.[31]

31. LA ACUMULACIÓN DEL CAPITAL CONDUCE AL EMPOBRECIMIENTO Y DEGRADACIÓN DE LA CLASE OBRERA. LA EXPROPIACIÓN DE LOS EXPROPIADORES

Aun cuando logre vender su fuerza de trabajo al mejor postor y perciba el salario máximo, el obrero se halla siempre sujeto a las perturbaciones de los ciclos industriales, expuesto siempre a ser víctima de una crisis. Lo precario de su existencia, el alza y baja de los salarios, la perpetua amenaza del despido, todo contribuye a hacer que la situación del proletariado sea fundamentalmente distinta a la del siervo o el esclavo.

«El proletario, que no tiene más fortuna que sus brazos, que gasta hoy lo que ganó ayer, que depende de toda clase de azares, que no tiene la menor garantía de si podrá ganar lo indispensable para cubrir sus necesidades más perentorias, que puede verse privado del pan de un momento a otro por una crisis comercial o por el capricho de su patrono, ocupa la más desdichada situación, una situación tal, que no se puede concebir peor. El esclavo tiene, a lo menos, asegurados sus medios de vida, pues de otro modo no sería útil a su propietario; el siervo de la gleba disfruta siquiera de un pedazo de tierra donde puede cosechar los frutos necesarios para su sostenimiento; tanto uno como otro tienen asegurados sus medios mínimos de vida. El proletario, no; el proletario depende exclusivamente de sí mismo, sin que pueda tener nunca la seguridad de poder ganarse el pan. Por mucho que mejore de condición, todo lo que consiga no será más que una gota de agua en el mar de azares a que está expuesto.» (Engels, *La situación de la clase obrera en Inglaterra*, p. 119)

El desarrollo de la gran industria viene a agravar la inseguridad en la situación del obrero, y, al precipitar el proceso de la acumulación del capital, crea las fuerzas de reserva del ejército industrial, que ejerce una presión constante sobre el ejército proletario en activo y no permite a los obreros empleados obtener el aumento de salario adecuado a sus necesidades. Fruto típico de la vida cíclica en que se desenvuelve la industria moderna (en la que una fase de intensidad regular en la producción va seguida siempre de un ascenso repentino, y éste, a su vez, por una crisis, un colapso, un período de estancamiento) es el aumento del exceso de población y son las fluctuaciones del censo de hombres que forman el ejército industrial de reserva. Cuanto mayores son estos contingentes de la reserva, más en peligro están los obreros de verse arrastrados a las filas del pauperismo. Y este proceso puede llegar hasta tal punto, que la sociedad se vea obligada a alimentarlos y a alojarlos en talleres, a socorrerlos materialmente como obra de beneficencia.

«El resultado es que, proporcionalmente a la acumulación del capital, las condiciones de vida del obrero, sean altos o bajos sus salarios, tienen necesariamente que empeorar. Finalmente, la ley por imperio de la cual el exceso relativo de población o ejército industrial de reserva contrarresta siempre la energía y alcance de la acumulación, encadena al obrero al capital con la misma fuerza con que Prometeo vivía encadenado a la roca con los grilletes forjados por Vulcano. Según esta ley, la propiedad aumenta a medida que aumenta la acumulación del capital. La acumulación de riqueza en uno de los polos de la sociedad lleva aparejada la acumulación simultánea de pobreza, de los tormentos de trabajo, la esclavitud, la ignorancia, el embrutecimiento

y la degradación moral en el polo opuesto, donde reside la clase productora de ese capital.» (Marx, *El capital*,
t. I, p. 714)

El párrafo con que termina el capítulo primero
del *Manifiesto*, con su visión profética del destino que
aguarda a la sociedad capitalista, aparece repetido y
glosado en el primer volumen de *El capital*, fruto de la
experiencia ulterior y del profundo análisis del autor.
Reproduciremos un fragmento, tomado del penúlti-
mo capítulo de esta obra:

«Tan pronto como este proceso de transformación
haya desintegrado bastante, en profundidad y en extensión, la vieja sociedad; tan pronto como los trabajadores se hayan convertido en proletarios y sus
condiciones de trabajo en capital; tan pronto como el
régimen capitalista de producción se afirme sobre sus
pies, la socialización del trabajo y la transformación
de la tierra y demás medios de producción en medios
de producción socializados, es decir, comunes, y por
tanto la expropiación de los propietarios privados, no
podrán seguir progresando sin asumir una nueva forma. Ahora, la expropiación no recae ya sobre el obrero
que trabaja por su cuenta, sino sobre el capitalista que
explota a muchos obreros.

Este proceso de expropiación se desarrolla bajo la
acción de las leyes inmanentes de la propia producción
capitalista, por la centralización de los capitales. Cada
capitalista devora a otros muchos, y a la par, con la
expropiación de muchos capitalistas por unos pocos,
se desarrolla, en grado cada vez mayor, la forma cooperativa del proceso del trabajo, la aplicación técnica y consciente de la ciencia, la tierra se cultiva más
metódicamente, los instrumentos de trabajo tienden a

asumir formas únicamente manejables por el esfuerzo combinado de muchos, los medios de producción se economizan todos al ser aplicados por la colectividad, por medio del trabajo social, el mundo entero se ve preso en la red del mercado mundial, y con ello el régimen capitalista presenta un carácter internacional cada vez más marcado, y mientras de este modo va disminuyendo progresivamente el número de los magnates del capital, que usurpan y monopolizan todas las ventajas de este proceso de transformación, en el polo opuesto crece proporcionalmente la masa de la pobreza, crecen la opresión, la esclavización, la degeneración y la explotación; pero al mismo tiempo crece la ira de la clase obrera y ésta se hace cada día más numerosa, disciplinada, unida y organizada por el propio método capitalista de producción. El monopolio capitalista se convierte en grillete del régimen de producción que ha florecido con él y bajo él. La centralización de los medios de producción y la socialización del trabajo llegan a un punto en que se hacen incompatibles con su envoltura capitalista. Y la envoltura se desgarra. La hora de la propiedad privada capitalista ha sonado. Los expropiadores son expropiados.» (Marx, *El capital*, t. I, pp. 845-846)

II. PROLETARIOS Y COMUNISTAS

¿Cuál es la posición de los comunistas con respecto a los proletarios en general?

Los comunistas no forman un partido aparte, opuesto a los otros partidos obreros.

No tienen intereses que los separen del conjunto del proletariado.

No proclaman principios especiales a los que quisieran amoldar el movimiento proletario.

Los comunistas solo se distinguen de los demás partidos proletarios en que, por una parte, en las diferentes luchas nacionales de los proletarios, destacan y hacen valer los intereses comunes a todo el proletariado, independientemente de la nacionalidad, y por otra parte, en que, en las diferentes fases de desarrollo por que pasa la lucha entre el proletariado y la burguesía, representan siempre los intereses del movimiento en su conjunto.

Prácticamente, los comunistas son, pues, el sector más resuelto de los partidos obreros de todos los países, el sector que siempre impulsa adelante a los demás; teóricamente, tienen sobre el resto del proletariado la ventaja de su clara visión de las condiciones de la marcha y de los resultados generales del movimiento proletario.

El objetivo inmediato de los comunistas es el mismo que el de todos los demás partidos

> proletarios: constitución de los proletarios en clase, derrocamiento de la dominación burguesa, conquista del poder político por el proletariado.[32]

32. LOS COMUNISTAS Y LOS PARTIDOS OBREROS

Las palabras «los comunistas no forman un partido aparte de los demás partidos obreros» pudieran dar hoy origen a equívocos. Pudiera creerse, juzgando por ellas, y, en efecto, así las han interpretado algunos, erróneamente, que Marx y Engels eran fundamentalmente reacios a la creación de un partido comunista enfrentado con los demás partidos de la clase obrera. Sin embargo, estas palabras pueden interpretarse sin extravío a la luz de las circunstancias históricas en que la Liga Comunista vivió. Por aquellos años no había más que un partido en que la organización de los trabajadores tuviese proporciones nacionales: este partido era el cartismo inglés. En Francia, aparte de los socialistas demócratas acaudillados por Ledru-Rollin y Flocon, no existían más que grupos diseminados, adscritos a las viejas organizaciones blanquistas, y los seguidores del viejo Barbes (1809-1870), que habían sufrido un grave descalabro con la derrota de 1839. Existían, además, algunas «células» de «comunistas materialistas» y «obreros igualitarios». A pesar de estar compuestos por proletarios, esos grupos, a diferencia del de los socialistas demócratas, que eran un partido pequeñoburgués, no habían pasado de ser, hasta el año de 1848, más que agrupaciones de poca monta, sin adquirir en ningún caso contornos nacionales.

Desde el momento mismo de formarse, la Liga Comunista se erigió en una organización internacional, viéndose obligada a entrar en relaciones con las secciones nacionales, con el fin de evitar interferencias inútiles entre ella y los partidos nacionales que pudieran existir. Estas precauciones eran muy necesarias, sobre todo en lo tocante a Inglaterra, donde el cartismo se había convertido en la organización política genuina de la clase trabajadora. Los comunistas ingleses, entre los que mencionaremos a George Julian Harney (1817-1899) y Ernest Jones (1819-1869), no formaron un nuevo partido. Se aplicaron a la empresa de fundir el cartismo y el comunismo, asumiendo la dirección del movimiento y poniendo sobre el tapete la cuestión de la propiedad.

El *Manifiesto* señala los deberes que los comunistas han de imponerse. En lo que se refiere a las relaciones entre el Partido Comunista y la clase obrera en general, la fórmula del *Manifiesto* tiene todavía perfecta actualidad. El programa del Partido Comunista ruso está en consonancia con ella, como del siguiente fragmento puede colegirse:

«Con el fin de capacitar al proletariado para el cumplimiento de su gran misión histórica, el Partido Comunista Internacional organiza al proletariado en partido político independiente frente a todos los partidos burgueses; acaudilla a los trabajadores en todas las manifestaciones de la lucha de clases, muestra a los explotados el antagonismo irreconciliable de intereses que se alza entre ellos y los explotadores, y señala al proletario la significación y las condiciones ineludibles de la revolución social inminente.» (Preobrazhenski y Bujarin, *El ABC del comunismo*, p. 375)

Las tesis teóricas de los comunistas no se basan en modo alguno en ideas y principios inventados o descubiertos por tal o cual reformador del mundo.

No son sino la expresión de conjunto de las condiciones reales de una lucha de clases existente, de un movimiento histórico que se está desarrollando ante nuestros ojos. La abolición de las relaciones de propiedad antes existentes no es una característica propia del comunismo.

Todas las relaciones de propiedad han sufrido constantes cambios históricos, continuas transformaciones históricas.

La Revolución francesa, por ejemplo, abolió la propiedad feudal en provecho de la propiedad burguesa.

El rasgo distintivo del comunismo no es la abolición de la propiedad en general, sino la abolición de la propiedad burguesa.

Pero la propiedad privada burguesa moderna es la última y más acabada expresión del modo de producción y de apropiación de lo producido basado en los antagonismos de clase, en la explotación de los unos por los otros.

En este sentido, los comunistas pueden resumir su teoría en esta fórmula única: abolición de la propiedad privada.

Se nos ha reprochado a los comunistas el querer abolir la propiedad personalmente adquirida, fruto del trabajo propio, esa propiedad que forma la base de toda la libertad, actividad e independencia individual.

¡La propiedad adquirida, fruto del trabajo, del esfuerzo personal! ¿Os referís acaso a la propiedad del pequeño burgués, del pequeño labrador, esa forma de propiedad que ha precedido a la propiedad burguesa? No tenemos que abolirla: el progreso de la industria la ha abolido y está aboliéndola a diario.[33]

33. PROPIEDAD FEUDAL Y PROPIEDAD BURGUESA

«La propiedad ha asumido formas diferentes y se ha desarrollado bajo condiciones distintas en todas las épocas de la historia. Por consiguiente, para dar una definición de lo que es la propiedad burguesa, nos basta con describir las condiciones sociales de la producción capitalista. La pretensión de definir la propiedad independientemente de las condiciones reinantes, como una categoría aparte, como una idea abstracta y eterna, puede llevarnos a ilusiones metafísicas o legalistas.» (Marx, *La miseria de la filosofía*, p. 214)

La cuestión de la propiedad presenta, según las épocas, formas distintas, que corresponden a las diversas fases del desarrollo industrial y a las peculiaridades que ofrece el desarrollo de la industria en los distintos países.

«En los tiempos de la revolución inglesa, lo mismo que en los de la revolución francesa, la cuestión de la propiedad giraba en torno a la creación de condiciones que facilitaran la libre competencia y la abolición de todas las instituciones de la propiedad feudal (privilegios feudales, gremios, monopolios, etcétera), que fueron otras tantas trabas para el desarrollo de la industria desde el siglo XVI al XVIII. La cuestión de la propiedad es siempre una cuestión vital para una clase determinada, en relación con las varias fases recorridas en el desarrollo de la industria. En los siglos XVII y XVIII, al abolirse las condiciones de la propiedad feudal, la cuestión de la propiedad adquirió una importancia vital para la burguesía. En el siglo XIX, cuando el problema gira en torno a la destrucción de la propiedad burguesa, el tema de la propiedad se convierte en cuestión vital para el proletariado.

La burguesía destruyó todas las viejas formas de la economía, y con ellas todos los tipos de propiedad adecuados a esas formas. Asimismo, fue abolida la organización política que formaba la expresión oficial del viejo Estado. Sobre las ruinas del sistema feudal de propiedad, la burguesía implantó su propio sistema. La justicia y la igualdad eran postulados sobre los que la burguesía aspiraba a construir el nuevo edificio social, aprovechando los restos del régimen feudal de la propiedad. Dentro de la sociedad burguesa, todos los hombres habían de ser iguales y libres, todos habían de ser propietarios y producir artículos para ser cambiados por otros, pertenecientes todos ellos a estos propietarios libres e iguales, que no los cobrarían nunca más que por su justo precio. Estas eran las intenciones. Pero el hecho fue que la burguesía fundó una sociedad basada en el privilegio, en la desigualdad, en la injusticia; una sociedad en que los conflictos y los antagonismos son todavía más agudos que eran en la sociedad feudal.

Cada día que pasa se hace más evidente el hecho de que las condiciones de producción en que vive y se apoya la burguesía no tienen una forma única ni un carácter igual. Presentan, por el contrario, dos aspectos diferentes. Las condiciones que producen la riqueza, producen al mismo tiempo la pobreza; las condiciones que determinan el desarrollo de la fuerza de producción, determinan simultáneamente la fuerza de la opresión; las condiciones que levantan la riqueza de la burguesía, es decir, de la clase burguesa, lo hacen a costa de sacrificar la riqueza de otros miembros de la misma clase y de engrosar más y más las filas del proletariado.» (Marx, *La miseria de la filosofía*, pp. 171-2)

Marx nos enseña cómo, bajo las condiciones de la producción y circulación de mercancías, la ley de apropiación, o sea la ley de la propiedad privada, «se torna, por obra de su inmanente e inexorable dialéctica, en todo lo contrario de lo que es» (*El capital*, t. I, p. 641). Al aparecer en el mercado la fuerza de trabajo, los capitalistas, dueños de los medios de producción, adquieren la posibilidad de privar sistemáticamente, pero sin faltar a la más estricta observancia de la ley y sin infringir en lo más mínimo los derechos de la propiedad, a otros propietarios, los asalariados, de una parte de los productos que ellos mismos crean.

> «Las relaciones de cambio entre el capitalista y el obrero se convierten así en meros reflejos del proceso de circulación, en una mera forma que se tiende por encima de la esencia de las verdaderas relaciones y que sólo sirve para mixtificarlas. La compraventa perpetua de la fuerza de trabajo es la forma externa. El verdadero contenido esencial está en que el capitalista se adueña, sin equivalente, de una porción de trabajo ajeno previamente materializado y lo cambia por una cantidad mayor de trabajo vivo... Hoy día, la propiedad parece significar, en lo que concierne al capitalista, el derecho a apropiarse de trabajo ajeno no retribuido, o de su producto; en lo que concierne al obrero, la imposibilidad de apropiarse el producto de su propio trabajo. El divorcio entre la propiedad y el trabajo ha acabado siendo el fruto obligado de una ley nacida originariamente de su identidad.» (Marx, *El capital*, t. I, pp. 641-642)

Dicho en otros términos:

> «La transformación primaria del dinero en capital se lleva a cabo en perfecto acatamiento de las leyes

económicas de la producción de mercancías y ejerciendo el derecho de propiedad que esas leyes reconocen. Y, sin embargo, nos encontramos con lo siguiente:

1.º Con que el producto pertenece al capitalista y no al obrero.

2.º Con que el valor intrínseco de este producto encierra, además del valor del capital aportado, un exceso de valor, una plusvalía, que al obrero le ha costado su trabajo, pero que al capitalista no le ha costado nada y que, no obstante, es de su legítima propiedad.

3.º Con que la fuerza de trabajo del obrero permanece intacta y por entero a su disposición, para venderla de nuevo si encuentra quien se la compre.» (Marx, *El capital*, t. I, p. 643)

Mientras tanto, el llamado derecho de propiedad subsiste bajo el régimen capitalista de producción, aunque sus efectos hayan variado radicalmente, en relación con lo que eran antes del capitalismo.

«Continúa vigente el mismo derecho, aunque las cosas hayan dejado de ser lo que eran antiguamente, cuando el producto pertenecía a su creador y éste, cambiando un equivalente por otro equivalente, no tenía más medio de enriquecerse que su propio trabajo, para asumir la forma propia de la época capitalista, en que la riqueza social, en proporciones cada día mayores, se torna en monopolio de aquellas personas cuya posición les permite adueñarse constantemente del trabajo de los demás.» (Marx, *El capital*, t. I, p. 645)

En tanto la propiedad privada no desaparezca persistirán sus efectos, y la clase obrera será explotada por la clase capitalista. Por eso toda la teoría del comunismo puede resumirse en esta tesis: abolición de la propiedad sobre los medios de producción e implantación de la propiedad común. Mas de aquí no debe deducirse que los comunistas sean enemigos de la propiedad privada en todas sus formas y manifestaciones, que su designio sea abolir todas las modalidades de propiedad privada. No, este tipo de propiedad reviste formas muy diversas: hay propiedad privada y propiedad privada.

> «La propiedad privada, a diferencia de la propiedad social o colectiva, sólo existe allí donde los medios de trabajo y las condiciones externas en que éste se desarrolla pertenecen a unos cuantos particulares. Pero el carácter de esta propiedad varía según que sus propietarios sean o no trabajadores. Las innumerables modalidades que presenta a primera vista la propiedad privada no son más que otros tantos reflejos de las condiciones intermedias que fluctúan entre los dos extremos. La posesión de los medios de producción por el obrero es la base de la pequeña industria, y ésta una condición indispensable para el desarrollo de la producción social y para la independencia del obrero. Es evidente que con este régimen de producción nos encontramos también en el sistema de participación del obrero en la industria, en el sistema de la servidumbre de la gleba y en otros sistemas de vasallaje. Pero sólo florece, sólo se manifiesta en todo su esplendor, sólo reviste su forma clásica adecuada allí donde el obrero es el propietario de sus medios de trabajo, allí donde el campesino es dueño de la tierra que cultiva y el artesano de las herramientas con que trabaja.» (Marx, *El capital*, t. I, p. 844)

Esta clase de propiedad privada es fruto del trabajo propio de quien la adquiere. Pero al llegar a cierto grado de evolución social se ve desplazada por la forma de propiedad privada capitalista, basada en la explotación del trabajo ajeno, por muy «libre» y muy «independiente» que, formalmente, sea este trabajo.

Por consiguiente, aunque los comunistas luchan por la abolición de la propiedad privada de los medios de producción, su actitud es muy distinta cuando se trata de la propiedad privada a que hemos aludido. Ante la propiedad privada adquirida por el trabajo personal del propietario, los comunistas adoptan una actitud amistosa de acercamiento, tratando de demostrar a estos poseedores que la situación del pequeño productor es extraordinariamente precaria en un régimen en que prevalece la producción comercial y que la propiedad privada es actualmente un medio que le convierte en víctima de la explotación. En cambio, tratándose de la propiedad privada capitalista, la actitud que adoptan los comunistas es muy diferente. A ésta le declaran la guerra sin cuartel y se esfuerzan por precipitar la hora de la muerte de la clase poseedora. El acto en que culmina la revolución social no es precisamente la expropiación de los expropiados, sino la expropiación de los expropiadores; no es la expropiación de la propiedad privada fruto del esfuerzo personal, sino la expropiación de la propiedad privada capitalista fruto del trabajo ajeno.

¿O tal vez os referís a la propiedad privada burguesa moderna?

¿Es que el trabajo asalariado, el trabajo del proletario, crea propiedad para el proletario? De ninguna manera. Lo que crea es capital, es decir, la propiedad que explota al trabajo asalariado y que no puede acrecentarse sino a condición de producir

nuevo trabajo asalariado para volver a explotarlo.
En su forma actual, la propiedad se mueve en el
antagonismo entre el capital y el trabajo asalariado.
Examinemos los dos términos de este antagonismo.

Ser capitalista significa ocupar no solo una
posición puramente personal en la producción,
sino también una posición social. El capital es un
producto colectivo; no puede ser puesto en movimiento sino por la actividad conjunta de muchos
miembros de la sociedad y, en última instancia,
solo por la actividad conjunta de todos los miembros de la sociedad.

El capital no es, pues, una fuerza personal; es una
fuerza social.

En consecuencia, si el capital es transformado
en propiedad colectiva, perteneciente a todos los
miembros de la sociedad, no es la propiedad personal la que se transforma en propiedad social.
Solo cambia el carácter social de la propiedad. Esta
pierde su carácter de clase.

Examinemos el trabajo asalariado.[34]

34. EL CAPITALISMO, PRODUCTO DE UNA FASE ESPECÍFICA Y TRANSITORIA DE LA EVOLUCIÓN SOCIAL

Los economistas burgueses ven en el capital un
régimen perenne de producción social, y, como perenne, indispensable para el rendimiento del trabajo.
Olvidan que los medios de producción sólo se transforman en capital y el trabajador en asalariado, en
proletario, bajo ciertas y determinadas condiciones
históricas.

El capital presupone el trabajo asalariado, y éste el
capital. Dependen el uno del otro y ambos se crean

mutuamente. ¿Es que el obrero que trabaja en una fábrica algodonera sólo produce artículos de algodón? No, produce también capital. Produce, por tanto, valores que se adueñan de su trabajo y lo utilizan para la creación de nuevos valores, y así sucesivamente.

> «El capital sólo se incrementa al cambiarse por fuerza de trabajo, al engendrar el trabajo asalariado. A su vez, la fuerza de trabajo del obrero no puede trocarse en capital si no es aumentando ese mismo capital, reforzando la propia cadena a que está atado. Y al aumentar el capital, aumenta también el número de proletarios, el contingente de individuos que forman la clase obrera.» (Marx, *Trabajo asalariado y capital*, pp. 27-8)

Colocados fuera de ciertas condiciones sociales, fuera de tal o cual período histórico en el desarrollo de la sociedad, los medios de producción no pueden constituir jamás capital. El capital es la fuerza, no de un individuo, sino de toda la sociedad.

> «Un negro es un negro... Pero bajo determinadas condiciones se convierte en esclavo. Una máquina de hilar algodón es una máquina para hilar algodón. Han de concurrir condiciones especiales para que se convierta en capital. Desgajada de esas condiciones, la máquina no tiene carácter de capital, del mismo modo que el oro no es de por sí dinero, ni el azúcar el precio del azúcar. El capital es un régimen social de producción, el régimen de producción peculiar de la sociedad burguesa. Los medios de vida, los instrumentos de trabajo, las materias primas, todos esos elementos esenciales integrantes del capital, ¿acaso no se producen y acumulan bajo determinadas condiciones sociales, bajo un determinado régimen social? ¿Y no se utilizan,

bajo esas condiciones y bajo ese régimen determinado, como medios para seguir produciendo? ¿Y no es precisamente este carácter social el que transforma los productos aptos para una nueva producción en capital?» (Marx, *Trabajo asalariado y capital*, pp. 24-5)

Mas adviértase que ese poder social es un poder privado, patrimonio privativo de una persona individual, el capitalista, que tiene el derecho, omnímodo e irrefrenable de hacer de él el uso que le dicte su voluntad. Cuanto más rápidamente se desarrollan los medios de producción capitalista, con más pujanza se desarrollan también las distintas ramas de la industria y más aguda se hace la contradicción entre la apropiación capitalista y la producción social. No hay más que cancelar en los medios sociales de producción el carácter capitalista, y ya los tenemos convertidos en propiedad social.

«El proletariado se adueña del poder público, e inmediatamente transforma los medios de producción en propiedad social.» (Engels, *Del socialismo utópico al socialismo científico*, p. 48)

De este modo arranca las fuerzas de producción a las uñas capitalistas y abre el camino para el desarrollo pleno de su aplicación social. Esto hace posible la regulación de la producción social de acuerdo con un plan preconcebido. El desarrollo de la producción convierte así la existencia de clases diferentes en un anacronismo.

El precio medio del trabajo asalariado es el mínimo del salario, es decir, la suma de los medios de subsistencia indispensable al obrero para conservar su vida como tal obrero. Por consiguiente, lo que el obrero asalariado se apropia por su actividad es estrictamente lo que necesita para la mera reproducción de su vida. No queremos de ninguna manera abolir esta apropiación personal de los productos del trabajo, indispensable para la mera reproducción de la vida humana, esa apropiación que no deja ningún beneficio líquido que pueda dar un poder sobre el trabajo de otro. Lo que queremos suprimir es el carácter miserable de esa apropiación, que hace que el obrero no viva sino para acrecentar el capital y tan solo en la medida en que el interés de la clase dominante exige que viva.[35]

35. PROPIEDAD INDIVIDUAL Y PROPIEDAD PRIVADA. EL PRINCIPIO DE DISTRIBUCIÓN DE LA SOCIEDAD COMUNISTA

Hemos visto cómo el régimen capitalista de apropiación crea la propiedad privada capitalista, que se diferencia bastante claramente de la propiedad privada individual, basada en el trabajo del propietario. Hemos visto, además, que la única propiedad que los comunistas intentan expropiar es la propiedad privada capitalista. Dejando la propiedad de los pequeños productores en manos de estos obreros, ya que no se trata de una clase de propiedad empleada como medio de explotación del trabajo ajeno, los comunistas respetan el patrimonio personal de todos los miembros de la sociedad; no ponen fin a la apropiación personal de los productos indispensables para el sustento de la vida. Sin embargo, para curarla de los vicios de que hoy adolece, los comunistas basan esta nueva propiedad individual en las adquisiciones provenientes de la época

capitalista, es decir, en la cooperación de los trabajadores independientes y en la posesión conjunta de los
medios de producción, incluyendo la tierra.

La forma que esta propiedad personal, esta propiedad individual, haya de asumir, el principio por el
cual haya de regirse la distribución de lo producido
entre los trabajadores, dependerá de las condiciones
históricas de los tiempos y del grado de desarrollo a
que hayan llegado las fuerzas productivas de la sociedad en el momento en que el proletariado se adueñe
del poder. Deducida del producto colectivo la parte indispensable para la marcha normal del proceso
social de la producción, para la reposición y repara-
ción de los medios de trabajo, para la formación de
un fondo social de reserva; para los gastos administrativos de toda clase, para las necesidades sociales
y culturales, para la asistencia que ha de prestarse a
los desvalidos, las utilidades del producto social se
distribuirán entre los productores. Durante el período de transición del viejo al nuevo régimen, en que
los vestigios de la vieja sociedad permanecen todavía adheridos a la nueva, el productor percibirá estrictamente la parte del producto proporcional a la
cantidad del trabajo rendido; pero, aunque las distinciones de clase habrán desaparecido, permanecerán
los privilegios naturales del talento individual, y la
remuneración del trabajo será regulada en consonancia con su cantidad, calidad e intensidad.

Cuando la sociedad comunista haya alcanzado un
grado considerable de desarrollo,

«cuando la sumisión esclavizadora al yugo de la división
del trabajo haya desaparecido, y cuando, con ella, hayan
dejado también de existir la distinción entre el trabajo
físico y el trabajo intelectual; cuando el trabajo no sea

ya un medio de vida, sino la primera de las necesidades vitales del hombre; cuando las fuerzas productivas de la sociedad se hayan desarrollado en proporción al desarrollo multiforme de los individuos que componen esa sociedad, entonces los estrechos horizontes burgueses serán enterrados y la sociedad podrá escribir en su bandera: "Cada cual según su capacidad, a cada cual según sus necesidades".» (Marx, «El Programa socialista», *Crítica al Programa de Gotha*, p. 9)

En la sociedad burguesa, el trabajo vivo no es más que un medio de incrementar el trabajo acumulado. En la sociedad comunista, el trabajo acumulado no es más que un medio de ampliar, enriquecer y hacer más fácil la vida de los trabajadores.

De este modo, en la sociedad burguesa el pasado domina sobre el presente; en la sociedad comunista es el presente el que domina sobre el pasado. En la sociedad burguesa el capital es independiente y tiene personalidad, mientras que el individuo que trabaja carece de independencia y está despersonalizado.

¡Y la burguesía dice que la abolición de semejante estado de cosas es abolición de la personalidad y de la libertad! Y con razón. Pues se trata efectivamente de abolir la personalidad burguesa, la independencia burguesa y la libertad burguesa.[36]

36. El imperio del capital sobre el trabajo

Según los economistas burgueses, el capital es trabajo acumulado, empleado como medio de nueva producción. Llegan a esta conclusión porque ven el capital como un conjunto de materias primas, instrumentos de trabajo y medios de sustento, indispensables para continuar produciendo. Pero todos estos elementos del capital son artículos comerciales, es decir, productos dotados ya de un carácter social definitivo, que únicamente pueden adquirir cuando las relaciones económicas han alcanzado ya un determinado grado de desarrollo. Según esto, el capital no es una simple suma de productos materiales, sino un conjunto de productos que constituyen mercancías, valores de cambio, objetos dotados de una significación social. Toda suma de mercancías es una suma de valores de cambio. ¿Cómo, entonces, se opera su conversión en capital?

> «¿De qué modo se transforma una cantidad de mercancías, de valores de cambio, en capital? Del modo siguiente. Como poder social independiente (es decir, como poder de una parte de la sociedad), el capital se sostiene e incrementa cambiándose por fuerza de trabajo. La existencia de una clase de hombres que no poseen más fortuna que su capacidad de trabajo es requisito indispensable para la existencia del capital. El capital no es trabajo acumulado puesto al servicio del trabajo en activo, sino trabajo en activo puesto al servicio del trabajo acumulado, como medio para sostener e incrementar sus valores de cambio.» (Marx, *Trabajo asalariado y capital*, pp. 26-27)

En *El capital*, todavía traza Marx una exposición más clara de cómo el trabajo muerto, acumulado, gobierna al trabajo vivo, de cómo el trabajo pretérito rige al trabajo actual:

> «Todas las modalidades de producción capitalista, en cuanto no sean meros procedimientos de trabajo, sino

también medio de incremento y expansión del capital, tienen de común el hecho de que en ellas no es el obrero el que emplea los instrumentos de trabajo, sino éstos, los instrumentos de trabajo, los que le emplean a él. Sin embargo, hasta llegar a la producción por medio de máquinas, esta inversión de las cosas no adquiere una realidad técnica y tangible. Al convertirse en autómata, el instrumento de trabajo se alza frente al obrero, en el proceso del trabajo, como capital, como trabajo muerto que gobierna el trabajo vivo y le chupa la savia.» (Marx, *El capital*, t. I, pp. 455-6)

¡Y este sistema social, en que la inmensa mayoría de la población se ve obligada a venderse por un mezquino salario, es lo que los economistas burgueses describen como un régimen de «libertad»!

«No os dejéis embaucar por el concepto abstracto de "libertad" [exclama Marx en su discurso sobre el librecambio, citado más arriba]. Libertad, ¿de quién? Esta palabra no indica la libertad de una persona respecto a otra, no, sino la libertad del capital para oprimir al obrero. ¿A qué ir a buscar apoyo y sanción para la "libre" competencia en esa idea de libertad, cuando la idea de la libertad no es en sí más que el fruto de un régimen basado en la libre competencia?» (Marx, *La miseria de la filosofía*, pp. 287-8)

Por libertad, en las condiciones actuales de producción burguesa, se entiende la libertad de comercio, la libertad de comprar y vender.

Desaparecida la compraventa, desaparecerá también la libertad de compraventa. Las declamaciones sobre la libertad de compraventa —lo mismo

que las demás bravatas liberales de nuestra burguesía— solo tienen sentido aplicadas a la compraventa encadenada y al burgués sojuzgado de la
Edad Media, pero no ante la abolición comunista
de la compraventa, de las relaciones de producción
burguesas y de la propia burguesía.

Os horrorizáis de que queramos abolir la propiedad privada. Pero en vuestra sociedad actual la
propiedad privada está abolida para las nueve décimas partes de sus miembros; existe precisamente
porque no existe para esas nueve décimas partes.
Nos reprocháis, pues, el querer abolir una forma de
propiedad que no puede existir sino a condición de
que la inmensa mayoría de la sociedad sea privada
de propiedad.

En una palabra, nos acusáis de querer abolir vuestra
propiedad. Efectivamente, eso es lo que queremos.

Según vosotros, desde el momento en que el trabajo no puede ser convertido en capital, en dinero,
en renta de la tierra, en una palabra, en poder social
susceptible de ser monopolizado; es decir, desde el
instante en que la propiedad personal no puede
transformarse en propiedad burguesa, desde ese
instante, la personalidad queda suprimida.

Reconocéis, pues, que por personalidad no enten-
déis sino al burgués, al propietario burgués. Y esta
personalidad ciertamente debe ser suprimida.[37]

37. Personalidad burguesa y personalidad humana

En su polémica contra Max Stirner, Marx hace
algunas observaciones de gran interés acerca de la
relación que existe entre la personalidad burguesa y
la personalidad humana. Los pensadores burgueses

como Destutt de Tracy, filósofo francés (1754-1836), ven en la propiedad un atributo inseparable de la personalidad humana, consubstanciado con ella por lazos naturales. Para ellos, propiedad, individualidad y personalidad son una y la misma cosa. La idea de «yo» lleva ya inherente la idea de «mío».

> «La naturaleza ha dotado al hombre de una propiedad, es decir, de una individualidad, inalienable e inseparable. Dondequiera que existe, si no ya un ente individual, sí al menos un individuo con voluntad propia, existe propiedad.» (Destutt de Tracy apud Marx, «San Max», en *Documentos de socialismo*, editados por Bernstein, t. III, p. 361)

El propio Stirner se acercaba bastante a este modo de pensar.

> «Si el burgués, con su limitado horizonte mental, se vuelve hacia el comunista y exclama: "suprimiendo la propiedad, que vale tanto como privarme a mí de mi existencia como capitalista, como terrateniente, como industrial, y como privarte a ti mismo de tu existencia como trabajador, suprimes a la vez mi individualidad y la tuya propia, imposibilitándome para seguir explotándoos a vosotros, los trabajadores, para seguir acumulando utilidades, dividendos y rentas, destruyendo mi existencia individual"; si el burgués dice al comunista: "destruyendo mi existencia como burgués, destruyes mi existencia como individuo", tendremos que darle las gracias por su franqueza..., por no decir por su cinismo. En efecto, eso y no otra cosa es lo que el burgués piensa, pues él no acierta a concebirse como individuo si no es concibiéndose como burgués. Pero en cuanto se ponen de por medio los teóricos burgueses, procediendo por

vía general y teóricamente a identificar la propiedad burguesa con la personalidad humana, y pugnan por reforzar su tesis por medio de la lógica, entonces lo que se defiende y santifica ya no es más que la necedad... Para el burgués es facilísimo, empleando su lenguaje vernacular, demostrar que las relaciones mercantiles se confunden con las relaciones individuales y aun con las relaciones humanas en general, pues ese lenguaje vernacular es por sí mismo un producto burgués, que hace del regateo, tanto en el mundo tangible como en el mundo del lenguaje, el eje sobre el cual giran todas las cosas.» (Marx, «Comentario sobre Stirner», en *Documentos de socialismo*, Bernstein, ed., t. III, 362-363)

Los comunistas sólo pretenden destruir la propiedad privada con el fin de curarla de las taras que le impuso su modo adquirido de ser; en cambio, los pensadores burgueses (y entre ellos tenemos que incluir a los idealistas de la pequeña burguesía, como Proudhon y Stirner, los voceros más radicales de esta clase) tratan de tergiversar a toda costa este principio haciendo creer que equivale a la destrucción de la propiedad en general. Así lo hace Stirner, con su característica y perversa ingenuidad.

La propiedad privada (que no debemos confundir con la propiedad *individual* o *personal*, con la propiedad de «mi» camisa, de «mi» chaqueta, que no confiere a su dueño el menor poder de absorción de trabajo ajeno), la propiedad capitalista o de *explotación*, es la única que brinda las condiciones que permiten al individuo monopolizar las fuerzas sociales, las condiciones mediante las cuales los «propietarios» pueden mediatizar para su exclusivo provecho las cualidades naturales e individuales, no sólo de las personas, sino también de las cosas.

«Respecto al terrateniente, el único interés que tiene en el suelo es la renta que puede extraer de él. Pero la renta es una propiedad de la tierra que ésta puede perder sin perder ninguna de sus cualidades inalienables, sin perder ni una sola gota de su fertilidad. Es decir, que la renta es una cualidad cuyo volumen y hasta cuya existencia dependen de una serie de relaciones sociales que se crean y desaparecen sin que en ello tenga arte ni parte el propietario. Otro tanto podemos decir de la máquina. El dinero (la forma de propiedad más generalizada) tiene muy poco que ver con las características personales, y hasta puede ocurrir que sea directamente opuesto a ellas. Shakespeare sabía de esto mucho más que nuestros teorizantes pequeñoburgueses cuando escribió:

Gold? yellow, glittering, precious gold?…
Thus much of this will make black, white; foul, fair;
Wrong, right; base, noble;
old, young; coward, valiant.

[¿Oro? ¿Oro amarillo, brillante, precioso? / Con él se torna el negro blanco; hermoso el feo, / el cobarde, valiente; el viejo, mozo; / noble el villano, y el malvado justo.]

En una palabra, la renta de la tierra, las ganancias y demás atributos inherentes a la propiedad privada, no son más que otras tantas relaciones sociales en que se refleja una fase determinada de la producción.» (Marx, «Contra Stirner», en *Documentos de socialismo*, t. III, p. 363)

El comunismo no arrebata a nadie la facultad de apropiarse de los productos sociales; no quita más que el poder de sojuzgar por medio de esta apropiación el trabajo ajeno.

Se ha objetado que con la abolición de la propiedad privada cesaría toda actividad y sobrevendría una indolencia general.

Si así fuese, hace ya mucho tiempo que la sociedad burguesa habría sucumbido a manos de la holgazanería, puesto que en ella los que trabajan no
adquieren y los que adquieren no trabajan. Toda la
objeción se reduce a esta tautología: no hay trabajo
asalariado donde no hay capital.[38]

38. LA LABORIOSIDAD BURGUESA Y LA PEREZA PROLETARIA

En su tiempo se dijo que si se abolía la esclavitud o la servidumbre de la gleba los siervos o los esclavos huirían del trabajo y se darían a la ociosidad. A
no ser por la vara o por el látigo, la «indolente pereza
del pueblo bajo» sería invencible. La realidad demostró que estos augurios eran completamente falsos. El
trabajo libre resultó ser más productivo que el servil.
Pero este trabajo «libre» corre a cargo de un obrero
«libre», cuya libertad se parece mucho a la del pájaro
en el aire: el pájaro es «libre» de seguir volando o de
parar el vuelo... hasta que cae. El obrero es también
«libre», libre y desembarazado de todo medio de producción, y esta «libertad» le obliga a venderse a sí
mismo, a vender su fuerza de trabajo. Hoy, en vez de
ser el látigo o la vara, son las punzadas del hambre las
que lo arrean hacia la fábrica. Trabaja acosado, pues
ya no le vigila como antes la presencia del dueño de
vez en cuando, sino el ojo siempre avizor del capataz
y la ley hecha por el patrono, que está allí para castigar el menor descuido. La división del trabajo (cuyas
funestas consecuencias, lejos de disminuir con el progreso de la máquina, se acentúan al desarrollarse el
maquinismo) despoja al trabajo del obrero casi siempre de sentido y razón de ser. Los comunistas luchan
por crear condiciones que garanticen la «libertad» de

trabajo del obrero, dando rienda suelta a sus fuerzas físicas e intelectuales, sin hacer de su trabajo una faena insoportablemente monótona y pesada. La réplica burguesa a esta aspiración es la versión moderna del viejo refrán de la «haraganería del pueblo bajo».

Cuando el proletariado suba al poder tendrá que hacer frente (ya tiene que hacer frente hoy en Rusia) a una complicada serie de problemas. La revolución lleva consigo toda una serie de desórdenes y perturbaciones en el proceso de la producción. Para que la paz interior se restablezca hace falta tiempo. Durante el período de transición se produce inevitablemente una baja en el suministro de artículos manufacturados. Ésta depresión es inevitable, aun dentro de las condiciones más propicias y aun cuando el proletariado consiga reorganizar satisfactoriamente las empresas industriales. Si, además, se hace imposible pertrechar las fábricas con los medios de producción necesarios o abastecer a los obreros de víveres, si los instrumentos están deteriorados, la resistencia de los obreros agotada y las reservas de materias primas exhaustas, entonces, los problemas a que tiene que hacer frente el proletariado parecen superiores a toda fuerza.

A la par que impone la obligación de trabajar a todos los ciudadanos, el proletariado tiene que cuidarse de eludir todo aquello que recuerde el trabajo de los cuarteles y las cárceles. Para fortalecer la disciplina entre los propios trabajadores, para difundir en todos los sentidos la idea de esta disciplina consciente y demostrar su importancia a tono con el carácter social de los instrumentos de trabajo, para mantener la necesidad de imponer esa disciplina en una sociedad recién salida del cascarón capitalista y que conserva todavía vestigios de su antigua matriz, que se halla aún bajo el peso de los residuos del sistema capitalista, para todo

esto es indispensable, en los comienzos de una sociedad comunista, echar mano de una serie de recursos
que levanten y fomenten el estímulo del trabajo. Pero
estas medidas deben aplicarse ya desde el primer instante, no con el designio de hacer que se destaquen los
obreros más eficientes, presentándolos como modelos
a los demás, sino con la mira de incrementar la producción total de la colectividad obrera a la que pertenecen
individualmente todos y cada uno de los trabajadores.

> Todas las objeciones dirigidas contra el modo
> comunista de apropiación y de producción de bie-
> nes materiales se hacen extensivas igualmente res-
> pecto a la apropiación y a la producción de los pro-
> ductos del trabajo intelectual. Lo mismo que para
> el burgués la desaparición de la propiedad de clase
> equivale a la desaparición de toda producción, la
> desaparición de la cultura de clase significa para él
> la desaparición de toda cultura.
>
> La cultura, cuya pérdida deplora, no es para la
> inmensa mayoría de los hombres más que el adies-
> tramiento que los transforma en máquinas.[39]

39. Producción material y producción intelectual

La producción y distribución de los productos
del trabajo intelectual están estrechamente relacionadas con los cambios y el desarrollo de los medios
materiales de producción, y corresponden al grado
de progreso de las fuerzas productivas. Las formas de
producción intelectual presentan diferentes características en las distintas etapas de desarrollo histórico
de la sociedad humana.

«Para estudiar las relaciones entre la producción material e intelectual es preciso fijarse ante todo en la producción material, no considerándola bajo el aspecto de una categoría universal, sino como una forma histórica concreta de producción. Así, por ejemplo, la producción intelectual no es la misma bajo el régimen capitalista que durante la Edad Media. Sólo enfocando la producción material en una fase histórica determinada alcanzaremos a comprender las peculiaridades de la forma de producción intelectual correspondiente y la reciprocidad que media entre ésta y la producción material.» (Marx, *Teorías sobre la plusvalía*, t. I, p. 381)

Una forma determinada de producción material exige un determinado régimen de división del trabajo, y éste, a su vez, constituye la base de la división del trabajo intelectual. El estudio de la historia social nos demuestra que, una vez vencidas las etapas de la sociedad primitiva, comenzó la división del trabajo, dando origen a un gran número de especialidades y subespecialidades en el trabajo social, con la correspondiente clasificación en el campo técnico intelectual.

«En toda sociedad [escribe Engels en su *Anti-Dühring*] en que la producción se desarrolla como un proceso regido por leyes naturales (y en la sociedad moderna ocurre así) no son los productores los que gobiernan los medios de producción, sino éstos los que gobiernan a los productores. En esta sociedad, cada nueva palanca de producción se torna forzosamente en un nuevo yugo que encadena al productor a los medios de producción. Tal acontece, sobre todo, con esa palanca poderosísima de la producción, la más poderosa antes de que surgiese la gran industria, a saber: la división del trabajo. Ya al instaurarse la primera división del trabajo en gran escala, la que trajo consigo la separación del campo y la ciudad, la población rural se vio condenada a varios siglos de letargo mental, mientras los trabajadores de la ciudad quedaban entregados a la esclavitud, encadenado cada cual a su trabajo específico. Este estado de cosas se interpuso ante el desarrollo intelectual de los trabajadores del campo, a la par que entorpecía el desarrollo físico de los habitantes de la ciudad. Es cierto que el campesino es dueño, en esta época, de la tierra que cultiva y el artesano dueño del oficio que ejerce; pero en la realidad acontece al revés: que la tierra es la dueña del labrador y el oficio del artesano. Con la división del trabajo quedó segmentado el propio hombre. Hubo que sacrificar sus facultades físicas y mentales en favor de una sola. Esta mutilación de las capacidades humanas aumenta conforme avanza la división del trabajo, para llegar a su grado máximo en la manufactura. El régimen de la manufactura desintegra el oficio en toda una variedad de operaciones, a cada una de las cuales se adscribe un obrero como al trabajo de toda su vida; este trabajo esclaviza al obrero durante toda la vida, sometiéndole a una operación determinada y parcial, y obligándole a manejar mientras vive un instrumento de trabajo especializado. Pero esta esclavitud no se limita al obrero. También los individuos de las otras clases que, directa o indirectamente, explotan al trabajador están sometidos, por el yugo de la división del trabajo, a los instrumentos de su actividad: el burgués a su capital y a su codicia de lucro, el abogado a sus tercos conceptos legalistas, que le subyugan como si tuviesen vida propia; la "clase culta" a toda una trama de prejuicios y afectos localistas, a su propia incapacidad física y a su miopía intelectual, a las taras de una lamentable educación y a la repetición constante y de por vida de fútiles actividades.» (Engels, *Anti-Dühring*, pp. 314-5)

La individualización de una serie de especialidades: conocimientos técnicos, enseñanza, instrucción militar, ejercicio del comercio, acaba por concentrar los estudios y la experiencia en manos de la clase dominante, empobreciendo intelectualmente a la masa trabajadora. Esta división del trabajo social, gracias a la cual todos los aserradores de madera y achicadores de agua, por ejemplo, pertenecen a una clase aparte, es ya bastante grave; pero todavía es más desastrosa, en muchos respectos, la torpe especialización, la separación cada día más acentuada entre el trabajo físico y el intelectual que sigue al desarrollo del régimen de la manufactura.

«El campesino independiente o el artesano desarrollan, aunque sea en pequeña escala, sus conocimientos, su perspicacia y su voluntad. El salvaje se ejercita en las artes bélicas, dando rienda suelta en ellas a su astucia personal. Bajo el régimen de la manufactura, estas aptitudes ya sólo las necesita el taller en su totalidad. La producción acusa la inteligencia en un sentido a costa de sacrificarla en todos los demás. Lo que el obrero especializado pierde individualmente se concentra en el capital al que sirve. Como resultado de la división del trabajo fabril, el obrero se enfrenta con las fuerzas intelectuales del proceso material de la producción, de las que es esclavo, objeto de su propiedad. Este proceso comienza con la simple cooperación, en la que el capitalista representa la unidad y la voluntad del organismo de trabajo frente al trabajador individual. En la manufactura va más allá, pues mutila al obrero sometiéndolo a un trabajo determinado. Y triunfa, por fin, en la gran industria al separar el trabajo de la técnica, haciendo de ésta una fuerza independiente de producción y sometiéndola al servicio del capital.» (Marx, *El capital*, t. I, p. 382)

En la sociedad capitalista, la enseñanza popular está toda ella encaminada a perpetuar el despojo intelectual de las masas. Sin embargo, al avanzar el movimiento de la clase obrera, la clase dominante se ve obligada a introducir ciertas reformas, siquiera sean mezquinas, en el sistema de educación. Claro está que, en los países capitalistas, estas reformas no menoscaban en lo más mínimo el carácter de clase de la educación ni la emancipan de los intereses de la burguesía.

Lo mismo que hacen los burgueses idealistas de hoy, los defensores filosóficos del régimen de la servidumbre en la época feudal se empeñaban en sostener que el destruir el sistema feudal de producción, y con él su producción intelectual, llevaría aparejadas grandes pérdidas para la sociedad. En aquellos tiempos los burgueses criticaban sin recato el carácter corporativo del viejo sistema de educación y se burlaban mordazmente de todos aquellos trabajos intelectuales respetados por sus antecesores. Economistas como Adam Smith y Ricardo demostraban la esterilidad de gran número de oficios, por estar sometidos todavía, en mayor o menor medida, a las viejas condiciones feudales de producción, como fruto que eran del régimen feudal y creados a la medida de sus necesidades.

«El trabajo de algunas de las clases más respetadas de la sociedad no es menos estéril que el trabajo de los criados. Tomemos por ejemplo un soberano territorial, con toda su cohorte de jueces y oficiales de graduación, con todo su ejército y su marina; todos son obreros improductivos. Son los criados del público y se les sostiene con una parte del producto anual del trabajo de otras personas... Entre ellos se cuentan asimismo los curas, los abogados, los literatos, los médicos, los cómicos, los juglares, los músicos, los tenores, los bailarines, etc.» (Marx, *Teorías sobre la plusvalía*, t. I, p. 263)

Y más adelante:

«Tal era el lenguaje empleado por la burguesía en sus tiempos revolucionarios, antes de haberse impuesto a toda la sociedad, antes de adueñarse de todos los poderes del Estado. Estas ocupaciones transcendentales, venerables y antiquísimas; el oficio de rey, de juez, de oficial, de cura, etcétera; todas las viejas y rancias jerarquías de que proceden, y con ellos sus criados, sus maestros, sus sastres, todos ocupan la misma categoría económica que el enjambre de lacayos y bufones que pululan a su alrededor y alrededor de los ricos ociosos (la nobleza territorial y los capitalistas, que son como los socios financieros y no toman parte activa en el negocio). Los intelectuales, los consagrados a "profesiones transcendentales", no son, para decirlo con la expresión burguesa de la época revolucionaria, más que los servidores del público, del mismo modo que los otros son, a su vez, sus servidores. Viven del producto del trabajo ajeno; por eso hay que reducirlos a la mínima expresión. El Estado, la Iglesia, etc., sólo tienen razón de ser como comités administrativos o gestores de los intereses colectivos de la burguesía productora; y su coste, que entra en el capítulo de gastos incidentales de la producción, debe reducirse al mínimum estrictamente indispensable. Este modo de ver tiene el interés histórico de patentizar, de una parte, el contraste con la antigüedad clásica, en que el trabajo material llevaba el sello degradante de la esclavitud y sólo se le reconocía como el pedestal del ciudadano libre; y de otra parte, con la idea que prevalece bajo el régimen de la monarquía absoluta o aristocrática erigida sobre las ruinas de la sociedad medieval. Este último punto de vista aparece ingenuamente expresado por Montesquieu, que no había podido llegar a emanciparse de su absurdo. En *El espíritu de las leyes* escribe lo siguiente: "Si los ricos no gastasen con liberalidad, los pobres se morirían de hambre." Mas cuando hubo triunfado la burguesía (en parte al adueñarse del Estado y en parte pactando con las antiguas clases dirigentes); cuando hubo reconocido las clases intelectuales como carne de su carne y sangre de su sangre, sacando de ellas a sus funcionarios, gente de su propia estirpe; cuando hubo dejado de erigirse a sí misma en representante del trabajo productivo frente a las clases improductivas; cuando los verdaderos trabajadores productivos se volvieron a su vez contra la burguesía, declarando que sus componentes vivían a costa del trabajo ajeno; tan pronto como la burguesía llegó a ser lo suficientemente "culta" para no dedicarse por entero a la producción y aspiró también a consumir "de un modo ilustrado"; a medida que los trabajadores intelectuales se fueron inclinando cada vez más abiertamente al servicio de la burguesía, de la producción capitalista, cambió la decoración, y la burguesía se esforzó por encontrar una razón "económica" para justificar, desde su propio punto de vista, las mismas cosas que antes había criticado y atacado con tanta dureza.» (Marx, *Teorías sobre la plusvalía*, t. I, pp. 405-406)

La burguesía y su cortejo de servidores (maestros, técnicos de todas clases, filósofos, etc.) se han olvidado ya de esto, hasta el punto de ver en todo ataque a la cultura burguesa un ataque dirigido a la cultura general. Todo el sistema actual de educación secundaria y superior se encamina a formar los nuevos servidores y apologistas del orden social burgués. La burguesía se aprovecha de la experiencia de sus antiguos enemigos y pugna por atraer a las filas de sus criados, todavía con más tesón que sus predecesores de la época feudal, a los hombres excepcionales de las «clases inferiores», garantizándoles una posición privilegiada y un cubierto en su propia mesa; exactamente lo mismo que la vieja aristocracia hacía con el burgués advenedizo.

Entre tanto, la producción capitalista va echando los cimientos para el alumbramiento de nuevas formas de producción intelectual aptas para asimilarse las actividades de una gran parte de la población trabajadora. La fábrica necesita obreros que sepan leer y escribir; la gran industria necesita nuevos y mejores medios de transporte y comunicación. Por eso la legislación industrial insiste tanto en dotar a los obreros de la educación elemental.

> «Como podemos ver en la obra de Robert Owen, los gérmenes de la educación del mañana se encuentran en el sistema fabril. En la nueva educación se combinarán, para los niños de cierta edad, el trabajo productivo, la instrucción y la cultura física, no sólo como medio de incrementar la producción social, sino como el único procedimiento que hay para conseguir seres humanos en plenitud de desarrollo (...) Y si, de un lado, el cambio incesante de trabajo parece venir impuesto por una ley natural superior, que obra con la ciega energía de las leyes naturales cuando algo se interpone en su camino, la gran industria, con sus catástrofes, impone, de otro lado, la necesidad de que

esos cambios y la mayor versatilidad posible en punto a los obreros se reconozcan como otras tantas leyes generales de la producción social, como cuestión de vida o muerte, a cuyo normal funcionamiento debe plegarse la producción. Bajo la gran industria es también cuestión de vida o muerte que la monstruosidad del desdichado ejército de reserva del trabajo, puesto al servicio del capital para sus varias necesidades de explotación, sea relevado por la perfecta adaptabilidad del ser humano para la versátil demanda de diferentes clases de trabajo; de esta suerte, el obrero educado sólo para un trabajo social específico será sustituido por otro con aptitudes varias, para quien los distintos trabajos sociales no sean más que otros tantos modos alternativos de ejercer su actividad. Las escuelas agrícolas y politécnicas son los factores de esta metamorfosis, factores que son un brote natural de la gran industria; otro factor de la misma índole son las escuelas industriales, donde los hijos de los obreros reciben una instrucción especializada en tecnología y en manejo de los instrumentos de trabajo. Aunque hoy las leyes de fábrica, como fruto que son de las concesiones elementales del capital, se contenten con una combinación de instrucción primaria y prácticas de taller, es evidente que a la conquista del poder político por la clase obrera seguirá un movimiento en que la instrucción técnica, teórica y práctica será obligatoria en las escuelas de trabajadores. Ni cabe tampoco la menor duda de que la forma capitalista de producción y el régimen político-económico adecuado a esa forma de producción son diametralmente opuestos a estos fermentos revolucionarios y a su designio: la abolición de la vieja división del trabajo.» (Marx, *El capital*, t. I, pp. 522, 525-527)

Sólo destruyendo el carácter de clase de la sociedad, redimiendo al proletariado de la maldición de un trabajo exclusivamente físico y mecánico, podrán crearse las condiciones para la producción intelectual del comunismo. Sólo emancipando a la ciencia del yugo de la clase dominante y explotadora, de su degradación en manos de un munífico Rockefeller que «sacrifica» millones de dólares en beneficio de la ciencia, para luego, pertrechado con «la última palabra en materia de descubrimientos científicos», proceder a extraer millones de dólares de las minas del proletariado; sólo redimiendo la ciencia y el arte del régimen capitalista, conseguiremos transformar toda la sociedad en una libre asociación de personas que puedan desarrollar desembarazadamente todos sus talentos y actividades. Dotada de los conocimientos científicos necesarios, la humanidad podrá entonces reanudar la lucha con la naturaleza, libre ya de los prejuicios inseparables de un sistema en el que el hombre es el explotador del hombre.

Mas no discutáis con nosotros mientras apliquéis a la abolición de la propiedad burguesa el criterio de vuestras nociones burguesas de libertad, cultura, derecho, etc. Vuestras ideas mismas son producto de las relaciones de producción y de propiedad burguesas, como vuestro derecho no es más que la voluntad de vuestra clase erigida en ley; voluntad cuyo contenido está determinado por las condiciones materiales de existencia de vuestra clase.

La concepción interesada que os ha hecho erigir en leyes eternas de la Naturaleza y de la Razón las relaciones sociales dimanadas de vuestro modo de producción y de propiedad —relaciones históricas que surgen y desaparecen en el curso de la producción—, la compartís con todas las clases dominantes hoy desaparecidas. Lo que concebís para la propiedad antigua, lo que concebís para la propiedad feudal, no os atrevéis a admitirlo para la propiedad burguesa.[40]

40. LA PRESUNTA INMUTABILIDAD DEL TIPO DE SOCIEDAD BURGUESA

Los pensadores burgueses suelen considerar las condiciones de su sociedad como sempiternas. Pero Marx nos demuestra lo contrario:

«Los economistas son unas criaturas raras. Para ellos sólo existen dos clases de instituciones: obras de arte y obras de la naturaleza. Las instituciones del feudalismo son artificiales, las de la burguesía son naturales. En esto, los economistas se parecen a los teólogos, para quienes sólo existen dos clases de religión. Toda religión que no sea la que ellos profesan es invención del hombre: sólo la suya es la revelación de Dios. Cuando los economistas declaran que el régimen existente (el régimen que impera en la producción burguesa) es "natural", quieren decir que ese régimen es obra de la riqueza y del desarrollo de las fuerzas de producción en consonancia con las leyes de la naturaleza. Es, según ellos, una trama de leyes naturales, sustraídas a los cambios del tiempo. Es un conjunto de leyes eternas e inmutables por las que se regirá perennemente la sociedad. ¡La historia ha concluido! Y, sin embargo, debió de existir, puesto que sabemos que existieron instituciones feudales, y bajo ellas descubrimos condiciones de producción radicalmente distintas a las que en la sociedad burguesa inspiran estas condiciones de producción que nuestros economistas se empeñan en hacer pasar por naturales y eternas.» (Marx, *La miseria de la filosofía*, pp. 167-168)

Para la burguesía tiene una gran importancia el hacernos creer que las leyes que rigen la sociedad actual son leyes eternas, inculcándonos la idea de que la más leve infracción de esas leyes es un crimen atroz. De aquí los esfuerzos de la burguesía por atrincherarse tras el concepto de la legalidad. Aun en los casos en que la clase burguesa se ve implicada en actos revolucionarios, hay que guardar a todo trance las apariencias de legalidad.

Procesado en 1849 por excitar a la resistencia armada contra el recaudador de contribuciones del gobierno prusiano, Marx se defendió en los términos siguientes:

«Pero veamos, señores, ¿a qué llaman ustedes mantener el "principio de legalidad"?

A mantener unas leyes procedentes de una época social desaparecida, hechas por los representantes de intereses sociales caducos o que están a punto de caducar y que, por tanto, se limitan a elevar a ley estos intereses, pugnantes con las necesidades generales de la sociedad.

Pero la sociedad no descansa en la ley. Eso es una quimera jurídica. No, es lo contrario; la ley es la que tiene que descansar en la sociedad, la que tiene que ser expresión de intereses y necesidades comunes, derivados del régimen material de producción existente en cada época, contra el despotismo individual. Este Código de Napoleón que tengo en la mano no engendró la moderna sociedad burguesa. Es, por el contrario, la sociedad burguesa nacida en el siglo XVIII la que encuentra en este código mera expresión legal. Tan pronto como deje de ajustarse a las relaciones sociales se convertirá en un simple pedazo de papel. Ustedes no pueden hacer de una ley vieja la base de un nuevo desarrollo social, del mismo modo que esa ley no creó la vieja situación legal.

Las viejas leyes son fruto de las viejas condiciones, y con ellas perecen. Cambian al cambiar las nuevas condiciones de vida. Querer mantener las leyes viejas desafiando a las nuevas necesidades y exigencias del progreso social, equivale, en rigor, a tomar la defensa de intereses privados y trasnochados, sacrificando a ellos el interés actual y general.

Esa afirmación del "principio de legalidad" pretende hacer pasar por vigentes intereses particulares que han dejado de regir; pretende imponer a la sociedad leyes condenadas ya a ser letra muerta por las condiciones de vida de esa sociedad, por su modo de vivir, por su comercio, por su régimen material de producción; pretende mantener en sus funciones a un legislador que se limita a defender los intereses privados de unos, cuantos; pretende abusar del poder público para supeditar por la fuerza los intereses de la mayoría a los intereses de una minoría.

Y esto le lleva a chocar a cada paso con las necesidades reales del país, entorpeciendo la marcha del comercio y de la industria y atizando las crisis sociales, que son el combustible que en las revoluciones políticas hace explosión.» (Karl Marx ante el jurado de Colonia, pp. 15-16)

¡Querer abolir la familia! Hasta los más radicales se indignan ante este infame designio de los comunistas.

¿En qué bases descansa la familia actual, la familia burguesa? En el capital, en el lucro privado. La familia, plenamente desarrollada, no existe más que para la burguesía, pero encuentra su complemento en la supresión forzosa de toda familia para el proletariado y en la prostitución pública.

La familia burguesa desaparece naturalmente al dejar de existir ese complemento suyo, y ambos desaparecen con la desaparición del capital.

¿Nos reprocháis el querer abolir la explotación de los hijos por sus padres? Confesamos este crimen.

Pero decís que destruimos los vínculos más íntimos, sustituyendo la educación doméstica por la educación social.

Y vuestra educación, ¿no está también determinada por la sociedad, por las condiciones sociales en que educáis a vuestros hijos, por la intervención directa o indirecta de la sociedad a través de la escuela, etc.? Los comunistas no han inventado esta ingerencia de la sociedad en la educación, no hacen más que cambiar su carácter y arrancar la educación a la influencia de la clase dominante.

Las declamaciones burguesas sobre la familia y la educación, sobre los dulces lazos que unen a los padres con sus hijos, resultan más repugnantes a medida que la gran industria destruye todo vínculo de familia para el proletario y transforma a los niños en simples artículos de comercio, en simples instrumentos de trabajo.

¡Pero es que vosotros, los comunistas, queréis establecer la comunidad de las mujeres! —nos grita a coro toda la burguesía.

Para el burgués, su mujer no es otra cosa que un instrumento de producción. Oye decir que los instrumentos de producción deben ser de utilización común, y, naturalmente, no puede por menos de pensar que las mujeres correrán la misma suerte de la socialización.

No sospecha que se trata precisamente de acabar con esa situación de la mujer como simple instrumento de producción.

Nada más grotesco, por otra parte, que el horror ultramoral que inspira a nuestros burgueses la pretendida comunidad oficial de las mujeres que atribuyen a los comunistas. Los comunistas no tienen necesidad de introducir la comunidad de las mujeres: casi siempre ha existido.

Nuestros burgueses, no satisfechos con tener a su disposición las mujeres y las hijas de sus obreros, sin hablar de la prostitución oficial, encuentran un placer singular en seducirse mutuamente las esposas.

El matrimonio burgués es, en realidad, la comunidad de las esposas. A lo sumo, se podría acusar a los comunistas de querer sustituir una comunidad de las mujeres hipócritamente disimulada por una comunidad franca y oficial. Es evidente, por otra parte, que con la abolición de las relaciones de producción actuales desaparecerá la comunidad de las mujeres que de ellas se deriva, es decir, la prostitución oficial y no oficial.[41]

41. LA FAMILIA EN LA SOCIEDAD BURGUESA

Antes de redactar el *Manifiesto comunista*, Marx y Engels habían reflexionado ya más de una vez acerca del problema de la familia.

Marx estudió con más detalle la familia burguesa, mientras que Engels se especializó en las relaciones de la familia proletaria.

La burguesía está hablando a todas horas de la santidad de los vínculos familiares. Para disfrazar el cuadro poco halagüeño de la realidad se vale de una hipócrita fraseología. Hace ya mucho tiempo que el matrimonio burgués se convirtió en una transacción de índole comercial, hace ya mucho tiempo que perdió aquellos encantos de ternura y sinceridad que los idealistas burgueses gustan de ensalzar en él.

«La actitud de los burgueses para con las instituciones de la burguesía se parece mucho a la actitud de los judíos para con la Ley mosaica. Individualmente, el burgués se olvida de las instituciones para atender a su propio provecho; pero no quiere que los demás las ataquen. Si los burgueses en masa volvieran la espalda a sus instituciones dejarían de ser burgueses, y esto, naturalmente, está muy lejos de su intención; por eso no sueñan jamás con semejante cosa. El burgués de temperamento sensual olvida la santidad del matrimonio para convertirse en un cauteloso adúltero; el comerciante olvida la santidad de la propiedad, a partir del momento en que priva a otros de la suya por medio de la especulación, la quiebra, etc.; el joven burgués se emancipa de su familia en cuanto puede, quebrantando así prácticamente la ley familiar; pero no importa; teóricamente, el matrimonio, la propiedad y la familia siguen siendo instituciones sacrosantas, porque en la práctica son las bases sobre las cuales se ha fundado el régimen burgués, porque, bajo su forma burguesa, constituyen las condiciones que hacen del burgués un burgués, del mismo modo que la Ley mosaica, perpetuamente burlada, hace del piadoso judío un judío piadoso. Este entronque entre el burgués y las condiciones que rigen la vida de la burguesía asume una de sus formas de generalidad en la moral burguesa.

No debemos hablar de "la" familia sin distinguir. Históricamente, el burgués imprime a la familia las características de la familia burguesa, cuyos lazos son el hastío y el dinero, y una de cuyas peculiaridades es su constante violación por el propio burgués. Su viciosa existencia se disfraza, en parlamentos oficiales y locuciones hipócritas, con la santidad de la idea de la familia. Allí donde la familia no existe ya de hecho, en el proletariado, las condiciones con que nos encontramos son precisamente las contrarias a las que Stirner se imagina. Entre el proletariado, la idea de la familia se ha borrado en absoluto, por más que no sea raro encontrarse aquí con verdaderos sentimientos familiares, basados en condiciones extremadamente concretas. En el siglo XVIII, la idea de la familia fue propagada por los filósofos porque, al llegar al apogeo de la civilización, la verdadera familia estaba ya en vías de disolverse. Los lazos íntimos de la familia, los elementos individuales de que se compone la vida familiar: la obediencia, el afecto, la fidelidad conyugal, etc., habían ido desapareciendo; sólo persistía, si bien considerablemente modificado, el cuerpo de la familia: las relaciones de propiedad, la actitud de retraimiento hacia las familias ajenas, la convivencia forzada, el régimen de familia impuesto por la existencia de hijos, por la estructura de las ciudades modernas, por el desarrollo del capital, etc. Y persistía porque la existencia de la familia es inevitable por su entronque con el régimen burgués de producción, independiente, a su vez, de la voluntad de la sociedad burguesa. Estudiando la Revolución francesa, que, en lo que a la ley se refiere, abolió virtualmente, durante un corto espacio de tiempo, la familia, podemos comprobar cuán indispensable es esta institución para la sociedad de la burguesía. La familia continúa en pie en el transcurso del siglo XIX, con la diferencia de que su disolución se va haciendo cada vez más general, y no teóricamente, sino conforme crece el desarrollo de la industria y de la competencia.» (Marx, «Polémica contra Stirner», en *Documentos de socialismo*, t. 11, pp. 126-127)

La disolución de la familia burguesa es un tema tratado con peculiar lucidez en las obras de los grandes utopistas, y sobre todo en las de Fourier. En *La Sagrada Familia*, Marx y Engels citan «el magistral tratado de la familia» de Fourier, y lo comentan en términos que denotan la misma orientación ideológica que luego se había de revelar en los pasajes correspondientes del *Manifiesto*:

«El adulterio, la seducción, son timbre de prestigio para el seductor, se consideran actos de buen tono... En ella (¡pobre muchacha!) no piensa nadie. El infanticidio, en cambio, ¡qué crimen más atroz! Para conservar el honor, la sociedad obliga a la mujer a destruir la evidencia de la deshonra; y sin embargo, cuando sacrifica el hijo a los prejuicios de la sociedad es cuando se la considera más culpable y se la sacrifica a ella misma a los prejuicios de la ley... Y en este círculo vicioso se mueve todo el mecanismo de la civilización... ¿Qué es la mujer joven más que una mercancía puesta en venta, esperando al primer postor que le haga una oferta para entrar, como dueño exclusivo, en su posesión? Así como en gramática dos negaciones constituyen una afirmación, podría decirse que en el matrimonio dos prostituciones constituyen una virtud... Los cambios operados en la historia se acusan siempre en la relativa libertad conquistada por la mujer en alguno de los aspectos de su vida, pues en cuanto analizamos las relaciones entre hombre y mujer, entre el fuerte y el débil, vemos triunfar con toda claridad la naturaleza humana sobre la naturaleza del bruto. El grado de emancipación de la mujer es el exponente natural de la emancipación de la sociedad... El envilecimiento del sexo femenino es un rasgo esencial así de la civilización como de la barbarie, con la diferencia de que los vicios que los bárbaros practican sencilla y derechamente, sin disfraz, en la civilización se conservan bajo una apariencia complicada, hipócrita y ambigua. La mujer permanece esclavizada, y el hombre sufre con ello más que la mujer misma.» (Marx y Engels, *La Sagrada Familia*, cap. VII, sec. 6, reproducido en *Escritos varios*, ed. Mehring, t. II, pp. 308-309)

Durante el siglo XIX, la prostitución, la alcahuetería, el tráfico de carne humana (la trata de blancas) se convirtieron en ramos especiales de especulación comercial, con ramificaciones en todas partes, irradiando las enfermedades venéreas por todo el orbe. He ahí los frutos de las instituciones familiares burguesas y del matrimonio burgués.

En su libro sobre la situación de la clase trabajadora en Inglaterra, Engels nos presenta el cuadro de la familia proletaria y demuestra que la borrachera y la glotonería son los vicios más salientes de los obreros que no han adquirido aún conciencia de clase como miembros del ejército del trabajo y que aceptan, por consiguiente, sin rebelarse, el orden social burgués.

«Cuando el pueblo se ve condenado a vegetar en unas condiciones que no hacen más que despertar sus peores instintos no le queda sino rebelarse o dejarse resbalar a un estado de degradación peor todavía que el del bruto. Por su parte, la burguesía contribuye a este envilecimiento fomentando directamente la prostitución. De las cuarenta mil prostitutas que merodean por los barrios de Londres, ¿cuántas no viven del virtuoso burgués? ¿Y cuántas no fueron seducidas por honestos burgueses viéndose luego obligadas a vender sus cuerpos al primero que acertó a pasar?» (Engels, *La situación de la clase obrera en Inglaterra*, p. 131.)

Aun cuando la burguesía cuente con las condiciones materiales necesarias para crear una vida familiar feliz, el régimen capitalista emponzoña inmediatamente el hogar con las irradiaciones de su espíritu mercantil. El obrero, agobiado por la penuria, es también incapaz de sostener un hogar para él y su familia.

«Para el obrero es casi imposible sostener un hogar, bajo el régimen social vigente. La casa en que vive es incómoda y sucia, apenas si sirve para refugio de dormir, le falta calor, está desmantelada y con frecuencia llueve dentro; en los cuartos, en que se hacinan los inquilinos, se respira un aire maloliente; allí es imposible que reine la amenidad doméstica. El marido se pasa el día en su trabajo, como la mujer y los hijos, casi siempre, en el suyo. Lo más frecuente es que trabajen todos en distintas fábricas, cargos o talleres. Sólo se ven por las noches y por las mañanas, expuestos constantemente a la tentación de ahogar su miseria en el alcohol. ¿Se concibe vida familiar en estas condiciones?» (Engels, *La situación de la clase obrera en Inglaterra*, p. 132)

El empleo de las mujeres en las fábricas contribuye poderosamente a quebrantar la familia. En las casas en que marido y mujer se pasan trabajando fuera todo el día, los niños se crían sin cuidado de nadie, como los hierbajos a la vera del camino, o son recluidos en algún asilo.

Pero el trabajo de la mujer en la fábrica ejerce todavía una influencia más perniciosa sobre la moral. En el confinado local de un taller se aglomeran personas de ambos sexos, dotadas de una educación meramente elemental y sin una moral de voluntad suficientemente desarrollada. ¿Cuáles son las consecuencias de esto? Las mismas exactamente que resultan de los cuchitriles en que se hacinan los pobres, tan distintos de los espaciosos salones de los ricos. Añádase a eso la hegemonía que el dueño de la fábrica o el director ejerce sobre las operarias y aprendizas, que hasta los mismos investigadores burgueses reconocen que llega a extremos imperdonables.

La gran industria, al empujar al niño y a la mujer a la fábrica, destruye el régimen familiar existente y trastorna de raíz las relaciones entre padres e hijos, entre marido y mujer. El cabeza de familia, que ganaba el pan para todos, se convierte ahora en explotador de su propia prole, con la que trafica por necesidad en el mercado de trabajo, hasta que la legislación industrial viene a poner coto a estas transacciones. La mujer, que antes regentaba el hogar, se transforma ahora en el objeto más lucrativo de la explotación capitalista. Los niños y los muchachos, por su parte, se convierten en trabajadores independientes, libres de la tutela paterna; sus relaciones con sus padres son ahora radicalmente distintas de las que regían bajo el régimen patriarcal de antaño. Mientras la familia siga basada en el régimen de propiedad, mientras se halle regida por intereses privados, mientras determinados miembros de la familia puedan basar sus prerrogativas en la cantidad con que contribuyen al sostenimiento del presupuesto familiar, mientras persista todo eso, persistirá también el trastrocado reparto de papeles de la sociedad actual, y la familia proletaria será un mito.

No obstante, la gran industria crea los elementos necesarios para el desarrollo de un nuevo tipo de familia.

«Por muy horrible, por repulsiva que se nos antoje la disolución de la familia dentro del régimen de la sociedad capitalista, la gran industria, asignando a las mujeres y a los niños de ambos sexos un papel importantísimo en el proceso organizado de la producción, papel que tiene que ser desempeñado forzosamente fuera del hogar, echa las bases económicas para una forma superior de familia y de relaciones entre los sexos. Tan estúpido sería considerar la forma teutónicocristiana de la familia como absoluta, como aplicar este punto de vista a la familia clásica romana, al tipo clásico de familia griega o a la forma oriental, en las que se reflejan sucesivamente distintas series eslabonadas del progreso histórico. Y asimismo es evidente que la estructura del trabajo combinado de obreros de ambos sexos y diferentes edades (aunque en su desarrollo espontáneo y en su forma capitalista brutal —donde el obrero existe para el proceso de producción, en vez de existir éste para el obrero— sea un foco pestilente de corrupción y esclavitud) habrá de transformarse, bajo condiciones propicias, en una fuente de progreso humano.» (Marx, *El capital*, t. I, p. 529)

El lector que desee desarrollar la concepción del matrimonio y de las relaciones familiares desde el punto de vista del socialismo científico, debe consultar el libro de Engels, *Los orígenes de la familia, la propiedad privada y el Estado*. Aunque algunas de las conclusiones a que llega Engels respecto a los resultados históricos de las diversas formas de matrimonio han sido ya sobrepasadas, la descripción que hace de las relaciones familiares en el período de la civilización burguesa (dominada como lo está por el interés privado, el dinero contante, etcétera) sigue sin superarse. En ella, Engels une los rasgos críticos de un Fourier al maravilloso método analítico empleado por Marx en *El capital*.

No es éste lugar adecuado para estudiar los puntos de vista que acerca de la familia y del matrimonio mantienen los diversos autores socialistas y comunistas anteriores a Marx y Engels, aunque el estudio sería, sin duda alguna, sobremanera sugestivo. Muy especialmente el de las ideas de los discípulos de Saint-Simon y las de los comunistas materialistas, que sostienen que el matrimonio burgués y las relaciones familiares de la burguesía deben desaparecer de raíz.

Se acusa también a los comunistas de querer abolir la patria, la nacionalidad.

Los obreros no tienen patria. No se les puede arrebatar lo que no poseen. Así, por cuanto el proletariado debe en primer lugar conquistar el poder político, elevarse a la condición de clase nacional y constituirse en nación, todavía es nacional, aunque de ninguna manera en el sentido burgués.

El aislamiento nacional y los antagonismos entre los pueblos desaparecen día a día con el desarrollo de la burguesía, la libertad de comercio y el mercado mundial, con la uniformidad de la producción industrial y las condiciones de existencia que le corresponden.

El dominio del proletariado los hará desaparecer más deprisa todavía. La acción común, al menos de los países civilizados, es una de las primeras condiciones de su emancipación.

En la misma medida en que sea abolida la explotación de un individuo por otro, será abolida la
explotación de una nación por otra.

Al mismo tiempo que el antagonismo de las clases
en el interior de las naciones, desaparecerá la hostilidad de las naciones entre sí.[42]

42. LOS OBREROS Y «SU» PATRIA

Los trabajadores no tienen patria. Esta idea
aparece expresada en todas las obras comunistas, así
francesas como alemanas, anteriores a la publicación
del *Manifiesto*. Este no hace más que subrayar la afirmación, haciendo resaltar el hecho de que esa «patria» que tanto gustan de ensalzar los voceros de la
burguesía no existe para el obrero.

A medida que el proletariado va cobrando conciencia de clase, las luchas parciales libradas por sus
distintos sectores se organizan y toman los contornos
de una lucha general y nacional de la clase trabajadora. El área en que dan estas batallas cae dentro de
las fronteras de cada Estado nacional gobernado por
la burguesía. He aquí por qué (si no de hecho, por lo
menos en apariencia) las luchas del proletariado son
primariamente luchas nacionales, es decir, plantea-
das dentro de las fronteras de cada nación. Es una
parte nada más de la nación, la burguesía, la que crea
para sus intereses dentro del territorio nacional eso
que se llama la «patria». Allí donde el proletariado
no forme una clase por cuenta propia, fundida por su
propia conciencia de clase; allí donde esa conciencia
de clase no exista aún o no se haya consolidado, el
Estado nacional de clase seguirá siendo, será todavía,
también, la «patria» de los obreros. Además, cuando
el proletariado, consciente ya de su existencia como

clase, trata de apoderarse del poder político, sigue siendo una unidad nacional dispuesta a erigirse en la clase dirigente dentro de las fronteras de su país. En este sentido es evidente que el proletariado tiene un cierto carácter nacional. Pero a medida que decaiga y se debilite el individualismo nacional y se fortifiquen los lazos de solidaridad entre los diversos países, las características nacionales se irán desvaneciendo. La lucha del proletariado en los diversos países irá haciéndose más homogénea, el programa de todos los trabajadores del mundo tenderá a ser el mismo y la lucha asumirá proporciones internacionales. Sin embargo, sólo el triunfo de la revolución social en todos los países y el advenimiento mundial del régimen del proletariado podrá echar los cimientos sobre los cuales cobrará enorme incremento el proceso de internacionalización (visible ya bajo el régimen capitalista) y cesarán los actuales antagonismos y las luchas de clases actuales. Si los obreros, a lo menos los de los principales países civilizados, no se hallan en condiciones de unir sus fuerzas, su emancipación nacional, de fronteras adentro, tropezará con formidables dificultades.

La idea burguesa de «patria» lleva aparejados los conflictos entre naciones, conflictos que a veces estallan abiertamente y otras veces se mantienen ocultos; equivale a exclusivismo nacional, equivale a opresión de unos países por otros. Las relaciones entre los capitalistas de una nación se reproducen entre los de distintas nacionalidades, y así como unos capitalistas compiten con otros dentro de su propio país, venciéndolos en la lucha y absorbiendo sus capitales o colocándolos bajo su sujeción personal, en la órbita internacional unos gobiernos capitalistas pugnan por arrollar a otros, por anexionarse el país enemigo y convertir a la nación vencida en tributaria suya: La reciente guerra imperialista ha dejado bien patentizado que entre los obreros de Europa perdura todavía el espíritu de sumisión al régimen burgués. Esto quiere decir que el proletariado no forma todavía un todo homogéneo ni siquiera dentro de las fronteras nacionales de cada país; que se halla todavía dividido en grupos; que no es aún una clase unida por la solidaridad de sus intereses y que no reconoce más que un fin, a saber: la organización de los trabajadores en clase dirigente, la implantación del Estado proletario. Cuanto más estrechos y apretados sean los lazos que unan a los partidos obreros de los distintos países, más pronto se convertirá la lucha contra la burguesía nacional, de una guerra individual, en una lucha generalizada; más se extenderá la lucha de clases del área nacional a la órbita internacional; mayor realidad y evidencia adquirirá la fraternidad internacional de los obreros; más se precipitará la hora de la revolución social y más vastas serán sus perspectivas. Desde los comienzos de su carrera revolucionaria, Marx y Engels hicieron del internacionalismo la piedra angular de sus actividades. Su «patria» era el sitio donde se avecinaba, donde era inminente la batalla de los obreros contra los capitalistas; sus energías se concentraban todas en reforzar los lazos internacionales del proletariado; todo su afán era crear una organización internacional de tipo comunista. Ya antes de que existiese la Liga Comunista, Marx y Engels tomaron parte en todas las tentativas que se hicieron en Bélgica y en Inglaterra por elevar las organizaciones democráticas a un nivel internacional. En 1846 subrayaron la necesidad de cambiar el viejo grito de combate de «la fraternidad entre las naciones» por el de «la fraternidad del proletariado de todos los países». Después de asistir en Londres a un mitin internacional, Engels escribió:

«Diré, para concluir, que hoy sólo la fraternidad entre las naciones, interpretada en un sentido socialista, puede significar algo. Dentro del régimen político actual, la quimera de una república europea, la ilusión de la paz perpetua, no dice nada, es algo tan ridículo como toda esa fraseología acerca de una unión de los pueblos bajo la égida del librecambio universal. Y a la par que este quimérico sentimentalismo se pasa de moda, los proletarios de todos los países, firmemente y sin ostentación, comienzan a confraternizar bajo la bandera de la democracia comunista. Y no sólo eso, sino que los proletarios son hoy los únicos elementos capaces de confraternizar de este modo. La burguesía de cada país tiene intereses propios y específicos que defender, y los burgueses, para quienes el interés es el todo, no podrán sobreponerse jamás a las fronteras del nacionalismo. Y cuanto un puñado de teorizantes pretenda hacer en este punto será en vano, pese a todos sus bellos "principios", pues los conflictos de intereses y la inercia del fenómeno pueden más que toda la fraseología. Los proletarios, por el contrario, tienen unos y los mismos intereses en todos los países, uno y el mismo enemigo, una y la misma guerra que sostener. La inmensa mayoría de los proletarios está, gracias a su situación, limpia de prejuicios nacionales, y toda su cultura y su acción son esencialmente humanistas y antinacionales. Los proletarios son los únicos que pueden acabar con el nacionalismo; el proletariado naciente es el único que puede llevar a efecto la fraternidad de las naciones.» (Engels, *Escritos varios*, ed. Mehring, t. II, p. 460)

En cuanto a las acusaciones lanzadas contra el comunismo partiendo del punto de vista de la religión, de la filosofía y de la ideología en general, no merecen un examen detallado.

¿Acaso se necesita una gran perspicacia para comprender que con toda modificación en las condiciones de vida, en las relaciones sociales, en la existencia social, cambian también las ideas, las nociones y las concepciones, en una palabra, la conciencia del hombre?

¿Qué demuestra la historia de las ideas sino que la producción intelectual se transforma con la producción material? Las ideas dominantes en cualquier época no han sido nunca más que las ideas de la clase dominante.

Cuando se habla de ideas que revolucionan toda una sociedad, se expresa solamente el hecho de que en el seno de la vieja sociedad se han formado los elementos de una nueva, y la disolución de las viejas ideas marcha a la par con la disolución de las antiguas condiciones de vida.

En el ocaso del mundo antiguo, las viejas religiones fueron vencidas por la religión cristiana. Cuando en el siglo XVIII, las ideas cristianas fueron vencidas por las ideas de la ilustración, la sociedad feudal libraba una lucha a muerte contra la burguesía, entonces revolucionaria. Las ideas de libertad religiosa y de libertad de conciencia no hicieron más que reflejar el reinado de la libre competencia en el dominio del saber.[43]

43. LA LUCHA DE CLASES Y EL PROCESO HISTÓRICO

El *Manifiesto* es una aplicación viva de la nueva filosofía de la historia: traza el cuadro del proceso histórico que lleva al nacimiento y desarrollo de la lucha de clases entre el proletariado y la burguesía. En la primera parte coloca el elemento dramático, la lucha de clases. El *Manifiesto* demuestra cómo la lucha de clases está informada siempre por los factores sociales y las condiciones económicas; cómo la pugna del proletariado por conquistar su emancipación es un fenómeno obligado en el transcurso de la historia, del mismo modo que lo fue en otro tiempo la lucha de la burguesía por su libertad; cómo el desarrollo de la gran industria crea los elementos necesarios para la restauración de un nuevo sistema económico. Marx y Engels no pretendieron jamás haber «descubierto» la lucha de clases en la historia. Por el contrario, tuvieron mucho cuidado de demostrar que ya había obras del período de la Restauración inglesa (es decir, de mucho antes de su tiempo) referentes a la historia de la burguesía, en las que se pintaba el desarrollo histórico de la lucha de clases. Además, los economistas burgueses ponen al descubierto la estructura económica de estas clases. Marx se limita a generalizar el conocimiento de estos hechos, borrando del campo de la historia, de una vez para siempre, el romanticismo de los héroes, caudillos, etcétera, a quienes se venía reconociendo tradicionalmente como sus «autores». Marx demostró que la existencia de las clases está estrechamente relacionada con el grado de desarrollo de la producción en una época histórica determinada y que la lucha de clases, en su fase más moderna, tiene que conducir necesariamente a la toma del poder político por el proletariado. La lucha de clases como fuerza motriz de la historia, el origen de las clases sociales, la transformación de grupos homogéneos de individuos unidos por intereses comunes en una clase coherente con vida propia, el desarrollo de la conciencia de clase entre los obreros, la creación de una mentalidad de clase, la formación de una perspectiva de clase que abarque el mundo entero (actitud mental cimentada en las condiciones materiales vigentes en el seno de la clase), todos estos puntos de vista fueron trasladados poco a poco por Marx al laboratorio de su interpretación materialista de la historia. Uno de los problemas más urgentes era desarraigar las ideas corrientes y generalizadas en materia de religión. Feuerbach, filósofo alemán (1804-1872), había proclamado ya que, en el mundo religioso, el conocimiento estaba determinado por la existencia, el pensamiento por el ser, afirmando que no era la religión la que creaba al hombre, sino éste el que creaba la religión. Marx fue más allá. Sostuvo que no era el hombre individual el que se enfrentaba con la naturaleza, sino la humanidad en conjunto; que la conciencia no estaba determinada por la existencia individual, sino por el conjunto de existencias humanas. La religión (dice Marx) se explica, no por la «autoconciencia» y otras sutilezas por el estilo, sino por el régimen general de producción e intercambio, que es tan independiente del conocimiento puro como la invención del telar mecánico y la introducción del ferrocarril de la filosofía de Hegel.

Marx estudió también otras formas ideológicas:

«Las relaciones sociales están íntimamente relacionadas con las fuerzas de la producción. Al disponer de nuevas fuerzas productivas, las gentes cambian el régimen de producción, y paralelamente con el cambio sobrevenido en el régimen de producción, en el modo de ganarse la vida, cambian todas las relaciones sociales. El molino movido a mano nos lega una sociedad de señores feudales; el taller mecánico, una sociedad de capitalistas industriales. Y esas mismas personas que amoldan las relaciones sociales al régimen material de producción, modelan igualmente las ideas, los principios, las categorías a las condiciones sociales en general. Por eso esas ideas, esas categorías, sólo duran lo que las condiciones, las relaciones de las cuales son expresión. Son productos históricos, fugaces, transitorios.» (Marx, *La miseria de la filosofía*, pp. 151-152)

A los que sostienen que las ideas, los principios, etc., crean la historia, contesta Marx con la siguiente definición de los problemas que se le plantean al historiador:

«Si nos preguntamos... por qué un principio dado aparece en el siglo XI o en el siglo XIII y no en otro cualquiera, necesariamente tendremos que estudiar de cerca la condición de la gente que vivió en aquel siglo, indagar las necesidades especiales que regían en ese siglo, las fuerzas productivas que imperaban en esa época, los métodos de producción y las materias primas de uso general; cerciorarnos, en fin, de cuáles eran las relaciones sociales resultantes de las condiciones de vida a que aludimos. ¿Y qué es estudiar todas estas cuestiones sino escribir la historia real y cotidiana de las gentes que vivieron en cada siglo, describiéndolas como los autores y actores a la par de su propio drama dentro de los límites comunes de su tiempo?» (Marx, *La miseria de la filosofía*, p. 159)

Y, ¿qué decir de la idea revolucionaria enderezada contra la sociedad existente? ¿No existe y se extiende cada vez más la convicción de que la explotación del hombre por el hombre es inmoral y de que debe ponerse fin a este régimen, destruirlo? ¿Y no demuestra la difusión de esas convicciones que la idea es capaz de crear una mentalidad revolucionaria? Engels escribe:

> «Cuando la conciencia moral de las masas señala como injusto tal o cual fenómeno económico, como sucedió primero con la esclavitud y luego con la servidumbre, ello indica que ese fenómeno ha sobrevivido ya a su tiempo, que han surgido ya nuevas condiciones económicas junto a las cuales las viejas se han hecho insoportables y tienen que ser barridas.»

La idea revolucionaria indica sencillamente que en el seno de la vieja sociedad se forman siempre los elementos que han de formar la sociedad nueva.

El carácter de clase de la sociedad determina el carácter también de clase de las ideas que en ella prevalecen.

> «Nuestros sentimientos, nuestras ilusiones, nuestras ideas, nuestros pensamientos, no son más que la fachada que se levanta sobre diferentes regímenes de propiedad, sobre distintas condiciones sociales. Cada clase construye esta fachada para sí misma, sobre la base de sus condiciones materiales específicas y de sus relaciones sociales peculiares. Sin embargo, el individuo que adquiere sus ideas y sus sentimientos por medio de la educación y la tradición se figura que esas ideas y sentimientos son el móvil fundamental, el verdadero punto de partida de sus actividades.»

Siempre que varias clases estén eslabonadas en un destino histórico común y confinadas dentro del mismo sistema social, sus perspectivas presentan ciertos rasgos comunes. Pero estos rasgos tienen una importancia puramente secundaria comparados con las características específicas que acusan la psicología de cada clase de por sí. A la lucha de clases en el mundo político y económico corresponde la lucha en el mundo de las ideas. La psicología de la clase dirigente imprime su sello a la época histórica en que esa clase impera y desarrolla sus atributos especiales. Es una psicología de clase dirigente. O para decirlo con la paráfrasis que hace el *Manifiesto* de la sentencia de Goethe: «Las ideas directivas son, en todas las épocas, las ideas de la clase dirigente».

«Sin duda —se nos dirá—, las ideas religiosas, morales, filosóficas, políticas, jurídicas, etc., se han ido modificando en el curso del desarrollo histórico. Pero la religión, la moral, la filosofía, la política y el derecho se han mantenido siempre a través de estas transformaciones. Existen, además, verdades eternas, tales como la libertad, la justicia, etc., que son comunes a todo estado de la sociedad. Pero el comunismo quiere abolir estas verdades eternas, quiere abolir la religión y la moral, en lugar de darles una forma nueva, y por eso contradice a todo el desarrollo histórico anterior.»

¿A qué se reduce esta acusación? La historia de todas las sociedades que han existido hasta hoy se desenvuelve en medio de contradicciones de clase, de contradicciones que revisten formas diversas en las diferentes épocas.

Pero cualquiera que haya sido la forma de estas contradicciones, la explotación de una parte de la sociedad por la otra es un hecho común a todos los siglos anteriores. Por consiguiente, no tiene nada de asombroso que la conciencia social de todos los siglos, a despecho de toda variedad y de toda diversidad, se haya movido siempre dentro de ciertas formas comunes, dentro de unas formas —formas de conciencia— que no desaparecerán completamente más que con la desaparición definitiva de los antagonismos de clase.

La revolución comunista es la ruptura más radical con las relaciones de propiedad tradicionales; nada de extraño tiene que en el curso de su desarrollo rompa de la manera más radical con las ideas tradicionales.[44]

44. LA EVOLUCIÓN DE LA ÉTICA, DE LA SOCIOLOGÍA Y DE LAS CIENCIAS NATURALES

La fluctuación incesante de las ideas populares en torno al «bien» y al «mal» basta para demostrarnos que la «moral» no es algo inalterable en el curso de las mutaciones generales del proceso histórico. La «moralidad» de unas épocas se convierte para otras en «inmoralidad». En 1878 escribía Engels lo siguiente:

«¿Qué clase de moral es la que se inculca a la gente hoy? Es, ante todo, la moral cristiana de la época feudal, que nos ha sido transmitida por el pasado. Esta moral se divide entre un código de lógica protestante y un código de ética católica. Cada uno de estos códigos se subdivide, a su vez, en toda otra serie de ramas, que van desde el código jesuita-católico y el ortodoxo-protestante hasta las ideas, relativamente tolerantes, de los apóstoles de la civilización. Al lado de estos códigos tenemos, además, la ética burguesa moderna y la ética proletaria del futuro. He aquí, pues, que, sin salirnos de las naciones más adelantadas de Europa, nos encontramos con tres grupos de teorías morales que conviven en esta sociedad: las teorías morales del pasado, las del presente y las del futuro. ¿Cuál de ellas es la verdadera? Entendida la verdad como ley absoluta para todos los tiempos, no lo es ninguna. Pero, desde luego, la moral que cuenta con mayor número de elementos perdurables tiene que ser la que refleja la revolución de cada época, y, por tanto, la moral que representa el futuro; en una palabra, si nos referimos a la época de hoy, la moral proletaria.

Vemos, por consiguiente, que de las tres clases que forman la sociedad actual (la aristocracia feudal, la burguesía y el proletariado), cada una tiene su código de moral. De esto podemos colegir que los hombres, consciente o inconscientemente, se crean en último término sus perspectivas morales sobre las condiciones de cada día, sobre la experiencia práctica, sobre las condiciones en que viven formando clase, o lo que es lo mismo, sobre las condiciones económicas de intercambio y producción.

Pero existe una nota común a esos tres códigos de moral. ¿No podría constituir ese factor común, por lo menos, parte de un código de moral perdurable? Las diversas teorías morales representan tres planos dentro del mismo proceso de desarrollo histórico. Tienen, por consiguiente, un fondo histórico común, que los acerca mucho entre sí. Más aún, en planos idénticos, o casi idénticos, de desarrollo económico, tiene que haber necesariamente una correlación más o menos estrecha entre las teorías morales profundas en las épocas respectivas. En cuanto la propiedad privada se pone de moda en cualquier sociedad fomentadora de este régimen, se hace necesario reforzar el código de moral con este mandamiento: "No robarás". ¿Es este mandamiento aplicable por igual a todos los tiempos? En modo alguno. En una sociedad en que faltase el móvil del

> robo, en que, a la larga, sólo pudiesen sentirse tentadas
> a robar las personas anormales, se reirían del hombre
> que se pusiera a predicar esa "verdad eterna" del "no
> robarás".» (Engels, *Anti-Dühring*, 1923, pp. 88-89)

Por las fechas en que vio la luz por vez primera el *Manifiesto*, la idea de la evolución como ley del cambio no había conquistado todavía carta oficial de naturaleza.

Hacia los primeros años del segundo tercio del siglo XIX, Jakob Schleiden (1804-1881) y Theodor Schwann (1810-1882), dos científicos alemanes, fundaron la teoría celular de la estructura animal y vegetal, demostrando que las células eran las unidades elementales de toda materia viviente. La ciencia del desarrollo orgánico adquirió gran impulso con la obra de Karl Ernst von Baer (1792-1876), con lo cual dio un avance la teoría general sobre la evolución de las formas vivientes.

En el campo de la geología, la teoría de los cataclismos, debida principalmente al naturalista francés Cuvier (1769-1832), cedió el puesto a otras teorías más modernas. James Hutton (1726-1797), geólogo escocés, había descubierto ya antes de la época de Cuvier que las épocas geológicas se sucedían, no por erupciones, revoluciones y cataclismos repentinos, sino en virtud de una suma de cambios graduales. Pero el dar al traste con la teoría de los cataclismos estaba reservado a Charles Lyell (1797-1875).

La laguna entre la materia orgánica y la materia inorgánica había sido salvada ya. La aportación de Justus von Liebig (1803-1873) en los dominios de la química obtuvo el reconocimiento de Engels y Marx antes de mediados del siglo. Liebig y otros químicos demostraron que el carbono, el elemento más importante que se había logrado aislar, lo extraen las plantas de la atmósfera, y que los vegetales transforman la materia inorgánica en orgánica. De este modo, la ley de la indestructibilidad de la materia, descubierta respecto de la materia inorgánica por el químico francés Lavoisier (1743-1794), hízose igualmente aplicable a la materia orgánica. En 1828, el químico alemán Friedrich Wohler (1800-1882) alcanzó un gran triunfo derribando la barrera que se suponía existente entre la química orgánica y la inorgánica, al obtener en su laboratorio, por procedimientos artificiales, urea, una de las substancias que hasta entonces se suponían producto exclusivo de «fuerzas vitales». Robert von Mayer (1814-1878) y Helmholtz (1821-1894), científicos alemanes ambos, sentaron la teoría de la conservación de la energía, y la publicación de sus obras sobre este tema coincidió casi con la primera edición del *Manifiesto*. La teoría de la conservación de la energía desahució del estudio de los organismos aquella misteriosa «fuerza vital» que se suponía albergada en la materia. El fantasma de la fuerza vital se desvaneció con el reconocimiento científico de que las fuerzas materiales de la naturaleza eran permutables; de que, así como perdura la materia, se conserva, sin pérdida, la energía, cualesquiera que sean las formas en que una o la otra se manifiesten temporalmente.

Once años después de la publicación del *Manifiesto* apareció el libro de Darwin (1809-1882) sobre el origen de las especies, que sienta época. Por entonces (1859), ya Marx había formulado su teoría sobre la evolución de la sociedad capitalista (considerando este régimen como una fase específica de un proceso histórico). El libro de Marx sobre la *Crítica de la economía política* y *El origen de las especies* se publicaron casi simultáneamente. La obra de Darwin estudia la teoría de la evolución de los seres vivientes, o, como él dice, el origen de las especies por la selección natural. Darwin viene, pues, a representar en biología lo que Marx en sociología. El desarrollo de las ciencias etnológicas y antropológicas, un conocimiento más profundo de las instituciones históricas, la aplicación del método histórico al estudio de los fenómenos de la vida social, tales como la religión, la moral, la literatura, el arte, el derecho, la política, todos estos temas comenzaron a adquirir actualidad allá por los años de 1860 y siguientes, bajo el influjo de las teorías marxista y darwiniana. La enorme cantidad de materiales recopilados desde entonces no han sido todavía suficientemente trabajados ni convenientemente coordinados de modo que nos permitan trazar un cuadro constructivo del desarrollo de la sociedad humana en sus evoluciones. Mas con todo, hay evidencias que respaldan la exactitud del criterio mantenido por Marx (en el prefacio de la obra mencionada más arriba), según el cual «las condiciones productivas corresponden a una determinada fase evolutiva de las fuerzas materiales de producción. La totalidad de estas relaciones productivas forma la estructura económica de la sociedad, la verdadera base sobre la cual se asienta el edificio legal y político, y a la que corresponden determinadas formas de conciencia social. El régimen de producción de la vida material determina el carácter general del proceso de la vida política social e intelectual».

Mas dejemos aquí las objeciones hechas por la burguesía al comunismo.

Como ya hemos visto más arriba, el primer paso de la revolución obrera es la elevación del proletariado a clase dominante, la conquista de la democracia.

El proletariado se valdrá de su dominación política para ir arrancando gradualmente a la burguesía todo el capital, para centralizar todos los instrumentos de producción en manos del Estado, es decir, del proletariado organizado como clase dominante, y para aumentar con la mayor rapidez posible la suma de las fuerzas productivas.[45]

45. LA DICTADURA DEL PROLETARIADO

Marx y Engels hacen en el *Manifiesto* repetidas alusiones a la conquista del poder político por el proletariado y a la instauración de un régimen proletario. En el lugar correspondiente leemos que el primer paso que habrá de darse en la revolución obrera será «organizar al proletariado como clase dirigente», efecto de lo cual será la transformación del Estado en una organización proletaria, que empuñará las riendas del gobierno. El *Manifiesto* no emplea la expresión actual de «dictadura del proletariado», por más que los elementos básicos de esta idea se contengan ya aquí. Ya he dicho yo en otra parte que la expresión «dictadura del proletariado» fue acuñada después de la revolución parisiense de febrero de 1848 y que Marx y Engels sólo empezaron a emplearla después de la derrota del proletariado francés en las jornadas de junio (1848), cuando comenzaron a darse cuenta de que el proletariado no podía limitarse a conquistar el poder político, sino que, una vez logrado esto, tendría que proseguir su obra hasta desmontar todo el aparato de gobierno de la burguesía, sustituyéndolo por otro nuevo. Y todavía iban más allá, pues declaraban que sería imprescindible, como medida pasajera, instaurar la dictadura del proletariado como clase, dictadura que sería el único medio de poner fin a la resistencia de los explotadores. Sólo de ese modo podría el proletariado transformar el Estado burgués en un Estado proletario, exterminar a la burguesía como clase dominante y sustituirla por el proletariado, que a su vez se convertiría en clase dirigente. El socialismo revolucionario, el comunismo, que la burguesía bautizó con el nombre de «blanquismo», nombre derivado de Auguste Blanqui, el escritor revolucionario francés, se contrapone, según Marx, al «socialismo doctrinal de los que quieren subordinar todo el movimiento a uno de sus factores; de los que no conciben que puedan sustituirse las actividades intelectuales de unos cuantos pedantes sueltos por el trabajo colectivo de la producción social; de los que, sobre todo, se imaginan que los pequeños artificios del sentimentalismo mugriento bastarán para conjurar la lucha de clases revolucionaria» (Marx, *Las luchas de clases en Francia*, 1848-1850, p. 94). El socialismo revolucionario, dice Marx en el mismo pasaje, «es la declaración de la revolución permanente, la instauración de la dictadura de clase del proletariado como paso necesario para la abolición de las distinciones de clase en general, para la abolición de las condiciones de producción de que dependen las distinciones de clase, para la abolición de todas las relaciones sociales que dependen de estas condiciones de producción, para la subversión de todas las ideas que emanan de estas relaciones sociales».

Y luego, en *El Programa socialista* (*Crítica del Programa de Gotha*), p. 13:

«Entre la sociedad capitalista y la sociedad comunista se abre el período revolucionario de transformación que sirve de puente entre una y otra. Paralelamente tiene que existir un período de transición política, durante el cual el Estado no puede asumir más forma que la dictadura revolucionaria del proletariado.»

Y Marx prosigue criticando que el programa socialista de Gotha no hable de la dictadura revolucionaria del proletariado ni del futuro sistema de Estado de la sociedad comunista, limitándose a servir de medio de propaganda, a expresar las necesidades políticas. El partido alemán, dice Marx, ha de operar, según ese programa, dentro del aparato del Estado nacional existente, es decir, de su propio Estado: el Imperio prusiano-alemán. Y concluye que ese programa no es aplicable en modo alguno al período revolucionario de transición.

El *Manifiesto* enfoca el problema de un modo radicalmente distinto, pues nos ofrece un programa articulado para hacer frente al período durante el cual el proletariado se erige en clase gobernante.

Antes de estudiar más a fondo este programa conviene decir unas palabras de aclaración sobre otro punto. *El Manifiesto* advierte que el primer paso que ha de darse en la revolución obrera tenderá a hacer del proletariado la clase dirigente. Y agrega: «y la conquista de la democracia». Se refiere, naturalmente, a una democracia proletaria, por oposición a la democracia burguesa; se refiere a la conquista del poder político que garantice la independencia y la libertad política de la clase obrera. La democracia proletaria dista tanto de la democracia burguesa como el Estado proletario del Estado burgués. La democracia de la clase obrera es la democracia de los hombres que carecen de propiedad; la democracia burguesa es la democracia de los propietarios. En el transcurso de la Revolución francesa, los burgueses liberales dividieron la nación en dos bandos: ciudadanos activos y pasivos; luego, bajo la presión del proletariado parisiense, los burgueses demócratas no tuvieron más remedio que hacer extensivo el sufragio a todas las categorías de ciudadanos (con la excepción de los criados y los jornaleros). La característica fundamental de la democracia es la soberanía y el gobierno del pueblo. La democracia, en su sentido más genuino, sólo puede instaurarse cuando haya desaparecido la burocracia. Por eso es deber de la democracia proletaria destruir la burocracia, proclamando el principio de elección para todos los cargos y el poder de destitución para todas las instituciones, lo mismo las sociales que las políticas. Los rasgos característicos de un sistema soviético ideal están en que los sóviets funcionen como órganos del gobierno de clase del proletariado.

«Una república burguesa, no obstante ser democrática, santificada por la consigna de la voluntad del pueblo, de la voluntad de toda la nación, de la voluntad de todas las clases, tiene necesariamente que significar (por el mismo hecho de tener su cimiento en la propiedad privada de la tierra y demás medios de producción) la dictadura de la burguesía, tiene necesariamente que representar una máquina creada para la explotación y la opresión de la inmensa mayoría de los trabajadores por la pandilla capitalista. Por el contrario, la democracia proletaria, la democracia soviética, transforma las organizaciones de los oprimidos por la clase capitalista, de los proletarios y semiproletarios (los campesinos pobres), es decir, de la inmensa mayoría de la población, en la base homogénea y permanente del aparato todo del Estado, así local como central, desde los cimientos hasta el remate. El Estado soviético realiza, por consiguiente, entre otras cosas, y en proporciones mucho mayores que todas las demás formas hasta hoy conocidas, el gobierno local del pueblo, sin ningún género de autoridad impuesta desde arriba.» (*Programa del Partido Comunista ruso*, reproducido en Bujarin, *El ABC del comunismo*)

Esto, naturalmente, no podrá cumplirse al principio más que por una violación despótica del derecho de propiedad y de las relaciones burguesas de producción, es decir, por la adopción de medidas que desde el punto de vista económico parecerán insuficientes e insostenibles, pero que en el curso del movimiento se sobrepasarán a sí mismas y serán indispensables como medio para transformar radicalmente todo el modo de producción.

Estas medidas, naturalmente, serán diferentes en los diversos países.

Sin embargo, en los países más avanzados podrán ser puestas en práctica casi en todas partes las siguientes medidas:

1. Expropiación de la propiedad territorial y empleo de la renta de la tierra para los gastos del Estado.
2. Fuerte impuesto progresivo.
3. Abolición del derecho de herencia.
4. Confiscación de la propiedad de todos los emigrados y sediciosos.
5. Centralización del crédito en manos del Estado por medio de un Banco Nacional con capital del Estado y monopolio exclusivo.
6. Centralización en manos del Estado de todos los medios de transporte.

7. Multiplicación de las empresas fabriles pertenecientes al Estado y de los instrumentos de producción, roturación de los terrenos incultos y mejoramiento de las tierras, según un plan general.

8. Obligación de trabajar para todos; organización de ejércitos industriales, particularmente en la agricultura.

9. Combinación de la agricultura y la industria; medidas encaminadas a hacer desaparecer gradualmente la diferencia entre la ciudad y el campo.

10. Educación pública y gratuita de todos los niños; abolición del trabajo de estos en las fábricas tal como se practica hoy; régimen de educación combinado con la producción material, etc.[46]

46. El programa comunista para el período de transición

Para la cabal comprensión del programa comunista que ha de regir durante el período de transición, tenemos que hacernos cargo de que estamos tratando de una época en la cual el proletariado, erigido en clase dirigente, no tendrá más remedio que hacer «incursiones despóticas en los derechos de la propiedad». No debemos olvidar tampoco que las medidas enumeradas en el *Manifiesto* se redactaron pensando en los países más adelantados. Y aun en lo que a estos países se refiere, tenemos que preguntarnos si las medidas en cuestión serán o no aplicables con alcance universal. ¿Tiene el programa aquí esbozado un carácter genuinamente internacional? ¿Es igualmente aplicable a Francia y a Inglaterra, a Bélgica y Alemania? ¿O deja a los comunistas un margen para proponer medidas de interés especial a las masas obreras dentro de las fronteras de cada país?

Como ya dijimos, los puntos del programa de transición no fueron redactados exclusivamente por Marx y Engels. Fueron formulados en un congreso comunista y acordados colectivamente. Para ello se creyó conveniente tener en cuenta la situación política y social de los distintos países, así como el grado de desarrollo del movimiento de la clase obrera. Este programa contiene puntos que habían sido previamente destacados por los comunistas hacía tiempo y que apenas habían encontrado entre ellos oposición.

El primer punto fue apasionadamente discutido por los cartistas. Los partidarios de O'Connor (1794-1855) abrazaron el plan defendido por Liga de la Tierra. Su propósito era crear un nuevo contingente de pequeños propietarios, comprando grandes porciones de tierra y parcelándolas entre los trabajadores municipales. Por su parte, los secuaces de O'Brien (1803-1864) mantenían la idea de convertir la tierra en propiedad nacional, es decir, de nacionalizarla. En este respecto, los obrienistas limitábanse a resucitar las viejas ideas de Thomas Spencer (1750-1814), inventor de un sistema de nacionalización de la tierra, según el cual se formarían comunidades parroquiales independientes, sin más tributación que la renta que los agricultores vendrían obligados a pagar a la corporación que se hiciera cargo de la propiedad. En *La miseria de la filosofía*, Marx pone de manifiesto el carácter capitalista de la renta.

«La degradación del agricultor independiente al nivel de un obrero, de un bracero del campo, de un asalariado, de un hombre que trabaja para el capitalista industrial; la invasión del campo por el capitalista industrial, que explota la tierra del mismo modo que explotaría cualquier taller; la conversión del terrateniente, de pequeño soberano en vulgar usurero: he ahí otras tantas expresiones en que la renta del suelo se traduce... Explotada en esta forma, la propiedad del suelo se convierte en un artículo de comercio. La renta del suelo no puede darse más que cuando el desarrollo de la industria urbana y la organización social resultante de ella obligan al terrateniente a buscar en sus propiedades agrícolas una utilidad exclusivamente monetaria, más que cuando el terrateniente llega a considerar sus vastos terrenos como una máquina de acuñar moneda. Nos explicamos perfectamente que algunos economistas, como Mill, Cherbuliez, Hilditch, etc., propusieran que la renta del suelo fuese abonada al Estado y aplicada a la reducción de las contribuciones. Esta proposición nace del odio de los capitalistas industriales contra los propietarios de tierras. A los capitalistas, éstos les parecen excrecencias superfluas e inútiles dentro del régimen armonioso de la producción burguesa.» (Marx, *La miseria de la filosofía*, pp. 221-225)

Como vemos, ya hacia el año 1840 abogaban los economistas burgueses por la absorción de la renta del suelo por el Estado, adelantándose a las reivindicaciones del «impuesto único», que habían de brotar de una generación posterior de partidarios de la nacionalización de la tierra.

Marx y Engels abogaban por la idea de la expropiación de los grandes terratenientes y la conversión de la tierra así adquirida en propiedad del Estado proletario, contraponiendo esta reivindicación a la de la democracia burguesa.

«La abolición del feudalismo será la primera manzana de la discordia entre los burgueses y los obreros. Como ocurrió en la Gran Revolución francesa, la pequeña burguesía querrá dividir las propiedades feudales entre los campesinos, con lo cual el proletariado rural quedará como estaba y se formará una clase de pequeños burgueses rurales, una clase que irá empobreciéndose y empeñándose hasta descender al nivel del campesino francés de hoy día. Defendiendo los intereses del proletariado rural y los suyos propios, el obrero debe oponerse a este plan e insistir en que las propiedades confiscadas pasen a ser propiedad del Estado para aplicarse a la creación de colonias obreras, que el proletariado rural cultivará en forma cooperativa, con todas las ventajas inherentes a la agricultura en gran escala. De este modo, el principio de la propiedad colectiva encontrará una sólida base dentro de las inestables condiciones de la propiedad burguesa. Y del mismo modo que los demócratas unen sus fuerzas a las de los propietarios rurales, los obreros deben unir las suyas a las del proletariado rural.» (Marx, *Revelaciones sobre el proceso de los comunistas de Colonia*, pp. 134-135)

El segundo punto, «un fuerte impuesto progresivo» sobre la renta, surgió de las condiciones reinantes por aquel entonces en la vida política inglesa. Surgió de la lucha entablada entre los varios sectores de la burguesía británica y fue viéndose apoyado poco a poco por las masas, en cuyo nombre abogaban los radicales por su implantación como una necesidad fundamental. El enorme aumento de la deuda pública, con su consiguiente carga de intereses, condujo a la radical revisión de todo el sistema de impuestos.

«Desde el momento en que la deuda pública está respaldada por las entradas del erario, que rendirán lo necesario para el pago anual de intereses, etc., el moderno sistema de impuestos es un complemento necesario del sistema de empréstitos nacionales. Los empréstitos permiten al gobierno sufragar los gastos extraordinarios sin imponer, por el momento, nuevas cargas al contribuyente, pero, a la larga, los impuestos tienen forzosamente que aumentar en proporción con esta ventaja. Por otro lado, el aumento de las contribuciones, por efecto de la acumulación de deudas contraídas sucesivamente, obliga al gobierno a empeñarse cada vez más para poder sufragar los nuevos gastos extraordinarios. El moderno sistema fiscal, cuyo eje son los impuestos sobre los productos indispensables para la vida (con su consiguiente encarecimiento), abriga en sí mismo los gérmenes de una progresión automática. En Holanda, donde se implantó por primera vez este sistema, el notable patriota De Witt lo ensalzó en sus *Máximas* como el más adecuado para hacer al trabajador humilde, diligente, frugal y... oprimido por el trabajo. Sin embargo, lo que aquí nos interesa no es tanto la desastrosa influencia que los excesivos impuestos ejercen sobre el trabajador como la forma en que conducen a la expropiación forzosa de los campesinos, los artesanos y, en una palabra, de todos los miembros de la clase media inferior. Sobre este punto no existe aún entre los economistas burgueses más que una opinión. La eficacia de los impuestos excesivos en el proceso de expropiación se intensifica todavía más por el sistema de protección arancelaria, que es parte integrante de aquéllos. El hecho indudable de que la deuda pública y el sistema fiscal, que es su nodriza, desempeñan un papel importante en la capitalización de la riqueza y la expropiación de las masas, hizo suponer a muchos escritores, como Cobbett, Doubleday (1790-1870) y otros, aunque equivocadamente, que ésta era la causa principal de la pobreza del pueblo en nuestros tiempos.» (Marx, *El capital*, t. I, pp. 838-839)

La campaña de Cobbett acerca de la deuda pública y el sistema de impuestos tuvo una gran importancia. El impuesto sobre la renta, implantado por William Pitt (1759-1806) como «medida temporal», había sido arrancado a la burguesía inglesa para poder rivalizar con la competencia francesa. Después de concertada la paz de 1815, la ley del impuesto sobre la renta fue derogada, y para borrar de la memoria del pueblo inglés hasta el último rastro de aquella «odiosa» disposición, por indicación de Henry Brougham (más tarde lord Brougham, 1778-1868) se quemaron todos los documentos referentes a ella. Esta campaña de agitación de Cobbett y otros radicales ingleses asumió entonces mayores proporciones y fue de triunfo en triunfo, conquistándose no solamente las simpatías de los pequeños burgueses, sino también las de la clase obrera. Los cartistas se negaron a dar a este problema de la reforma del sistema de impuestos una importancia primordial, importancia que tampoco concedían a la derogación de las Leyes del cereal. No obstante, continuaron la campaña de Cobbett y reforzaron sus críticas. Bronterre O'Brien, por ejemplo, hacía resaltar el carácter de clase del sistema de impuestos. En los años de 1830 a 1840 elevó al parlamento una petición encareciendo la necesidad de implantar el sistema progresivo del impuesto sobre utilidades. Finalmente, en 1842, exigencias fiscales obligaron a Peel a resucitar el impuesto sobre la renta. Ya no quedaba más que hacer de este impuesto una institución permanente, convertirlo en progresivo y darle el alcance necesario.

Que el impuesto progresivo sobre la renta no tiene nada de específicamente comunista o proletario y no es más que una de esas armas inadecuadas que los obreros tomaron del arsenal de la pequeña burguesía, lo demuestra Marx en su polémica contra el radical francés Émile de Girardin (1806-1881).

> «La reforma fiscal es el simulacro de todos los burgueses de filiación radical, es el remedio específico defendido por todos los economistas burgueses. Desde la Edad Media hasta nuestros días, lo mismo entre los antiguos ciudadanos que entre los modernos librecambistas ingleses, el hueso más duro de la disputa ha sido siempre el impuesto. El principal fin de la reforma fiscal es desembarazarse del sistema tradicional de impuestos, que entorpece el desarrollo de la industria, abaratar el consumo del Estado o garantizar una distribución más equitativa en las contribuciones. Y cuanto más él les huye, más se afanan los burgueses en dar caza al fuego fatuo de la "distribución equitativa". En cuanto a las condiciones de la distribución, basadas directamente en la producción burguesa (la proporción entre el salario y la ganancia, la ganancia y el interés, la renta y la utilidad), lo más que una reforma fiscal puede conseguir es modificarlas en detalle, jamás transformarlas fundamentalmente. Todos los debates reñidos en torno a la reforma fiscal, todos los esfuerzos desplegados por rectificar el régimen de impuestos, arrancan del supuesto de que el sistema burgués es imperecedero. La abolición total de los impuestos no serviría más que para acelerar el incremento de la propiedad burguesa y acentuar las contradicciones que ya existen dentro del sistema. Los impuestos pueden ser beneficiosos para ciertas clases y ser, al mismo tiempo, sobremanera lesivos para otras. Esto salta a la vista dondequiera que la aristocracia de la finanza ejerce su influencia. Los impuestos sólo arruinan a ese sector social que fluctúa entre la burguesía y el proletariado, ya que los contribuyentes que lo forman no pueden traspasar la carga

de los impuestos que pesan sobre ellos a los hombros de otra clase. Cada nuevo impuesto que se crea sobre el proletariado obliga a esa clase a descender un grado más en la escala social; la abolición de un impuesto no determina ningún aumento en el salario del obrero, sino sólo en las utilidades del patrono. Durante la revolución, el aumento de impuestos puede servir como recurso para atacar a la propiedad privada; pero, aun así, la tributación ha de ser nada más que un peldaño hacia nuevas medidas revolucionarias, pues de otro modo se retrocedería a las condiciones burguesas preexistentes. La rebaja de impuestos, su distribución equitativa, etc., no son más que otras tantas triviales reformas burguesas. Plantear una campaña pidiendo la abolición de los impuestos es incurrir en lo que se llama "socialismo burgués". Ese socialismo burgués está bien para los industriales, para la clase media comercial y para el campesino. La alta burguesía, viviendo, como vive, en el mejor de los mundos, tiene por fuerza que despreciar el utópico sueño de un mundo mejor... El impuesto sobre el capital tiene sus méritos. Todos los economistas, y especialmente Ricardo, señalaron las ventajas de un impuesto único. Si fuera el único, el impuesto sobre el capital disolvería por lo menos el nutrido y costoso ejército de recaudadores y opondría el mínimo de obstáculos al proceso de producción, de circulación y de consumo, ya que es el único impuesto que afecta a la riqueza.» (Marx, *Escritos varios*, ed. Mehring, t. III, pp. 435-439)

Para Marx, esas reivindicaciones referentes a la tributación eran meros expedientes de táctica. Medía su valor por el grado en que constituían un ataque directo contra la propiedad privada.

«Cuando los demócratas abogan por el impuesto proporcional, los obreros deben reclamar el impuesto gradual; cuando los demócratas proponen una graduación
moderada de los impuestos, los obreros deben insistir
en que los tributos sean tan altos que hagan imposible
la posesión de capitales en gran escala; cuando los demócratas piden la reorganización de la deuda pública,
los obreros deben precipitar la bancarrota del Estado.»
(Marx, *Revelaciones*, pp. 137)

Pasando al tercer punto del programa esbozado por
el *Manifiesto*, nos encontramos con que la abolición
del derecho de herencia era una de las reivindicaciones básicas de los sansimonianos, de quienes la tomaron ciertos comunistas. El sistema sansimoniano, que
deja intactas las bases fundamentales del capitalismo,
hace resaltar como norma directiva la abolición del
derecho de herencia a modo de correctivo contra las
injusticias de este régimen, como el primer antídoto
contra los privilegios de nacimiento. En una sociedad comunista, donde los medios de producción son
de propiedad colectiva, donde la propiedad privada
no existe, a excepción de los artículos de consumo;
en semejante sociedad, no cabe pensar en la acumulación de bienes para transmitirlos a la posteridad.
La abolición del derecho de herencia puede, indudablemente, tener gran importancia durante el período
de transición, como medio para minar el régimen de
propiedad capitalista. Pero todas estas medidas son,
sin duda alguna, meros arbitrios provisionales, por
funestas que las consecuencias de su implantación
puedan ser para la existencia de la propiedad privada.
Por lo demás, la creación de un impuesto progresivo
sobre las herencias y la supresión del derecho here-
ditario entre colaterales puede constituir una buena

fuente de ingresos para el erario, aun dentro del régimen burgués.

En el período de la Primera Internacional fue
Bakunin el primero que abogó por la abolición del
derecho de herencia. Para él era ésta una medida
fundamental. El Consejo General, cuya voz llevaba
Marx, declaró que el derecho de herencia no era una
categoría productiva, que las leyes de la herencia no
constituían una causa, sino un efecto, un reflejo legal
de la organización económica imperante en la sociedad; que, al convertirse los medios de producción en
propiedad común, el derecho de herencia quedaría
definitivamente desterrado. La meta debía ser, por
consiguiente, la abolición de las instituciones que
dotaban a unos individuos con el poder de explotar
a otros. La abolición o reducción de los derechos de
herencia podía ser, a lo sumo, el punto de partida
para emprender la reforma social. Esa invasión en los
dominios del derecho de propiedad y de la herencia
sería un buen recurso durante el período de transición, cuando, sin estar barridas todavía las viejas instituciones económicas, la clase obrera se hallara ya
capacitada para introducir cambios radicales en el
orden jurídico. Entre las medidas propias del período
de transición pueden, por consiguiente, señalarse el
aumento de impuestos sobre la propiedad heredita-
ria y las limitaciones del derecho de donación.

El cuarto punto, la confiscación de los bienes de
todos los emigrados y rebeldes, tomado de las tra-
diciones de la Gran Revolución francesa, aparece ya
entre los preceptos e instituciones de Babeuf (1760-
1797), notable precursor del moderno comunismo.
Figuraba asimismo en los programas de las sociedades revolucionarias que funcionaron en la primera
mitad del siglo pasado.

El quinto punto recuerda una de las principales proposiciones de los sansimonianos. Los partidarios de esta doctrina subrayaron siempre la importancia de los bancos e instituciones de crédito. Sin embargo, entre la reivindicación del *Manifiesto* y la de los discípulos de Saint-Simon sólo existe una semejanza formal. Marx, que en 1847 criticó despiadadamente las ideas de Proudhon acerca del crédito gratuito y los bancos populares, se mostraba todavía más severo con las ilusiones bancarias de los sansimonianos. Del mismo modo que los bancos populares de Proudhon serían impotentes para vencer las leyes que rigen la producción de mercancías, el banco centralizado de los sansimonianos sería incapaz de regular la producción para evitar la reiteración de las crisis. Tanto en un caso como en otro, la persistencia de la propiedad privada sobre los medios de producción dejaría intactas las leyes de la sociedad capitalista.

Pero, aunque el banco nacional de crédito centralizado fuese incapaz de regular en conjunto el movimiento de la producción nacional (función que le asignaba Pecqueur, 1801-1887), podía ser, indudablemente, de gran utilidad durante el período de transición, contribuyendo a poner todo el sistema nacional de crédito bajo el control del Estado proletario.

La centralización de los medios de transporte en manos del Estado, sexto punto del *Manifiesto*, es corolario lógico del primero y del segundo. Aun cuando los ferrocarriles no sean de construcción del Estado, sino de alguna compañía particular, es evidente que estas compañías ferroviarias se enriquecen a expensas del Estado, que les concede créditos y subsidios. En Norteamérica, el Estado concedió a las compañías de ferrocarriles grandes extensiones de terreno a lo

largo de la vía, convirtiéndolas en los primeros terratenientes de la nación. Pecqueur dedicó un libro
a estudiar el tema de los ferrocarriles, formulando ya
por aquellas fechas (1840) un programa que coincide
casi literalmente con el que Marx y Engels redactaron
años más tarde para Alemania.

Las «fábricas nacionales» a que se refiere el sép-
timo punto no deben confundirse con los «talleres
nacionales», creación de Luis Blanc (1811-1882),
socialista, historiador y estadista francés, que formó
parte del gobierno provisional de 1848. El *Manifiesto* no tiende precisamente a organizar la producción
cooperativa con la ayuda del Estado, sino a naciona-
lizar todas las empresas privadas, convirtiéndolas en
empresas nacionales. En la doctrina de Luis Blanc,
los talleres nacionales proponíanse dar realidad al
derecho al trabajo; los comunistas, por el contrario,
interpretan la organización de las fábricas del Estado
como medio para convertir en un hecho la obligación
que toda persona físicamente capacitada tiene de trabajar. Esta idea se halla ya mantenida en los decretos
de Babeuf, y el octavo punto del *Manifiesto* la recoge
explícitamente. Está íntimamente relacionada con
otra reivindicación sostenida por escritores como
Weitling (1808-1871), comunista alemán, y Dézamy
(muerto en 1850), miembro de los círculos comunistas franceses. Charles Fourier (1772-1837) fue,
sin embargo, el primero que habló de la necesidad
de organizar un ejército del trabajo. El primer deber
de este ejército sería, como se indica en el *Manifiesto*,
cultivar y mejorar la tierra de acuerdo con un plan
preestablecido, otra de las ideas favoritas de Fourier.

Ya hemos visto la gran importancia que Marx concede a la división del trabajo, lo mismo en el seno
de la sociedad que dentro de la fábrica, y hasta qué

punto la separación entre el campo y la ciudad influyó en el curso de la historia. De aquí el punto noveno del *Manifiesto*, encaminado a que la industria agrícola y la urbana funcionen al unísono, a fin de ir borrando gradualmente las distinciones entre la ciudad y el campo.

«Ya los utopistas comprendieron perfectamente los efectos de la división del trabajo. Sabían hasta qué punto el propio trabajo cae en una especie de atrofia y cómo la capacidad de trabajo disminuye cuando el obrero se limita a la repetición mecánica del mismo acto monótono durante toda la vida. Fourier y Owen están de acuerdo en pedir que desaparezca el divorcio entre la ciudad y el campo, como primer requisito para la abolición de la vieja división del trabajo. Los dos creían conveniente que la población se distribuyese por el campo en grupos que fluctuarían entre mil seiscientas a tres mil personas. Los habitantes de cada uno de estos grupos vivirían en el centro de la región que cultivaran, llevando allí una vida comunal. De vez en cuando, Fourier habla de ciudades, pero estas ciudades no serían, según su concepción, más que aglutinaciones de cuatro o cinco grupos adyacentes. Lo mismo en los planes de Fourier que en los de Owen, cada miembro de la comunidad se dedicaría alternativamente a las ocupaciones agrícolas e industriales. Pero, al paso que, en lo tocante a éstas, Fourier concedía primordial importancia a las artes mecánicas y a la manufactura, en el sentido primitivo de la palabra, Owen vislumbra ya la industria en gran escala y apunta a la introducción de la máquina y la fuerza motriz en la economía doméstica. Lo mismo en la agricultura que en la industria manufacturera, ambos, Fourier y Owen, encarecen la necesidad de encomendar al individuo la mayor variedad posible de ocupaciones, proponiendo, como medida preliminar que los jóvenes reciban una educación técnica sumamente diferenciada. La abolición del divorcio entre el campo y la ciudad no sólo es posible, sino fundamental. Se ha hecho igualmente necesaria para la industria manufacturera que para la producción agrícola y las exigencias de la higiene. Sólo unificando la ciudad y el campo será posible acabar con el envenenamiento de la atmósfera, del suelo y del agua; sólo así podrán distribuirse las masas que hoy se aglomeran en ciudades pestilentes, de modo que sus excrementos se empleen beneficiosamente como abono en vez de ser fuente de enfermedades. La abolición de la línea fronteriza que separa la ciudad y el campo no es, por consiguiente, una aspiración utópica. Al contrario, tiende a dar una distribución más uniforme a la gran industria por todo el país. Es cierto que las grandes ciudades de hoy día, que son uno de los legados de la civilización, sólo pueden disolverse a costa de mucho tiempo y mucho trabajo. Pero este trabajo no habrá más remedio que afrontarlo, por muy agobiador y costoso que sea.» (Engels, *Anti-Dühring*, p. 315)

En el décimo punto se señala la necesidad de borrar las perniciosas consecuencias de la división del trabajo físico y mental. Babeuf y sus partidarios abogaban ya por la educación universal y gratuita. Todos los grandes utopistas subrayaron esta necesidad. Según Fourier y Owen, la educación debe consistir en la instrucción técnica diferenciada de la juventud, a fin de que puedan desarrollarse los diversos talentos del individuo, devolviendo al trabajo los atractivos que le han sido arrebatados por el régimen de división.

En el congreso de la Asociación Obrera Internacional celebrado en Génova en 1866 se tomó un acuerdo que ilustra y desarrolla esta idea de combinar el trabajo manual con el intelectual. Este acuerdo, redactado por Marx, dice así:

«Por educación entendemos tres cosas: primero, la educación mental; segundo, la educación física, al modo de la que se da en las escuelas de gimnasia y en los centros militares; tercero, la instrucción técnica, que comprende los principios generales de todos los procesos de producción, iniciando simultáneamente al niño y al joven en el uso y manejo práctico de los instrumentos elementales de todos los oficios. El curso progresivo y gradual de la educación técnica, mental y física, debe corresponder a la clasificación de los obreros jóvenes. El sostenimiento de las escuelas técnicas deberá ser sufragado, en parte al menos, por la venta de sus productos. La combinación del trabajo productivo, la educación mental, el ejercicio físico y la instrucción politécnica, elevará a la clase obrera muy por encima del nivel de las clases media y superior.»

Resumiendo: el programa expuesto en el *Manifiesto* es un programa internacional, aplicable a los países más adelantados; sin embargo, los comunistas de los distintos países pueden agregar a las apuntadas aquellas medidas que crean especialmente aplicables dentro de las fronteras de su nación y, sobre todo, aquellas que más radicalmente afecten al poder de su burguesía. Como ejemplo nos bastará recordar al lector el programa adoptado por los comunistas alemanes a raíz de estallar la revolución de 1848 y en el transcurso de las dos semanas siguientes a la publicación del *Manifiesto*. (Véase *Reivindicaciones del Partido Comunista en Alemania*) Este programa, redactado por Marx y Engels, difiere en varios puntos del programa esbozado en el *Manifiesto*. Al glosar el último capítulo volveremos sobre este punto.

Una vez que en el curso del desarrollo hayan desaparecido las diferencias de clase y se haya concentrado toda la producción en manos de los individuos asociados, el poder público perderá su carácter político. El poder político, hablando propiamente, es la violencia organizada de una clase para la opresión de otra. Si en la lucha contra la burguesía el proletariado se constituye indefectiblemente en clase; si mediante la revolución se convierte en clase dominante y, en cuanto clase dominante, suprime por la fuerza las viejas relaciones de producción, suprime al mismo tiempo estas relaciones de producción, las condiciones para la existencia del antagonismo de clase y de las clases en general y, por tanto, su propia dominación como clase.

En sustitución de la antigua sociedad burguesa, con sus clases y sus antagonismos de clase, surgirá una asociación en que el libre desarrollo de cada uno será la condición del libre desarrollo de todos.[47]

47. La centralización y el Estado

En el prólogo a la edición alemana de 1872, Marx y Engels reconocen que en algunos de sus puntos el *Manifiesto* se hallaba ya anticuado. Y apuntan principalmente a la parte que trata de la actitud que deben seguir los obreros revolucionarios con el aparato del Estado burgués. Íntimamente relacionado con este punto está el problema de la centralización política, problema acerca del cual Marx y Engels rectificaron también su posición desde los primeros años de la década del 50.

La táctica mantenida en el *Manifiesto* basábase en el estudio de los acontecimientos de la Gran Revolución francesa, en la idea de que la conquista del poder político por el proletariado seguiría derroteros análogos a los de las jornadas de la Convención.

Por eso insistían tanto en la centralización del Estado, que, en opinión suya, había sido obra de los jacobinos. La conquista del Estado allanaría los obstáculos que se oponían al triunfo de la revolución en todos los países. De ahí que en los días que preceden a la revolución de 1848, en el curso de ésta y en los años primeros que la siguieron, Marx y Engels atacasen tan denodadamente todo movimiento encaminado hacia el federalismo o la descentralización por parte de los demócratas franceses y alemanes.

«Los demócratas intentarán instaurar una república federal, o bien (caso de que no consigan la implantación de una república, una e indivisible) procurarán coartar los atributos del gobierno central, ofreciendo la mayor suma posible de libertades a los gobiernos locales. Los obreros deberán tratar, por su parte, de impedir el logro de estos planes, no sólo contribuyendo con todas sus fuerzas a la instauración de una república alemana, una e indivisible, sino pugnando porque en esa república la autoridad se halle fuertemente centralizada. No deben dejarse engañar por las frases hueras de los demócratas respecto a la libertad de las autoridades locales, la autonomía del gobierno local, etc., etc. En un país como Alemania, donde tantas supervivencias medievales oprimen todavía el suelo, donde hay que dar todavía la batalla a todo linaje de soberbias y arrogancias locales, no podemos pensar, ni por sueño, en permitir que cada aldea, cada ciudad, cada provincia se interponga como una traba en el camino de la obra revolucionaria, obra que sólo puede desarrollar toda su fuerza irradiando del centro. En la Alemania de hoy (1850), lo mismo que en la Francia de 1793, la instauración del más rígido centralismo deberá ser el fin primordial de todo partido genuinamente revolucionario.» (Marx, *Revelaciones*, etc., pp. 135-136)

Marx escribía esto en marzo de 1850. Hacia febrero de 1852 había llegado ya a la conclusión de que en Francia las sucesivas revoluciones, lejos de desmontar la máquina administrativa creada bajo el antiguo régimen, la habían perpetuado. He aquí lo que escribe a este propósito en *El 18 Brumario*: «Para los partidos que luchan por el poder, la ocupación de ese enorme edificio del Estado se ha convertido en el trofeo más importante de la victoria.»

Luego, entra a analizar el tema de la necesidad de destruir esa máquina de gobierno, siempre y cuando que no se atente a la centralización.

«La centralización de la autoridad, indispensable en la sociedad moderna, sólo puede levantarse sobre los escombros de la máquina militarista y burocrática creada como un contrapeso del feudalismo.» (op. cit., p. 140)

Marx subraya el hecho de que «la Revolución francesa, que se proponía barrer todas las autoridades particularistas (ya fueran locales, territoriales, urbanas o provinciales) para modelar la nación en unidad burguesa, no pudo por menos de continuar la obra que ya la monarquía absoluta había comenzado: la centralización. Por eso no pudo tampoco por menos de realzar el rango y los atributos de la autoridad del gobierno. Napoleón se encargó, a su vez, de perfeccionar la máquina del Estado» (op. cit., p. 131).

Marx no había penetrado todavía en el verdadero carácter de esta obra de centralización. Era un fruto de la Convención y se apoyaba en las organizaciones jacobinas. La centralización francesa de esta época era la expresión de la soberanía indisoluble del pueblo revolucionario, el reconocimiento del poder central del Estado, perfectamente compatible con el gobierno autónomo de las comunas, departamentos, distritos, etc., es decir, con el gobierno local.

Previo un estudio más profundo de las instituciones políticas, acometido durante la primera década de la segunda mitad de siglo, Marx y Engels cambiaron de punto de vista. No sólo abrazaron otras ideas respecto a la propiedad común de la tierra, sino que adoptaron también nuevos criterios en lo concerniente a la centralización política y a las formas en que esta centralización había de realizarse. Engels escribía en 1885:

> «Todo el mundo sabe hoy que durante la revolución y hasta el 18 de Brumario el gobierno de los departamentos, distritos y comunas estaba formado [en Francia] por autoridades de elección local, que gozaban de gran libertad de movimientos dentro de la legislación nacional. Todo el mundo sabe, además, que estas autoridades locales, encarnaciones de un sistema semejante al del gobierno provincial y local de los Estados Unidos de América, se contaban entre los factores principales de la revolución. Por eso fue por lo que Napoleón, inmediatamente después de dar el golpe de Estado del 18 de Brumario (9 de noviembre de 1799), se apresuró a desmontar el sistema vigente, reemplazándolo por el sistema prefectural, que todavía permanece en vigor y

que fue siempre, desde sus orígenes, un instrumento reaccionario. Pero, así como el gobierno local y provincial no es absolutamente incompatible, ni mucho menos, con la centralización nacional del país, no debe tampoco equiparársele a aquella forma estrecha, cantonal y comunal, que informa los caracteres poco recomendables de la vida política suiza y del sistema que todos los republicanos federales del sur de Alemania tomaron como modelo para su país en 1849.» (Prólogo a *Revelaciones*, etc., p. 136)

La experiencia de la Comuna de París convenció a Marx y a Engels definitivamente de que «la clase obrera no puede limitarse a tomar posesión de la máquina del Estado, aplicándola a sus propios fines». Y lo primero que, según ellos, tenía que haber hecho la comuna era aplastar los órganos principales del Estado burgués: abolir, por ejemplo, instituciones como la del ejército permanente, sustituyéndolo por «la nación en armas»; convertir la policía en un instrumento responsable de la comuna, sujeto siempre a destitución y sin el menor poder político; barrer la burocracia para que los altos puestos del Estado dejasen de ser un privilegio de la clase dominante y se transformasen en una función social, retribuida con sueldos corrientes y desempeñada por individuos elegidos y destituibles en todo momento de sus cargos.

La comuna, según Marx y Engels, no debió limitarse a las funciones parlamentarias, sino constituirse en una corporación activa y eficaz, compartiendo el poder legislativo y el poder ejecutivo. A la vieja organización centralizada debió sustituir una red de organismos igualmente autónomos en todos los distritos provinciales. Estas instituciones comunales descentralizadas, lejos de mediatizar la unidad de la nación, la hubieran reforzado. La abolición del Estado burgués, que sólo sirve de careta para disfrazar la ausencia de una unidad nacional, hubiera hecho de ésta una realidad tangible. El Estado anterior había querido sobreponerse a esa unidad, hacerse independiente de ella, aunque de hecho no era más que una excrecencia parasitaria enquistada en el organismo de la nación. La verdadera importancia histórica de la comuna consiste en esto: en haber sido un gobierno de la clase obrera, un gobierno que brotó como fruto de la lucha entre la clase explotada y la clase dominante. La comuna debió haber servido de palanca para derribar los fundamentos de la sociedad existente, con las instituciones económicas que habían hecho posible la transformación de la clase propietaria en clase gobernante. Y esa palanca no podía ser otra que la dictadura del proletariado.

Pero la dictadura del proletariado sólo será un gobierno transitorio. Responderá a una necesidad durante el período de transición, mientras la forma capitalista de la sociedad no ceda el puesto a una sociedad comunista, mientras las instituciones capitalistas no se sustituyan por instituciones revolucionarias, mientras no se borren los antagonismos, mientras el Estado de clase no se desvanezca como una forma del pasado. Al destruir las bases económicas sobre las que descansa el edificio capitalista, y de las que depende la integridad del Estado de clase, la dictadura del proletariado pondrá fin a la forma absorbente del poder público y transformará el Estado en mero órgano administrativo de la producción.

Esta última idea, que encontramos mantenida ya en las obras de los sansimonianos, se ha incorporado definitivamente al acervo de todo movimiento comunista. Marx, sin embargo, agrega algo nuevo a la teoría de sus predecesores. Este algo consiste en demostrar que la lucha de clases librada bajo las condiciones de la producción capitalista tiene forzosamente que conducir a la implantación de la dictadura del proletariado y que esta dictadura no es más que una forma transitoria, una etapa necesaria en la ruta hacia la abolición de las distinciones de clase y la instauración de la sociedad sin clases.

> «En el transcurso de su desarrollo, la clase trabajadora irá sustituyendo la sociedad burguesa por una asociación de la que se borrarán en absoluto las clases y los conflictos de clase. Y con ellos desaparecerá el poder político, en el sentido estricto de esta palabra, ya que el poder político no es más que una expresión oficial de esos conflictos de la sociedad burguesa.» (Marx, *La miseria de la filosofía*, p. 159)

Los anarquistas, incapaces de comprender el sentido de este proceso histórico, incapaces de penetrar en la necesidad de la dictadura del proletariado como forma de gobierno para el período de transición, preferirían trastornar todo ese proceso y arrancar de la radical extirpación del poder del Estado.

Antes de la revolución de 1848, las teorías anarquistas no podían exponerse todavía en un programa de partido, por la sencilla razón de que este partido no existía. Los precursores del anarquismo iban a buscar las bases principales de su doctrina al campo económico. Hasta después del año de 1860, en vida de la Asociación Obrera Internacional, el anarquismo no se convirtió en un sistema filosófico coordinado y completo, en que se declaraba la guerra a dios y al Estado. Caudillo de este movimiento era el ruso Mijaíl Bakunin (1814-1876).

Aquí, en el *Manifiesto*, Marx y Engels formulan su idea (que hoy ha pasado a ser del dominio común de todos los socialistas y comunistas), idea que se cifra substancialmente en la tesis de que en una sociedad comunista no existe Estado.

Las polémicas que hubieron de mantener con Bakunin y los anarquistas suizos, y más tarde con Dühring, dieron a Marx y Engels ocasión para deslindar sus puntos de vista de los profesados por los anarquistas en lo tocante a la función del Estado y a los medios más eficaces para socavarlo.

«Los antagonismos de clase, inseparables de todas las saciedades pasadas y presentes, hicieron surgir el Estado. Por Estado entendemos aquí la organización de la clase explotadora para la defensa de las condiciones materiales de producción existentes, y más especialmente para el sojuzgamiento por la fuerza de la clase explotada, dentro de las condiciones de opresión características del régimen de producción vigente (esclavitud, servidumbre, trabajo asalariado, según los casos). El Estado es el representante oficial de la sociedad, la encarnación de ésta en una corporación tangible; pero sólo lo es en cuanto Estado de una clase especial que, durante esa época, se halla en condiciones de representar de hecho a la sociedad toda: en la antigüedad clásica es el Estado de los esclavistas; en la Edad Media, el Estado de la nobleza feudal; actualmente, el Estado de la burguesía. A partir del momento en que el Estado se convierta en representante de la sociedad en general, dejará de tener una razón de ser. Desde el momento en que no haya clases a quienes mantener sometidas, tan pronto como el régimen de clase desaparezca, y con él la lucha por el pan y los conflictos y abusos subsiguientes a la actual anarquía de la producción, no habrá ya nada que castigar y perseguir, nada, por consiguiente, que reclame la existencia de un organismo especial de represión, el Estado. La función primordial del Estado como representante de la sociedad en general: adueñarse de los medios de producción en nombre de toda la sociedad, será al mismo tiempo su última función como Estado. Poco a poco irá haciéndose innecesaria y dejará, por tanto, de manifestarse espontáneamente la intervención del Estado en las relaciones sociales. El poder sobre las personas se convertirá en la administración de las cosas y en la gestión directiva del proceso de producción. El Estado no se "suprime", agoniza, muere. Todo esto que dejamos dicho basta para juzgar el valor de la frase de "un Estado de hombres libres", demostrándonos que ese tópico, si bien puede tener un valor pasajero y propagandista, carece de aplicación científica adecuada. Y con estos mismos criterios tenemos la vara que necesitamos para medir las ideas de los que, llamándose anarquistas, quieren poner fin al Estado de la noche a la mañana.» (Engels, *Anti-Dühring*, pp. 102-103.)

III. LITERATURA SOCIALISTA Y COMUNISTA

1. SOCIALISMO REACCIONARIO

A) EL SOCIALISMO FEUDAL

Por su posición histórica, la aristocracia francesa e inglesa estaba llamada a escribir libelos contra la moderna sociedad burguesa. En la Revolución francesa de julio de 1830 y en el movimiento inglés por la reforma parlamentaria, habían sucumbido una vez más bajo los golpes del odiado advenedizo. En adelante no podía hablarse siquiera de una lucha política seria. No le quedaba más que la lucha literaria. Pero, también en el terreno literario, la vieja fraseología de la época de la Restauración había llegado a ser inaplicable. Para crearse simpatías era menester que la aristocracia aparentase no tener en cuenta sus propios intereses y que formulara su acta de acusación contra la burguesía solo en interés de la clase obrera explotada. Dióse de esta suerte la satisfacción de componer canciones satíricas contra su nuevo amo y de musitarle al oído profecías más o menos siniestras.[48]

48. El romanticismo reaccionario

Englobamos bajo este epígrafe a los representantes más destacados de la reacción desatada contra la Revolución francesa. Los enemigos venían de las filas de la aristocracia feudal, y contra ellos asestaban los jacobinos sus dardos más afilados. Entre los literatos franceses, esta reacción se vio representada por escritores como Louis de Bonald (1754-1840) y Joseph de Maistre (1753-1821), que creían posible la restauración del antiguo régimen, con sus tres figuras principales: Dios, el Rey y el Verdugo. Bonald se oponía ferozmente a toda innovación.

Cuanto fuera producto de la nueva industria, cuanto recordara los aborrecidos «principios del siglo XVIII», era al punto condenado. El crédito, las grandes ciudades, la banca: tales eran, para él, las raíces satánicas del mal. A Bonald le irritaban especialmente los triunfos de la industria y de la técnica, que creía, y con razón, absolutamente incompatibles con un régimen social primitivo, con las relaciones patriarcales y (hablando en general) con el espíritu localista y el exclusivismo medieval. En un Estado normal (sostenía este autor) deben ocupar el primer plano los intereses de la clase terrateniente, ya que esta clase es más estable y más amante del orden que ninguna otra. La primacía del comercio, la industria y el capitalismo inoculan en la nación el «morbo revolucionario», socavan los cimientos de la estratificación social ennoblecida por los siglos, subvierten las relaciones sociales y provocan constantemente la infracción de las leyes. Del carbón, habla Bonald con lágrimas en los ojos: «Llena el aire de humo, despide un hedor pestilente, abate el ánimo y, con el tiempo, puede hasta cambiar el carácter entero de una nación.»

Cuando Marx y Engels describen el papel revolucionario desempeñado por la burguesía en sus luchas contra el feudalismo, cuando hablan del modo cómo el nacimiento del sistema industrial moderno acabó con el régimen idílico de la sociedad medieval, piensan evidentemente en las lamentaciones y anatemas fulminados contra el nuevo orden de cosas por los campeones católicos y feudales del orden social de la Edad Media. Además de los nombres de Bonald y de Maistre, podríamos mencionar aquí los desbordamientos literarios de un Chateaubriand (1768-1848) en Francia y de un Adam Müller (1779-829) en Alemania, y las elegías de Samuel Taylor Coleridge (1772-1834) y Robert Southey (1774-1843) en Inglaterra. Todos ellos acusan a la gran industria de haber destruido el viejo régimen patriarcal, donde todo ocupaba su debido lugar, donde las mesnadas feudales acudían dócilmente a la llamada de cualquier barón o sacerdote y se prestaban con dulzura y mansedumbre a dejarse trasquilar, para la mayor honra y gloria del Altar y del Trono.

Así es cómo nació el socialismo feudal, mezcla de jeremiadas y pasquines, de ecos del pasado y de amenazas del porvenir. Si alguna vez su crítica amarga, mordaz e ingeniosa hirió a la burguesía en el corazón, su incapacidad absoluta para comprender la marcha de la historia moderna concluyó siempre por cubrirlo de ridículo.

A guisa de bandera, estos señores enarbolaban el saco de mendigo del proletario, a fin de atraer al pueblo. Pero cada vez que el pueblo acudía, advertía que sus posaderas estaban ornadas con el viejo blasón feudal y se dispersaba en medio de grandes e irreverentes carcajadas.

Una parte de los legitimistas franceses y la Joven Inglaterra han dado al mundo este espectáculo cómico.

Cuando los campeones del feudalismo aseveran que su modo de explotación era distinto del de la burguesía, olvidan una cosa, y es que ellos explotaban en condiciones y circunstancias por completo diferentes y hoy anticuadas. Cuando advierten que bajo su dominación no existía el proletariado moderno, olvidan que la burguesía moderna es precisamente un retoño necesario de su régimen social.

Disfrazan tan poco, por otra parte, el carácter reaccionario de su crítica, que la principal acusación que presentan contra la burguesía es precisamente haber creado bajo su régimen una clase que hará saltar por los aires todo el antiguo orden social.

Lo que imputan a la burguesía no es tanto el haber hecho surgir un proletariado en general, sino el haber hecho surgir un proletariado revolucionario.

Por eso, en la práctica política, toman parte en todas las medidas de represión contra la clase obrera. Y en la vida diaria, a pesar de su fraseología ampulosa, se las ingenian para recoger los frutos de oro del árbol de la industria y trocar el honor, el amor y la fidelidad por el comercio en lanas, remolacha azucarera y aguardiente.[49]

49. EL SOCIALISMO FEUDAL

En una de las últimas ediciones del *Manifiesto* aparece una nota de Engels llamando la atención del lector hacia el hecho de que estas irónicas censuras se refieren «especialmente a Alemania, donde la aristocracia terrateniente y gobernante tiene grandes extensiones de terreno dedicadas al lucro y cultivadas por bailíos; estas gentes poseen, además, importantes fábricas de azúcar de remolacha y destiladeros para la fabricación de licor de patatas. Los personajes más acaudalados de la aristocracia inglesa se han mantenido, por lo menos hasta ahora, alejados de estos métodos. Claro está que piensan resarcirse de la pérdida que eso supone para sus rentas vendiendo sus nombres a los promotores de compañías anónimas dedicadas a negocios más o menos turbios».

Marx y Engels escogen dos organizaciones entre las que mejor representan las teorías del socialismo feudal: «una parte de los legitimistas franceses y la Joven Inglaterra».

En su comentario a *Le manifesté communiste* (Bibliotheque Socialiste, p. 170 y ss.), Charles Andler cita algunos nombres. Pero sus datos carecen de fundamento. Marx y Engels quieren referirse a los legitimistas franceses, que, siguiendo distinto camino que sus colegas, trataban de ganarse las simpatías del «pueblo bajo» acusando a los tenderos y manufactureros de la monarquía de julio, a la cabeza de los cuales figuraba el propio rey Luis Felipe (1773-1850), tendero máximo del reino. Heinrich Heine, el gran poeta alemán, nacido hacia 1800 y muerto en 1856, expuso deliciosamente las cabriolas de estos legitimistas franceses que se abrazaban a la causa del pueblo:

> «Es verdaderamente divertido oír a estos curas enmascarados vociferar en el lenguaje de los *sans-culottes* y ver con qué aire coquetón de fiereza lucen el gorro rojo de los jacobinos, y el pánico que a veces se adueña de ellos, temerosos de que en un momento de descuido se hayan encasquetado en su lugar la mitra del obispo.

Para cerciorarse de que no han cometido tal desliz, se quitan un momento el tocado, y entonces todo el mundo puede verles la tonsura.»

La campaña en pro del trono y del altar, disfrazada ahora bajo el manto de la defensa de los intereses del pobre, es el rasgo más característico de este gobierno. Lamennais (1782-1854), teólogo y filósofo francés, figuraba entre los caudillos de este movimiento y continuó defendiéndolo hasta su ruptura con la Iglesia. Pero la figura más destacada en ese campo era, sin duda alguna, la del conde de Montalembert (1810-1870), político y publicista, y uno de los corifeos más brillantes del catolicismo liberal. Montalembert se erigió, con Villeneuve-Bargemont (1784-1855), en el campeón de los obreros industriales.

Mientras se discutía el proyecto de ley de protección de la infancia, Montalembert tronaba contra el orden social burgués, atacando a los fabricantes algodoneros que empujaban al pobre y a su mujer a la fábrica, destruían el hogar y arrancaban al pueblo de la bienaventuranza de la vida rural, para lanzarlo a barracas insalubres, verdaderas mazmorras, donde los seres de ambos sexos y diferente edad se veían condenados a una lenta pero sistemática degradación.

En *La miseria de la filosofía* (p. 167), Marx recomienda a Proudhon el estudio de las obras de monsieur de Villeneuve-Bargemont, diciéndole que debe tomarle por mentor en materias de política económica, pues este escritor persigue como él fines providenciales, aunque su meta sea, no la igualdad, sino el catolicismo. Efectivamente, este economista, que amalgamaba las doctrinas políticas de Bonald con la crítica económica de Sismondi (1773-1884), amasó todo un sistema de economía legitimista y cristiana. Los economistas liberales se oponían tenazmente a toda «intromisión del Estado entre el patrono y el obrero dentro de la fábrica». Pero Villeneuve-Bargemont proponía toda una serie de medidas de legislación obrera: prohibición del trabajo infantil, inspección sanitaria, instrucción técnica obligatoria para los obreros de las fábricas, creación de cajas de ahorro, etc. A su debido tiempo, todas estas medidas acabaron por formar el sistema del llamado socialismo católico. Ahora, todas las esperanzas se cifraban en encontrar los guías de la masa oprimida, no entre los aristócratas feudales, sino entre los magnates de la gran industria.

En su obra sobre la situación de la clase trabajadora en Inglaterra, Engels se expresa en términos de simpatía respecto a la organización conocida por el nombre de Joven Inglaterra. Apunta que no puede entrar en detalles en lo tocante a las diferencias que median entre los varios sectores de la burguesía, si bien reconoce algunas «respetables excepciones». Entre éstas se contaban, según él, los filantrópicos tories, que acababan de fundar la Joven Inglaterra. Figuraban en esta organización algunos miembros del parlamento, como Disraeli (1804-1881), Borthwick (1804-1852), Ferrand (1829-1870), lord John Manners (1818-1906), etc. Lord Ashley (más tarde lord Shaftesbury, (1801-1885) estaba íntimamente unido a Manners. La Joven Inglaterra proponíase como fin restaurar las condiciones que habían reinado antaño en la «merry England» con todos sus esplendores y sus románticas galas feudalistas. Fin tan absurdo e irrealizable no podía ser más que una sátira, en el curso real de la historia. Sin embargo, sería injusto desconocer las sanas intenciones y la valentía de los miembros de la Joven Inglaterra, que alzaron su voz de protesta contra el orden social de su tiempo, contra los prejuicios de la época, y que supieron comprender el carácter fundamental del orden social vigente. (Resumen de una nota que figura al pie de la p. 295 de la citada obra de Engels.)

La Joven Inglaterra atrajo a sus filas a la juventud aristocrática de Inglaterra e Irlanda, que tenía por espíritu rector a George Smythe (más tarde vizconde de Strangford, 1789-1846). Estos elementos se oponían tenazmente al capitalismo industrial y al librecambio, y soñaban con restaurar la supremacía política de la aristocracia, supremacía que había de enraizarse hondamente en la estructura social de la época y asentarse sólidamente en los principios democráticos.

Disraeli (más tarde lord Beaconsfield), hijo de una acaudalada familia judía, se hallaba íntimamente ligado a este grupo. Ya en 1839 comenzó a llamar la atención de la cámara con sus discursos acerca de las peticiones de los cartistas, en cuya defensa salió, a pesar de no estar conforme con el movimiento. En sus novelas, en *Coningsby*, por ejemplo, y principalmente en *Sibila o las dos naciones*, popularizó las ideas socialistas de los tories. En Sibila traza una pintura muy interesante del movimiento cartista, retratando con vívidos colores el Estado de la Inglaterra contemporánea, que, bajo la acción de la gran industria, se estaba dividiendo en «dos naciones, entre las cuales no existe afinidad ni simpatía y que ignoran mutuamente sus ideas, sus sentimientos, como si vivieran en zonas distintas o habitaran planetas diferentes» (*Sibila*, t. II, cap. IV).

Como grupo político, la Joven Inglaterra comenzó a decaer ya hacia 1845. Disraeli no tardó en romper con los tories de sangre azul y pasó a ser jefe del moderantismo británico.

Ferrand, Borthwick (cuyo discurso en defensa de los trabajadores aparece citado tres veces por Marx en *El capital*, t. I, pp. 271, 444 y 631) y lord Ashley desempeñaron un papel importante en la historia de la legislación fabril de Inglaterra. Lord Ashley, a pesar de haber apoyado generalmente a los conservadores, modificó su actitud parlamentaria, en su interés por mejorar las condiciones de vida del trabajador, y mientras vivió, su nombre sonaba familiar en los hogares obreros. Era especialista en materia de utilidades industriales, y sus estadísticas prestaron grandes servicios a los cartistas y a los librecambistas en sus ataques contra aquellos hipócritas cristianos que criticaban los vicios ajenos y cerraban los ojos cuando estos vicios redundaban en su propio provecho.

Este lord Ashley, más generalmente conocido por su último título de lord Shaftesbury, acaudillaba a los filántropos aristócratas que luchaban contra el régimen fabril. Durante los años de 1844 y 1845, su personalidad era el blanco favorito de los ataques en las columnas del órgano liberal más importante de la época, el *Morning Chronicle*, cuando este periódico se hallaba empeñado en revelar las terribles condiciones en que vivían los trabajadores del campo. Las cifras publicadas por Marx (*El capital*, t. I, p. 748) demuestran lo mezquinos que eran los jornales abonados a los braceros en las explotaciones de aquel honorable y humanitario lord. Y por si esto era poco, nuestro digno aristócrata no tenía escrúpulo en embolsarse una buena parte de aquellos jornales por el alquiler de las casas en que albergaba a sus obreros (*El capital*, t. I, p. 749).

Otro representante del socialismo feudal digno de mención es el gran historiador y literato Tomás Carlyle (1795-1881). Engels se mostraba aun más indulgente con él que con el partido de la Joven Inglaterra.

«Tomás Carlyle forma una categoría aparte. Al principio formaba en la organización de los tories, pero pronto hubo de dejar atrás a sus compañeros. Carlyle comprende mejor que ningún otro burgués británico la anarquía social reinante y aboga por la organización del trabajo. Confío en que tan pronto como se ponga en el camino recto lo seguirá hasta el final. Como tantos otros alemanes, le deseo buena suerte.» (*La situación de la clase obrera en Inglaterra*, I. c.)

En 1892, Engels completa esta referencia sobre Carlyle en los términos siguientes:

«La revolución de febrero transformó a Carlyle en un completo reaccionario. Su sana indignación contra los filisteos se convirtió ahora en un despechado y filisteo desprecio contra la oleada histórica que lo arrastró a la orilla, dejándolo abandonado en la costa desierta.»

El libro de Carlyle, *Past and Present* (1843), era, con su obra *Chartism* (1839), lo mejor que se había escrito, desde el punto de vista del socialismo aristocrático, acerca de la situación de los obreros ingleses. En los *Anales Franco Alemanes* (1844) figura un artículo de Engels titulado «La situación de Inglaterra», en el que hace un análisis detallado y encomiástico del primer libro (*Pasado y presente*).

Estos dos libros de Carlyle impresionaron profundamente a Engels. Esto puede explicarnos el motivo de que Engels mostrase preferencia por los tories sobre los whigs. En el mencionado artículo escribe lo siguiente:

«En las condiciones sociales reinantes en Inglaterra, el propio interés obliga a los whigs a rechazar toda idea contraria a la industria, que es la firme columna de la sociedad inglesa y que está en manos de los whigs, que se enriquecen a costa de ella. A ellos, la industria les parece intachable, su legislación no tiene más objetivo que la expansión industrial. ¿Por qué? Porque la industria les ha proporcionado poder y riqueza. Por su parte, los tories (cuya aristocracia y cuyo poder fueron arrollados por la industria, cuyos principios perecieron bajo el avance industrial) odian la industria o, en el mejor de los casos, la consideran un mal inevitable. Así se explica que algunos tories filantrópicos, acaudillados por lord Ashley, Ferrand, Walter, Oastler, etc., se impusieran el deber de defender a los obreros contra la explotación de los industriales. Carlyle empezó siendo tory, y toda su vida simpatizó más por este partido que por el de los whigs.» (Engels, *Escritos varios*, t. I, p. 464)

La gran analogía existente entre la condición de los siervos ingleses de 1145 y la de los obreros ingleses de 1845 (paralelo que traza Engels en su libro sobre la situación de la clase obrera en Inglaterra) había sido señalada ya por Carlyle. De él procede también la idea del «vínculo de los pagos al contado» y de los cálculos pecuniarios en que se basa toda la autocracia burguesa. En el *Manifiesto* aparecen reflejadas las palabras de Carlyle sobre este punto. Carlyle protestó en su tiempo contra el culto de Mammon y llegó hasta ver en «la organización del trabajo» (impuesta desde arriba, por supuesto, por obra de los «héroes») un remedio a ese mal.

Pero ya en 1844 declaraba Engels que Carlyle no podría sacudir su sentido religioso del universo y que su panteísmo no era más que el culto de la humanidad como tal.

«De aquí su ideal de una "genuina" aristocracia, su ideal "heroico", como si los héroes pudieran ser otra cosa que hombres. Si Carlyle hubiera sabido comprender al hombre como tal hombre, en toda su infinitud, jamás habría pensado en dividir a la humanidad en lobos y ovejas, en gobernantes y gobernados, en aristócratas y chusma, en caballeros y mesnadas; hubiera llegado a la conclusión de que la verdadera aplicación social del talento no está en ejercitar el dominio de la fuerza, sino en servir de estímulo y de guía. Es cierto que la democracia no constituye más que una fase transitoria, pero no hacia la implantación de una nueva aristocracia mejor precisamente, sino hacia la instauración de la verdadera libertad humana, del mismo modo que la irreligiosidad de nuestra época habrá de conducir finalmente, no al renacimiento de la religión, sino a la emancipación del hombre de toda forma religiosa, sea sobrehumana o sobrenatural. Carlyle ataca el culto del dinero, la oferta y la demanda, la competencia, etc., y está muy lejos de mantener la justificación absoluta de la propiedad del suelo. ¿Por qué, entonces, no saca las conclusiones evidentes a que llevan sus propias premisas y no repudia la propiedad privada en general? ¿Para qué predica la abolición de la codicia, de la oferta y la demanda, la competencia, etc., si deja intacta y en pie la propiedad privada, que es la raíz de todos esos males? La "organización del trabajo" no nos sirve de nada, pues para que sea eficaz es menester que exista una cierta suma de intereses comunes.» (Engels, l. c., pp. 488-489)

En las columnas de la *Nueva Gaceta del Rin* nos encontramos, allá por el año 1850, con una crítica más dura y acerada de Carlyle, a quien la revolución de 1848 había vuelto un completo reaccionario. Engels reconoce, sin embargo, sus méritos anteriores:

«Tenemos que agradecer a Carlyle que, como literato, haya arremetido contra la burguesía en un tiempo en que los gustos, las opiniones y las ideas burguesas ejercían una completa hegemonía sobre el mundo literario británico, y que lo hiciera en un tono que a veces cobraba carácter verdaderamente revolucionario. Este elogio puede aplicarse a gran parte de las páginas de sus obras *La Revolución Francesa*, *Cromwell*, *Cartismo* y *Pasado y presente*.»

Y en seguida añade:

«Pero la crítica que desarrolla en estos libros acerca de las condiciones reinantes se halla íntimamente asociada con una apoteosis extraña y antihistórica de la Edad Media, como es frecuente en los libros de los revolucionarios ingleses, en los de Cobbett, por ejemplo, y en los de algunos de los cartistas. Y a la par que admira el pasado, o al menos las épocas clásicas de una determinada fase social, el presente le desespera y la perspectiva del futuro le llena de horror. Cuando rinde pleitesía a la revolución, y hasta la glorifica, lo hace en la medida en que la revolución se cifra a sus ojos en una figura individual, en un Cromwell o en un Dantón. Rinde culto a estas figuras como a héroes, culto que en su obra *Sobre los héroes y su culto* exalta como el único refugio contra una realidad desesperante y predica como una religión.» (Engels, *Escritos varios*, t. I, pp. 414 ss.)

En sus últimas obras, Carlyle demostró que había desertado de lleno del campo revolucionario. «Carlyle, lo mismo que Strauss, se ha consagrado al culto del genio. Y aunque en sus obras se ha evaporado el genio, el culto persiste.» (Engels, loc. cit., p. 415) Durante la guerra norteamericana de secesión, librada por la abolición de la esclavitud, Carlyle defendió a los estados esclavistas, y después, en 1865, salió en defensa de Edward John Eyre (1815-1901), gobernador de Jamaica que sofocó con gran rigor una sublevación de negros. «Así [escribe Marx] reventaba aquella espléndida burbuja de simpatía hacia los obreros; hacia los obreros de las ciudades, entiéndase bien; jamás ni en modo alguno hacia los campesinos. A la postre, resultó que todo lo que la burbuja tenía dentro era... esclavitud.»

Del mismo modo que el cura y el señor feudal han marchado siempre de la mano, el socialismo clerical marcha unido con el socialismo feudal.

Nada más fácil que recubrir con un barniz socialista el ascetismo cristiano. ¿Acaso el cristianismo no se levantó también contra la propiedad privada, el matrimonio y el Estado? ¿No predicó en su lugar la caridad y la pobreza, el celibato y la mortificación de la carne, la vida monástica y la Iglesia? El socialismo cristiano no es más que el agua bendita con que el clérigo consagra el despecho de la aristocracia.[50]

50. Socialismo cristiano

El socialismo cristiano se parece mucho al socialismo feudal. En las obras de todos los voceros de la reacción contra la Revolución francesa encontramos el culto del Altar desposado con el culto al Trono. Pero en vista de que el prestigio de la vieja monarquía absoluta se había esfumado y de que la monarquía de julio se mostraba cada día más inestable, entre los hombres de sentimientos genuinamente filantrópicos empezó a manifestarse una nueva tendencia. Era una nueva forma de socialismo que pretendía reconciliar la religión con la Iglesia, democratizando ésta y restituyéndola a los cauces del cristianismo primitivo. El representante más destacado de esta escuela filosófica era, indudablemente, Lamennais. Su libro *Palabras de un creyente* (*Paroles d'un croyant*) vio la luz en 1837. Este libro llevó a su autor a romper con la vieja «tradición eclesiástica y a divorciarse de los legitimistas. Lamennais era un demócrata sincero, un defensor apasionado del pueblo obrero, y pintó con colores muy vivos la dolorosa situación de los trabajadores. Flagelaba a los ricos como un profeta del Antiguo Testamento, sin miramiento alguno. Como remedio contra la pobreza recomendaba la asociación libre y otras medidas que garantizaran al pobre, cuando menos, lo indispensable para vivir. Su libro traspasó las fronteras de Francia, y, traducido al alemán, no tardó en convertirse en un nuevo evangelio entre los artesanos de este país.

Philippe Buchez (1796-1865), político y escritor francés, era otro preclaro representante del socialismo cristiano. Al principio se unió a los discípulos de Saint-Simon, pero pronto rompió con ellos y se puso a construir un sistema propio de socialismo. En él se sostiene que la religión y la ética cristianas son los factores principales del progreso. Buchez atacó a los comunistas y es autor de un proyecto para la creación de asociaciones de producción, especialmente adaptables a las necesidades de los artesanos. Este autor hizo causa común con el grupo de obreros parisienses que tenían por órganos en la prensa *Le Producteur* y *Le National*. Engels, que no perdía ocasión de ponerse en contacto con las organizaciones obreras, trató de entablar relaciones con *Le Producteur* durante su permanencia en París y publicó un artículo en sus columnas.

Sin embargo, hasta el triunfo de la reacción en 1848 no se dieron condiciones verdaderamente propicias para el desarrollo del socialismo cristiano. A partir de ahora se nos presentan toda suerte de aleaciones de socialismo con las diferentes ramas religiosas: un socialismo católico, un socialismo protestante, un socialismo anglicano, un socialismo cristiano, etc. Por la fecha de publicación del *Manifiesto*, estas formas religiosas de socialismo sólo atraían ya a una pequeña parte del proletariado. Tanto en el *Manifiesto* como en toda su obra, Marx se opone a todo conato de cristianizar el socialismo y de introducir la moral cristiana en las teorías socialistas, que comenzaban a asumir un carácter internacional. En su polémica contra el autor de un artículo publicado en la *Gaceta Alemana de Bruselas*, adopta un tono todavía más resuelto. El autor del artículo, un tal Herman Wagener (1815-1889), era uno de los más destacados exponentes del socialismo cristiano conservador de Alemania, de aquella tendencia que no llegó a adquirir expresión desde el poder hasta bastante más tarde, hasta después de la fundación del Imperio. La pretensión de demostrar que el comunismo era un fruto de las doctrinas sociales del cristianismo fue combatida por Marx en las siguientes líneas, en las que se analiza el papel representado por estas doctrinas en el curso de la evolución histórica.

> «Los principios sociales del cristianismo han tenido ya dieciocho siglos para desenvolverse y no necesitan que un consejero consistorial prusiano (alusión al mentado Wagener) venga ahora a desarrollarlos. Los principios sociales del cristianismo justificaron la esclavitud en la antigüedad, glorificaron en la Edad Media la servidumbre de la gleba y se disponen, si necesario es, aunque

arrugando un poco el gesto plañideramente, a defender la opresión moderna del proletariado. Los principios sociales del cristianismo dejan la desaparición de todas las infamias para el cielo, justificando con ello la perduración de esas mismas infamias sobre la tierra. Los principios sociales del cristianismo ven en todas las vilezas de los opresores contra los oprimidos el justo castigo del pecado original y de los demás pecados del hombre, o la prueba a que el Señor quiere someter, según sus designios inescrutables, a la humanidad. Los principios sociales del cristianismo predican la cobardía, el desprecio de sí mismo, el envilecimiento, el servilismo, la humildad, todas las virtudes de la canalla; y el proletariado, que no quiere que se le trate como canalla, necesita mucho más de su intrepidez, de su sentimiento de dignidad personal, de su orgullo y de su independencia, que del pan que se lleva a la boca. Los principios sociales del cristianismo hacen al hombre miedoso y trapacero, y el proletariado es revolucionario. Era cuanto teníamos que decir de los principios sociales del cristianismo.» (*Escritos varios*, t. II, pp. 442-443)

Desde luego, no sería difícil demostrar que esos «principios sociales del cristianismo» no desempeñaron siempre un papel reaccionario. El cristianismo primitivo, en lo que tenía de protesta contra el orden social del mundo antiguo, se alzaba contra la propiedad privada y el Estado, y abogaba por el ascetismo y la pobreza. Pero esto es ya un cuento viejo, una historia de aquellos tiempos en que no había más camino para liberar a «los que trabajan y sufren» que el de la divina Jerusalén. Los obreros con conciencia de clase deben oponerse a los manejos de cuantos intenten aunar sus intereses con los de la religión, cualquiera que sea la forma en que se les presente la doctrina, ya sea bajo el nombre de cristianismo «purificado» y «ennoblecido», ya bautizada con el de «nuevo» cristianismo o «religión de la humanidad».

> «La religión es siempre la conciencia y el sentimiento del yo en el hombre que no se ha encontrado aún a sí mismo o que, habiéndose encontrado, se ha vuelto a perder... Por eso, luchar contra la religión es luchar directamente contra el mundo del que la religión es el aroma espiritual. La pobreza religiosa es en algunos la expresión de la pobreza verdadera, mientras que en otros es la protesta contra la verdadera pobreza. La religión es el suspiro de los oprimidos, el corazón de los descorazonados, el espíritu de los abatidos. La religión es el opio del pueblo. Acabar con la religión, dicha ilusoria del pueblo, es dar un paso hacia la conquista de su dicha verdadera... Por donde la crítica del cielo se torna en la crítica de la tierra; la crítica de la religión, en la crítica de la ley; la crítica de la teología, en la crítica de la política.» (Marx, *Crítica de la filosofía hegeliana del Derecho*, en Marx-Engels, *Obras completas*, t. I, pp. 607-608).

Marx y Engels no podían por menos de oponerse enérgicamente a todo intento de adormecer al proletariado con cualquier suerte de ideas religiosas, pues sabían que eso era detenerlo en su marcha hacia la emancipación.

B) EL SOCIALISMO PEQUEÑOBURGUÉS

La aristocracia feudal no es la única clase derrumbada por la burguesía, y no es la única clase cuyas condiciones de existencia empeoran y van extinguiéndose en la sociedad burguesa moderna. Los habitantes de las ciudades medievales y el estamento de los pequeños agricultores de la Edad Media fueron los precursores de la burguesía moderna. En los países de una industria y un comercio menos desarrollados, esta clase continúa vegetando al lado de la burguesía en auge.

En los países donde se ha desarrollado la civilización moderna, se ha formado —y como parte complementaria de la sociedad burguesa sigue formándose sin cesar— una nueva clase de pequeños burgueses que oscila entre el proletariado y la burguesía. Pero los individuos que la componen se ven continuamente precipitados a las filas del proletariado a causa de la competencia y, con el desarrollo de la gran industria, ven aproximarse el momento en que desaparecerán por completo como fracción independiente de la sociedad moderna y en que serán remplazados en el comercio, en la manufactura y en la agricultura por capataces y empleados.

En países como Francia, donde los campesinos constituyen bastante más de la mitad de la población, era natural que los escritores que defendiesen la causa del proletariado contra la burguesía aplicasen a su crítica del régimen burgués el rasero del pequeño burgués y del pequeño campesino, y defendiesen la causa obrera desde el punto de vista de la pequeña burguesía. Así se formó el socialismo pequeñoburgués. Sismondi es el más alto exponente de esta literatura no solo en Francia, sino también en Inglaterra.

Este socialismo analizó con mucha sagacidad las contradicciones inherentes a las modernas relaciones de producción. Puso al desnudo las hipócritas apologías de los economistas. Demostró de una manera irrefutable los efectos destructores de la maquinaria y de la división del trabajo, la concentración de los capitales y de la propiedad territorial, la superproducción, las crisis, la inevitable ruina de los pequeños burgueses y de los campesinos, la miseria del proletariado, la anarquía en la producción, la escandalosa desigualdad en la distribución de las riquezas, la exterminadora guerra industrial de las naciones entre sí, la disolución de las viejas costumbres, de las antiguas relaciones familiares, de las viejas nacionalidades.

Sin embargo, el contenido positivo de ese socialismo consiste, bien en su anhelo de restablecer los antiguos medios de producción y de cambio, y con ellos las antiguas relaciones de propiedad y toda la sociedad antigua, bien en querer encajar por la fuerza los medios modernos de producción y de cambio en el marco de las antiguas relaciones de propiedad, que ya fueron rotas, que fatalmente debían ser rotas por ellos. En uno y otro caso, este socialismo es a la vez reaccionario y utópico.

Para la manufactura, el sistema gremial; para la agricultura, el régimen patriarcal: he aquí su última palabra.

En su ulterior desarrollo esta tendencia ha caído en un marasmo cobarde.[51]

51. SISMONDI

Estamos tan acostumbrados a hablar de «socialismo pequeñoburgués» siempre que nos referimos a una serie de doctrinas socialistas extendidas aun en el seno de la clase obrera, que en el capítulo titulado «Socialismo pequeñoburgués» nos solemos inclinar más bien a ver una crítica de Proudhon y sus secuaces que una censura de las teorías del economista burgués

Sismondi (1773-1842). En su prólogo a una de las últimas ediciones del *Manifiesto*, explica Engels en qué sentido empleaban él y Marx la palabra «socialismo» en este documento. Para ellos, el socialismo era, por oposición al comunismo, un movimiento en parte obrero y en parte burgués, encaminado a hacer desaparecer la pobreza por medio de panaceas y de toda suerte de remiendos. Para los autores del *Manifiesto*, el socialismo es la doctrina profesada por los defensores de toda una serie de sistemas utópicos que apelaban todos (como los proyectos anteriores de transformación social a la clase «ilustrada», esto es, a la burguesía. Entre los paladines del socialismo burgués, Marx y Engels distinguen varios grupos. Sismondi era para ellos el prototipo del socialismo pequeñoburgués, porque en todas sus censuras al capitalismo su punto de vista era siempre pequeñoburgués o pequeñocampesino.

> «Todos los que, como Sismondi, pretenden restablecer una justa proporcionalidad en la producción conservando las bases de la sociedad actual son reaccionarios, pues consecuentes con el camino trazado deberían pedir asimismo la restauración de las condiciones industriales de los primeros tiempos.» (Marx, *La miseria de la filosofía*, p. 90)

Sin embargo, Marx tenía a Sismondi en gran estima por las censuras dirigidas por él contra el sistema capitalista, y este juicio favorable no trasciende sólo al *Manifiesto*. Los adversarios burgueses de Marx, ansiosos por acusarlo de plagiario con el menor pretexto, se desvivían por atribuirle como maestro a tal o cual economista de una generación anterior. Estos economistas se agarraron al reconocimiento de los méritos de Sismondi en la obra de Marx para apuntar a toda una serie de ideas básicas encajadas en el sistema marxista y que, sin embargo, no eran «descubrimientos originales» de Marx ni de Engels. Pero aunque las tales ideas hubiesen sido expuestas de un modo o de otro con anterioridad a su tiempo, lo cierto es que en la forma que ellos acertaron a imprimirles, estas ideas adquirieron una significación mucho más profunda, y, situadas en el sistema general del pensamiento marxista, irradiaron nueva luz y se revelaron en todo su verdadero sentido. En su *Crítica de la economía política* y en los tres volúmenes de *El capital*, Marx se expresa con gran respeto acerca de Sismondi, destacándolo entre los representantes más eminentes de la escuela clásica de economía. Llega incluso a considerarlo como el primer crítico realmente serio de esa escuela. Pero Sismondi gusta de encarecer la conveniencia de que el Estado ponga freno a la producción ilimitada, controlando el desarrollo demasiado rápido de la técnica. A Charles Andler le parece demasiado dura la crítica que Marx y Engels hacen de Sismondi en el *Manifiesto*; en cambio, Gide (nacido en 1847) y Charles Rist (*Histoire des doctrines économiques depuis les physiocrates jusqua nos jours*, p. 223) reconocen justas, en términos generales, sus censuras.

> «Lejos de tratar de estimular la producción, el gobierno debe moderar el "impulso ciego". Dirigiéndose a los hombres de ciencia, les pide que dejen de inventar, rogándoles que tomen en consideración la consigna de los economistas respecto al no intervencionismo. Abriga una secreta simpatía por el viejo sistema corporativo y los maestros de los gremios. Aun cuando condena el antiguo sistema como contrario a los intereses de la producción, se pregunta si no podría aprender de aquel sistema algo que le ayudara a refrenar los abusos de la competencia. El primer objetivo será, por

tanto, restaurar hasta donde sea posible la unión entre el trabajo y la propiedad. Pertrechado con esta mira, Sismondi aboga, en el campo de la agricultura, por la vuelta a lo que él llama propiedad patriarcal, que quiere decir tanto como la multiplicación de los propietarios rurales. En la industria, le gustaría ver el retorno del artesano independiente.»

¿No coincide esto, en varios respectos, con lo que se dice en el *Manifiesto*? Aquí leemos que «la última palabra» de las teorías de Sismondi es: «en la manufactura, la restauración de los viejos gremios, y en el campo la implantación de un régimen patriarcal».

Sismondi ejerció gran influjo sobre la literatura económica de su tiempo, pero no llegó a fundar una escuela propia. Su discípulo más destacado fue Buret (1811-1842), autor de un libro acerca de la situación de la clase obrera en Francia e Inglaterra (*Misère des classes laborieuses en France et en Angleterre*, 1842). Buret va algo más allá que su maestro y recomienda una serie de reformas en la legislación social y obrera, en las que, sin embargo, vemos manifestarse la influencia de Saint-Simon.

En lo que se refiere a Adolphe Blanqui (1798-1854), economista y escritor francés, autor de varias obras sobre economía política y acerca de la clase trabajadora de Francia, hermano de Auguste Blanqui (1805-1881), socialista revolucionario y autor de varios trabajos sobre cuestiones sociales y económicas; François-Xavier Droz (1773-1850), sociólogo y moralista francés, y otros, la influencia de Sismondi parece haberse limitado a que estos economistas no se avenían a adoptar, ante los sufrimientos de la clase trabajadora, la actitud cínica e indiferente que asumían los corifeos de la economía política vulgar. (Respecto a los «economistas

vulgares» y diferencias que les separan de los «economistas clásicos» puede verse *El capital*, t. I, p. 55, nota.)
En *La miseria de la filosofía* (p. 172), Marx caracteriza
del siguiente modo a los representantes de la escuela
económica humanitaria:

> «Para tranquilizar su conciencia hacen cuanto está
> de su parte por ocultar las contradicciones reales de
> la sociedad, a la par que deploran sinceramente la po-
> breza de los obreros y la desenfrenada competencia de
> la burguesía. Recomiendan a los trabajadores sobrie-
> dad, diligencia en el trabajo y limitación del número
> de hijos, y a los burgueses les aconsejan que moderen
> su apetito de producción. Toda la teoría de esta escuela
> consiste en trazar distinciones interminables entre la
> teoría y la práctica, entre los principios y sus resulta-
> dos, entre una idea y su aplicación, entre la forma y el
> contenido, entre la esencia y la realidad, entre el hecho
> y el derecho, entre el bien y el mal.»

Ninguna otra escuela habló nunca tanto de la aplicación de la ética a la economía política. La escuela
de los economistas morales, que surgió después de la
publicación del *Manifiesto*, era una nueva expresión
de este sentimentalismo pegajoso y plañideros.

C) EL SOCIALISMO ALEMÁN O SOCIALISMO «VERDADERO»

La literatura socialista y comunista de Francia,
que nació bajo el yugo de una burguesía dominante
como expresión literaria de la lucha contra dicha
dominación, fue introducida en Alemania en el
momento en que la burguesía acababa de comenzar
su lucha contra el absolutismo feudal.

Filósofos, semifilósofos e ingenios de salón alemanes se lanzaron ávidamente sobre esta literatura, pero olvidaron que con la importación de la literatura francesa no habían sido importadas a Alemania, al mismo tiempo, las condiciones sociales de Francia. En las condiciones alemanas, la literatura francesa perdió toda significación práctica inmediata y tomó un carácter puramente literario. Debía parecer más bien una especulación ociosa sobre la realización de la esencia humana. De este modo, para los filósofos alemanes del siglo XVIII, las reivindicaciones de la primera Revolución francesa no eran más que reivindicaciones de la «razón práctica» en general, y las manifestaciones de la voluntad de la burguesía revolucionaria de Francia no expresaban a sus ojos más que las leyes de la voluntad pura, de la voluntad tal como debía ser, de la voluntad verdaderamente humana.

Toda la labor de los literatos alemanes se redujo exclusivamente a poner de acuerdo las nuevas ideas francesas con su vieja conciencia filosófica, o, más exactamente, a asimilarse las ideas francesas partiendo de sus propias opiniones filosóficas.

Y se las asimilaron como se asimila en general una lengua extranjera: por la traducción.

Se sabe cómo los frailes superpusieron sobre los manuscritos de las obras clásicas del antiguo paganismo las absurdas descripciones de la vida de los santos católicos. Los literatos alemanes procedieron inversamente con respecto a la literatura profana francesa. Deslizaron sus absurdos filosóficos bajo el original francés. Por ejemplo, bajo la crítica francesa de las funciones del dinero, escribían: «enajenación de la esencia humana»; bajo la crítica francesa del Estado burgués, decían: «eliminación

del poder de lo universal abstracto», y así sucesivamente.

A esta interpolación de su fraseología filosófica
en la crítica francesa le dieron el nombre de «filosofía de la acción», «socialismo verdadero», «ciencia
alemana del socialismo», «fundamentación filosófica del socialismo», etc.

De esta manera, fue completamente castrada la
literatura socialista-comunista francesa. Y como
en manos de los alemanes dejó de ser expresión de
la lucha de una clase contra otra, los alemanes se
imaginaron estar muy por encima de la estrechez
francesa y haber defendido, en lugar de las verdaderas necesidades, la necesidad de la verdad; en
lugar de los intereses del proletariado, los intereses
de la esencia humana, del hombre en general, del
hombre que no pertenece a ninguna clase ni a ninguna realidad y que no existe más que en el cielo
brumoso de la fantasía filosófica.

Este socialismo alemán, que tomaba tan solem-
nemente en serio sus torpes ejercicios de escolar y
que con tanto estrépito charlatanesco los lanzaba
a los cuatro vientos, fue perdiendo poco a poco su
inocencia pedantesca.

La lucha de la burguesía alemana, y principalmente de la burguesía prusiana, contra los feudales
y la monarquía absoluta, en una palabra, el movimiento liberal, adquiría un carácter más serio.

De esta suerte, ofreciósele al verdadero socialismo la ocasión tan deseada de contraponer al
movimiento político las reivindicaciones socialistas, de fulminar los anatemas tradicionales contra
el liberalismo, contra el Estado representativo,
contra la competencia burguesa, contra la libertad burguesa de prensa, contra el derecho burgués,

contra la libertad y la igualdad burguesas, y de predicar a las masas populares que ellas no tenían nada que ganar, y que más bien perderían todo en este movimiento burgués. El socialismo alemán olvidó, muy a propósito, que la crítica francesa, de la cual era un simple eco insípido, presuponía la sociedad burguesa moderna, con las correspondientes condiciones materiales de vida, y una constitución política adecuada; es decir, precisamente las premisas que todavía se trataba de conquistar en Alemania.

Para los gobiernos absolutos de Alemania, con su séquito de clérigos, de mentores, de hidalgos rústicos y de burócratas, este socialismo se convirtió en un espantajo propicio contra la burguesía que se levantaba amenazadora.

Formó el complemento dulzarrón de los amargos latigazos y tiros con que esos mismos gobiernos respondían a los alzamientos de los obreros alemanes.

Si el «verdadero» socialismo se convirtió de este modo en una arma en manos de los gobiernos contra la burguesía alemana, representaba además, directamente, un interés reaccionario, el interés del pequeño burgués alemán. La pequeña burguesía, legada por el siglo XVI y desde entonces renacida sin cesar bajo diversas formas, constituye para Alemania la verdadera base social del orden establecido.

Mantenerla es conservar en Alemania el orden establecido. La supremacía industrial y política de la burguesía la amenaza con una muerte cierta: de una parte, por la concentración de los capitales y, de otra, por el desarrollo de un proletariado revolucionario. A la pequeña burguesía le pareció que el «verdadero» socialismo podía matar los dos pájaros de un tiro. Y este se propagó como una epidemia.

Tejido con los hilos de araña de la especulación, bordado de flores retóricas y bañado por un rocío sentimental, ese ropaje fantástico en que los socialistas alemanes envolvieron sus tres o cuatro descarnadas verdades eternas no hizo sino aumentar la demanda de su mercancía entre semejante público.

Por su parte, el socialismo alemán comprendió cada vez mejor que estaba llamado a ser el representante pomposo de esta pequeña burguesía.

Proclamó que la nación alemana era la nación modelo y el mesócrata alemán el hombre modelo. A todas las infamias de este hombre modelo les dio un sentido oculto, un sentido superior y socialista, contrario a lo que era en realidad. Fue consecuente hasta el fin, manifestándose de un modo abierto contra la tendencia brutalmente destructiva del comunismo y declarando su imparcial elevación por encima de todas las luchas de clases. Salvo muy raras excepciones, todas las obras llamadas socialistas y comunistas que circulan en Alemania pertenecen a esta inmunda y enervante literatura.[52]

52. El «verdadero» socialismo

La crítica que se hace en este capítulo del *Manifiesto* del socialismo alemán o «verdadero» socialismo es, hasta cierto punto, una censura contra la propia formación filosófica de Marx, y en mayor grado todavía la de Engels. Este recorre, en la experiencia de su vida, todas las fases que caracterizan al pensamiento alemán de su tiempo. Conforme se iba dando cuenta más y más de que esta reencarnación filosófica del socialismo había sacado de quicio su juventud, más duras eran sus referencias al propio pasado. En ninguna parte encontramos una expresión más severa de esto que decimos que en el siguiente pasaje, que puede servir de comentario a la acusación formulada en el *Manifiesto* contra el «verdadero» socialismo:

«Por fin, los alemanes comienzan a corromper hasta el movimiento comunista. Como suele ocurrir en tales casos, los zánganos, los retrógrados, tratan de ocultar la vergüenza de haberse quedado dormidos hablando despectivamente de los que se les adelantaron y batiendo el gran tambor de la filosofía. Apenas hace el comunismo su aparición en Alemania, cae sobre él una horda de pensadores especulativos que creen hacer grandes milagros con traducir al lenguaje de la lógica hegeliana proposiciones que se han hecho ya vulgares en Inglaterra y en Francia, con soplar en la trompeta de esta nueva sabiduría, como si fuese algo a todas luces nuevo y maravilloso, la verdadera teoría alemana, cubriendo de lodo las falsas tácticas de los ridículos sistemas socialistas de los necios ingleses y franceses. Esa perpetua teoría alemana, que tuvo el privilegio infinito de asomar las narices a la filosofía hegeliana de la historia y de verse clasificada por algún flaco profesor berlinés en el sistema de las categorías eternas; esa teoría de gentes que tal vez hojearon las obras de Feuerbach, echaron una ojeada a las de los comunistas alemanes y se mostraron conformes con lo que Von Stein dice acerca del socialismo francés; esa teoría alemana, teoría de la peor calidad posible, ha llegado ya a sus conclusiones respecto al comunismo y el socialismo francés (tal como Von Stein lo presentara en su libro), le ha asignado un puesto de segunda fila, se le ha adelantado a grandes pasos y lo ha superado en la fase más alta de evolución de la "teoría alemana". Desde luego, a estos notables filósofos jamás se les ocurre enterarse primero del contenido real de las cosas que han de "superar" en su sistema; no se les ocurre examinar directamente los escritos de Fourier, de Saint-Simon, de Owen y los de los comunistas franceses. Para sus fines les basta con los magros extractos hechos por Von Stein (1815-1890). Y ateniéndose a esos extractos, les parece que están en condiciones de conquistar para la teoría alemana un brillante triunfo sobre los endebles combatientes extranjeros. Aunque la absurda vanidad de los teorizantes alemanes parece invulnerable, creemos, sin embargo, oportuno recordarles cuánto tienen que agradecer al extranjero en el estudio de los problemas sociales desde el punto y hora en que empiezan a interesarse por estos problemas. Entre toda la pomposa fraseología que la literatura alemana proclama, como si en ella se cifrasen los principios fundamentales del "verdadero" y "puro" comunismo germano, no se encuentra todavía una sola idea que haya visto la luz en suelo alemán. Lo que los franceses e ingleses han venido sosteniendo por espacio de diez, veinte, cuarenta años, en palabras precisas y claras, en términos cuidadosamente escogidos, empieza a traspasar ahora la frontera alemana. Durante estos últimos años, los alemanes han aprendido unos cuantos retazos de estas cosas y ahora se dedican a chapurrearlos en su jerga hegeliana. Algunos de los más brillantes pensadores alemanes acaban de descubrir estas verdades y las lanzan en letra impresa como si fuesen descubrimientos personales suyos, vestidos con una fraseología bastante menos afortunada y mucho más abstracta que la original. Y a esta censura no escapan ni mis propias palabras. La única originalidad de que pueden jactarse los alemanes es la forma abstracta, obscura y retorcida en que expresan esas ideas. Además, lo único que ellos creyeron digno de ser tomado en consideración en las obras de los franceses (pues nuestros dignos alemanes apenas si conocen nada hasta ahora de los ingleses) no es (como cuadra a auténticos teóricos), fuera de los principios archigenerales, más que lo más malo y lo más teórico de todo: la esquematización de la futura sociedad, los sistemas sociales que la reflejan. Lo mejor de todo, la crítica de la sociedad actual, el verdadero fundamento, la misión primordial de cuantos se preocupan de problemas sociales, lo dejan tranquilamente a un lado. Por eso el "socialismo absoluto" alemán es tan lamentablemente pobre. Un poco de "humanidad", como hoy día suele llamarse eso; un poco de "realización" de esa humanidad, o por mejor decir, de esa cosa monstruosa; un poco, menos ya, de "propiedad" tomada (de tercera o cuarta mano) de Proudhon; otro poco de "simpatía" hacia las miserias del proletariado; otro poco de "organización del trabajo"; otro poco de sociedades para socorrer a las clases inferiores, y junto a todo esto una ignorancia ilimitada de todo lo que se refiere a la economía política y al verdadero carácter de la sociedad en que vivimos: a eso se reduce todo. Y por si todavía no bastase, aun viene la imparcialidad teórica, la "absoluta serenidad del espíritu", a chuparle la última gota de sangre, el último rastro de decisión y de energía. ¿Y con esa cosa tediosa y aburrida se quiere revolucionar a Alemania, poner al proletariado en movimiento, obligar a las masas a pensar y actuar?» (Artículo de Engels, publicado en la *Gaceta Alemana de Bruselas*, en *Escritos varios*, ed. Mehring, t. II, pp. 407-408)

Vemos, pues, que Engels no se asusta de incluirse a sí mismo en el acta de acusación. En su tiempo había mantenido íntimas relaciones con Moses Hess (1812-1875), principal exponente del socialismo filosófico alemán. Y hay que reconocer que su amistad con Hess era más estrecha, por entonces, que sus relaciones con Marx.

Hess les llevaba algunos años a Marx y a Engels y había comenzado su carrera literaria algo antes que ellos. Antes de conocer a Marx, Hess había publicado dos obras tituladas *La historia sagrada de la humanidad* (1837) y *La triarquía europea* (1841). En estas obras construye su filosofía de la historia de la humanidad, completando la filosofía del pensamiento con la «filosofía de la acción».

En 1841 rompió con los neohegelianos de izquierda y trabó conocimiento con Marx. Este encuentro le produjo una profunda impresión.

En una carta a su amigo Berthold Auerbach (1812-1882), ilustre escritor alemán, fechada en Colonia el 2 de septiembre de 1841, Hess escribe lo siguiente:

> «Va usted a tratar al más grande, iba a decir el único, filósofo viviente... El nombre de mi ídolo es Marx. Es todavía muy joven, pues no tiene más que veinticuatro años y está llamado a ser el que dé el golpe de gracia a la religión y a la política de la Edad Media. Une a una profunda seriedad filosófica un ingenio mordaz. Imagínese a Rousseau, Voltaire; Holbach, Lessing, Heine y Hegel en una pieza (pero no revueltos a troche moche y en montón, sino perfectamente combinados y formando un todo armónico) y tendrá usted una idea de quién es Marx.» (Publicada por Karl Grünberg, en *Archiv für die Geschichte des Sozialismus*, año 10, Leipzig, 1922, pp. 411-412)

Hess contribuyó a la fundación de la *Gaceta del Rin*, y en sus artículos comenzó a inclinarse hacia el comunismo. Conoció a Engels en Colonia, donde su trato fue convirtiéndose en amistad. Fue Hess quien convenció a Engels de que el comunismo era la resultante lógica de las nuevas doctrinas hegelianas. Engels y

Hess formaron parte durante varios años de la redacción de un periódico titulado *El espejo de la sociedad*, que se publicaba en Elberfeld. En uno de sus editoriales leemos:

> «¿Es posible que el monarca prusiano sienta menos simpatías por la clase pobre de Prusia que la cámara de diputados o el rey de Francia por la clase pobre de su país? Son tantos los hechos que indican lo contrario, y la reflexión nos tiene tan firmemente convencidos de esto, que las tendencias políticas de los liberales han llegado a ser para nosotros no solamente incompatibles, sino positivamente repulsivas.» (*Escritos varios*, t. II, p. 352)

Pronto, sin embargo, hubo de librarse Engels de esta herencia de socialismo filosófico. Hess se acercaba también cada vez más a las nuevas ideas formuladas por Marx. Pero su avance era mucho más lento que el de Engels y le costaba mucha dificultad desprenderse de la vieja herencia idealista. En julio de 1846 escribía a Marx:

> «Del mismo modo que al comienzo hubo necesidad de eslabonar las aspiraciones comunistas con la ideología alemana, ahora tenemos que fundar nuestras teorías en premisas históricas y económicas, pues de otro modo no podríamos llegar a un acuerdo con los "socialistas" ni con ninguna otra clase de adversarios.» (*Escritos varios*, t. II, p. 371)

Al plantearse en la Liga Comunista, a poco de su fundación, enconadas luchas intestinas, Hess (cuyo carácter le incapacitaba para las actividades prácticas) fluctuó entre los distintos grupos, arrimándose tan pronto a uno como a otro. En el congreso de la Liga rompió definitivamente con Marx y Engels. Durante las convulsiones de la revolución alemana de 1848, Hess permaneció casi todo el tiempo al margen del movimiento; al acabar éste se unió a la fracción capitaneada por Willich (1810-1878) y Schapper (1813-1870). A los pocos años abandonaba completamente las actividades revolucionarias y se convertía en el primer profeta del sionismo. Cuando Lassalle (1825-1864) comenzó su campaña de propaganda, Hess se adhirió a sus ideas; pero después de la muerte de Lassalle rompió con sus discípulos, para ingresar luego en la Asociación Obrera Internacional y enrolarse en las filas de los que combatían a Bakunin.

En la severa crítica que se hace en el *Manifiesto* contra los representantes del «verdadero» socialismo, el primer blanco de ataque era, como ya hemos dicho, Karl Grün. Es interesante el comentario que hace Mehring de su persona.

> «Grün era un periodista típico, en el peor sentido de la palabra, hombre igualmente desprovisto de rigor y de profundidad, sin la menor probidad en sus juicios. Sus apreciaciones eran tan superficiales, tan evidentemente triviales, que aun cuando su modo de expresarlas las hacía parecer agudas a primera vista, sólo servían para descubrir su falta de substancia. Marx y Engels tuvieron mucha razón al calificarlo como el más insoportable de todos los "verdaderos" socialistas.»

En un artículo publicado en *El Vapor Westfaliano* algunos meses antes de ver la luz el *Manifiesto*, Marx alude ya a las relaciones espirituales mantenidas entre Hess y Grün. «Los temas que en los escritos de Hess aparecen envueltos en sugerencias vagas y expresiones míticas, son llevados por Grün hasta un grado tal, que rayan ya en lo absurdo.»

Unas cuantas citas tomadas de escritos de Grün bastarán para demostrar cuáles eran la teoría y la práctica. del «verdadero» socialismo.

> «El que invoca el nombre de Feuerbach, invoca al mismo tiempo toda la obra realizada en el campo filosófico desde Francis Bacon (1561-1626) hasta nuestros días; Feuerbach nos revela lo que la filosofía debe ser y lo que significa en último término, y se remonta hasta el hombre como la síntesis definitiva de la historia universal. Por este camino llegamos más segura y más eficazmente al concepto del trabajo que rompiéndonos la cabeza acerca de los salarios, la libre competencia y las injusticias de la Constitución... Partamos del Hombre; del hombre curado de religión, de la idea de la muerte, de todo lo que le es ajeno, de las necesidades materiales..., del puro y verdadero hombre...»

El siguiente botón de muestra de las disquisiciones de Grün explica por qué los autores del *Manifiesto* consideraban insoportable su literatura:

> «¿Quién reclama la constitución en Prusia? Los liberales. ¿Y quiénes son los liberales? Unos cuantos señores que se pasan la vida metidos en sus casas y un puñado de escritores... ¿Acaso constituyen el pueblo un puñado de propietarios y sus escribas? De ningún modo. ¿Pide el pueblo la constitución? Ni en sueños. Si el proletariado de la Silesia tuviera conciencia propia y derechos esenciales, de acuerdo con esa conciencia, se opondría a la constitución. Como el proletariado no tiene ni conciencia ni derechos, actuamos nosotros en su nombre. Y en su nombre protestamos...» (*Escritos varios*, t. II, pp. 359-36.)

Arengas por este estilo no servían más que para echar agua y grano a los molinos de los enemigos del comunismo, como el demócrata y republicano Karl Heinzen (1809-1880), que acusaba a los comunistas de tergiversar el significado de las palabras «factor político», demostrando que eran, de hecho, «los servidores del absolutismo».

Además del ataque a los «verdaderos» socialistas, el capítulo que glosamos contiene también una crítica de la filosofía alemana en aquello en que refleja las influencias del pensamiento revolucionario francés. A la cabeza de esta filosofía figura Kant, con su declaración de que los postulados de la Revolución francesa no eran más que los postulados generales de la «razón práctica». Marx y Engels explican esta opinión de Kant como fruto de las peculiaridades del desarrollo económico de Alemania, peculiaridades que favorecieron la persistencia de la pequeña burguesía.

> «Las condiciones de Alemania a fines del siglo XVIII se hallan perfectamente reflejadas en la *Crítica de la razón práctica*, de Kant. La burguesía francesa había subido al poder por obra de la más formidable revolución que conoce la historia, invadiendo victoriosamente el continente europeo; la burguesía inglesa, ya políticamente emancipada, había revolucionado la industria, sometido a la India a su cetro político y subyugado comercialmente a todo el resto del mundo; pero la burguesía alemana, impotente, no podía acreditar más que "buena voluntad". Kant se conformó con esta "buena voluntad", aun cuando se quedara en pura intención; la realización de esa buena voluntad, la instauración de un régimen de armonía entre las necesidades y los impulsos de los individuos se lograría en un mundo mejor. La "buena voluntad" de Kant se hallaba perfectamente a tono con la

impotencia, con la sumisión y esterilidad de los ciudadanos alemanes, cuyos pequeños intereses eran incapaces
de desarrollarse sobre una escala general hasta convertirse en los intereses nacionales de la clase, razón por la cual
los burgueses de las demás naciones los explotaban constantemente. A estos pequeños intereses locales corres-
pondían, por un lado, el apocamiento local y provincial
de los ciudadanos alemanes, y por otro, sus infatuadas
ideas cosmopolitas. Hablando en términos generales,
el desarrollo de Alemania desde la Reforma había sido
en todo y por todo pequeñoburgués. Los representantes de la aristocracia feudal habían desaparecido, en su
mayoría, durante las guerras de los campesinos. Los que
quedaban se dividían en dos clases. Algunos eran pequeños príncipes que no reconocían más soberano que el
emperador y que fueron adquiriendo gradualmente una
relativa independencia, la cual les permitía erigirse en
monarcas absolutos de sus minúsculos estados. Otros
eran pequeños propietarios, y éstos se subdividían, a su
vez, en dos categorías. Muchos de ellos prestaban sus servicios al gobierno, viviendo como oficiales del ejército o
funcionarios del Estado. Los demás eran un tropel de hidalgos venidos a menos y que llevaban una existencia tan
mísera, que el hacendado inglés con menos pretensiones
o cualquier *gentilhombre de provincia* francés la hubiera
desdeñado. La agricultura no se desarrollaba en grande
ni en pequeña escala, sino en una forma intermedia, que
compartía los defectos de ambas. Y a pesar de que persistía la servidumbre de la gleba con todas sus ignominias,
los campesinos no pugnaban por emanciparse, en parte
porque los métodos de cultivo no eran los más adecuados para fomentar la formación de una clase revolucionaria, y en parte porque no existía una burguesía revolucionaria que respaldara a la clase campesina.» («Marx
contra Stirner», en *Documentos de socialismo*, t. II, p. 170)

En algún otro sitio, Marx pone de relieve las causas que impedían el desarrollo de la burguesía industrial alemana. Las nuevas rutas comerciales abiertas en el siglo XVI y que determinaron la decadencia de la industria y el comercio medievales en el momento preciso en que se abrían los horizontes de un nuevo mercado mundial y cuando la manufactura comenzaba a surgir en Inglaterra, Francia y Holanda; las consecuencias de la Guerra de los Treinta Años (1618-1648), que despobló el campo alemán, haciéndolo retroceder en ciertas comarcas a un estado de barbarie; la naturaleza peculiar de ciertas industrias (como la del lino, por ejemplo) que comenzaron a revivir hacia fines del siglo XVII, aunque sujetas todavía a condiciones patriarcales; la naturaleza de las exportaciones, que versaban principalmente sobre productos agrícolas y que impulsaban el desarrollo de una vasta clase de terratenientes hostil a la burguesía de las ciudades: todo contribuyó a estorbar el desarrollo de la burguesía alemana y su expresión política.

> «A la falta de cohesión de los intereses correspondía la falta de cohesión en la organización política, y esto hacía que Alemania fuese un mosaico de pequeños principados y de ciudades imperiales libres. No podía existir concentración política en un país en que faltaban todas las condiciones económicas determinantes de esa concentración.» (op. cit., p. 171)

De aquí que lo que nos encontramos en la Alemania de aquellos tiempos sea el predominio del Estado y de la burocracia, predominio fomentado por la monarquía y que asume formas particularmente falsas y grotescas. El Estado se manifestaba como un poder independiente encarnado en la burocracia. Esto explica la incorruptibilidad oficial, virtud característica de Alemania; las ilusiones estatales, tan generalizadas también en este país, y la independencia aparente de los teóricos de los derechos del Estado, que tejían sus doctrinas sin tener en cuenta para nada los intereses de la burguesía.

> «El liberalismo francés, basado en los intereses reales de clase, asumió también una forma peculiar al pisar el suelo de Alemania. También las obras de Kant sirven aquí de ejemplo. Ni él ni los ciudadanos alemanes, cuyo pensamiento interpretaba, advertían que por debajo de aquellas ideas teóricas de la burguesía fluían intereses materiales y una voluntad específica determinada por las condiciones materiales de la producción. Por eso, Kant separaba la expresión teórica de los intereses que defendía, y veía en los actos de voluntad con contenido material de la burguesía francesa voliciones puras del "libre albedrío", de la voluntad humana incondicionada. De este modo, la expresión teórica se convertía en sus manos en un concepto puramente ideológico, en un postulado moral. De aquí que la pequeña burguesía alemana se replegase horrorizada ante el expeditivo liberalismo burgués tan pronto como éste comenzó a manifestarse en el reinado del terror y en la batida franca contra la riqueza.» (op. cit., pp. 171-172)

El liberalismo alemán (que hasta entonces no había sido más que un sueño acerca del liberalismo abstracto, y no, ni mucho menos, la filosofía de la burguesía que luchaba por sus intereses de clase) no comenzó a adquirir una forma concreta hasta después de la revolución de julio.

«La intensidad cada vez mayor de la competencia extranjera y el desarrollo del comercio mundial, que llegó
un momento en que Alemania no pudo ya eludir, la
obligaron por fin a recoger sus dispersos intereses locales para organizarlos en una forma sistemática. Los
ciudadanos alemanes, sobre todo desde 1840, comenzaron a pensar en instaurar una base sólida para esos
intereses comunes, se hicieron nacionalistas y empezaron a clamar por constituciones y aranceles protectores.» (op. cit., p. 172)

En estas circunstancias comenzó a dar señales de
vida poco a poco el «verdadero» socialismo, a medida
que los intereses reales, aunque no del todo gratos, de
la burguesía alemana iban asomando las narices por
encima de las galas apolilladas de la vieja filosofía, y
las relaciones entre la burguesía industrial, cada día
más poderosa, y la aristocracia feudal se iban haciendo más tirantes (por mucho que esta tirantez quisiera
velarse haciendo a cada paso protestas de reverencia
servil hacia el monarca). Los «verdaderos» socialistas,
Grün y consortes, arreciaban también, paralelamente
y con furia redoblada, en sus acusaciones contra el
liberalismo de su tiempo, privando a los obreros alemanes de la oportunidad de formular un programa
político propio.

La conocida réplica de Marx a Heinzen puede aplicarse también perfectamente a Grün:

«Al proletariado no le interesa saber si el bienestar
del pueblo es fin primordial o secundario para la
burguesía, ni si ésta quiere o no utilizar al proletariado como carne de cañón. Al proletariado no le
interesa saber qué es lo que quiere la burguesía, sino
lo que la burguesía está obligada a querer. El ver-

dadero problema está en saber qué sistema político ofrecerá al proletariado un camino más expedito para la consecución de sus propios fines: si el sistema político reinante, en el que impera la burocracia, o el sistema que los liberales tratan de establecer, el régimen de la burguesía. Basta comparar la posición política que ocupa el proletariado en Inglaterra, en los Estados Unidos y en Francia con la que ocupa en Alemania, para convencerse de que la conquista del poder por la burguesía no sólo brindará al proletariado nuevas armas para luchar contra ella, sino que lo colocará en una posición completamente nueva, en la posición de un partido reconocido.»

Este fue el punto de vista desde el que Marx y Engels libraron sus más duras batallas contra el «verdadero» socialismo, que se transformó, como era lógico que lo hiciera, en el ideario de la pequeña burguesía alemana, agobiada bajo el yugo de las instituciones feudales, a la par que alarmada ante la posibilidad del triunfo político de la burguesía industrial.

Cierto es que lo sucedido en 1848 demostró que no sólo la burguesía alemana (divorciada del proletariado ya antes de que éste se constituyese, políticamente hablando, en clase independiente), sino también la francesa y la inglesa, se disponían a renunciar apresuradamente a sus reivindicaciones tan pronto como se evidenciara que el proletariado hacía de la revolución burguesa el punto de partida para su propia revolución; pero esto no sirvió más que para engendrar una nueva táctica más a tono con las circunstancias.

2. EL SOCIALISMO CONSERVADOR O BURGUÉS

Una parte de la burguesía desea remediar los males sociales con el fin de consolidar la sociedad burguesa.

A esta categoría pertenecen los economistas, los filántropos, los humanitarios, los que pretenden mejorar la suerte de las clases trabajadoras, los organizadores de la beneficencia, los protectores de animales, los fundadores de las sociedades de templanza, los reformadores domésticos de toda laya. Y hasta se ha llegado a elaborar este socialismo burgués en sistemas completos.

Citemos como ejemplo la *Filosofía de la miseria*, de Proudhon.[53]

53. PROUDHON

Veíamos que el *Manifiesto* presenta a Sismondi como representante típico del socialismo pequeñoburgués. A muchos lectores sorprenderá que se destaque a Proudhon como el representante más caracterizado del socialismo burgués o conservador, pues es corriente considerar a este escritor íntimamente identificado con el pensamiento pequeñoburgués. Una prueba más de que esta clasificación específica del *Manifiesto* no tiene hoy más que un valor puramente histórico.

Proudhon nació en 1809, y por consiguiente le llevaba a Marx cerca de diez años. Sus dos obras más importantes son *¿Qué es la propiedad?*, publicada en 1840, y *Sistema de las contradicciones económicas o filosofía de la miseria*, publicada en 1846. Al morir Proudhon en 1865, Marx escribió que el muerto era ya por el año 1847 un «filósofo de la miseria», cuyas doctrinas tenían un marcado sabor de «socialismo pequeñoburgués».

Durante algún tiempo, Marx guardó el mayor respeto hacia las ideas de Proudhon. En *La sagrada familia* (1845) habla de él como de un revolucionario en el campo de la economía política.

> «Proudhon somete ahora la propiedad privada, que es la base de la economía política, a un examen crítico, el primer examen de carácter decisivo, implacable y al mismo tiempo científico que se haya trazado. Tal es el gran adelanto científico que debemos a Proudhon, un adelanto que revoluciona la economía política, haciendo de ella, por primera vez, una verdadera ciencia.» (*Escritos varios*, ed. Mehring, t. II, p. 127)

En una carta dirigida a *El Socialdemócrata* de enero de 1865, Marx habla ya de la obra de Proudhon en términos completamente distintos:

> «La impertinencia de su libro se patentiza ya en su mismo título. El problema está erróneamente planteado y, por consiguiente, mal resuelto. El régimen clásico de la propiedad ha desaparecido para transformarse en el "régimen feudal", del mismo modo que el régimen feudal se ha transformado en el "régimen burgués". He ahí la suma y la substancia de su crítica acerca del viejo régimen de la propiedad. Proudhon se ocupó realmente de la propiedad actual, de la propiedad burguesa moderna. Pero la pregunta de "¿qué es esta propiedad?" no podía contestarse más que procediendo a un análisis crítico de la economía política, a un análisis que enfocase este régimen de propiedad, no en un sentido jurídico precisamente, como un

conjunto de relaciones voluntarias, sino en su verdadera forma de relaciones productivas. Pero como
Proudhon resumía todas estas relaciones económicas
bajo el concepto jurídico general de la propiedad, le
era imposible llegar más allá de la conclusión a que
había llegado ya Brissot (1754-1793), mucho antes
que él (antes de 1789), en una obra parecida a la suya,
diciendo con las mismas palabras de Proudhon: "la
propiedad es el robo".» (Reproducido en la introducción a las últimas ediciones alemanas de *La miseria de
la filosofía*, Dietz, Stuttgart, 1885, p. 28)

Durante el largo intervalo que media entre estos
dos puntos de vista encontrados habían visto la luz
dos libros importantes: *Philosophie de la Misére* (*Filosofía de la miseria*), de Proudhon, y la réplica de Marx
a esta obra. En su obra titulada *La Sagrada Familia*,
aunque escrita ya desde el punto de vista proletario,
Marx empieza a desplazar sus investigaciones desde
el campo de la crítica filosófica y jurídica al reino de
la economía política.

Lo mismo en 1840 que en 1846 (fechas de publicación de sus dos libros), Proudhon se revela como
un pequeñoburgués, pero con esta diferencia: que
en su primera obra critica la sociedad burguesa desde el punto de vista del pequeño propietario rural,
mientras que más tarde, en la *Filosofía de la miseria*,
abraza los intereses del pequeñoburgués, que oscila
entre el pequeño productor y el obrero. De ahí provienen todas sus contradicciones. Proudhon quería
reformar la sociedad burguesa, pero sus reformas as-
piraban a borrar los antagonismos de clase que pugnaban en su seno, para transformarla en una sociedad
burguesa ideal. Únicamente en este sentido puede
clasificarse a Proudhon, a diferencia de Sismondi

(primer representante del socialismo pequeñoburgués reaccionario, empeñado en volver atrás el carro de la historia), como paladín del socialismo conservador pequeñoburgués. Después de la revolución de 1848, Proudhon rectificó nuevamente sus doctrinas. Fue entonces cuando desplegó su sistema de «mutualismo», que es en el que suele pensarse hoy generalmente cuando se habla de proudhonismo. El proyecto proudhoniano representó un gran papel en la historia de la Asociación Obrera Internacional. Estas doctrinas asumieron forma concreta poco después de 1860, cuando Proudhon adaptó por primera vez sus ideas a las necesidades del proletariado urbano. Esta adaptación obedeció en gran parte a la presión del movimiento, cada vez más pujante, de la clase obrera. El sistema mutualista aparece desarrollado en la obra póstuma de Proudhon titulada *La capacité politique de la classe ouvriere* (París, 1873). En este libro se habla de la necesidad de dar al proletariado una organización independiente como clase; sin embargo, Proudhon sigue condenando las huelgas y se declara contrario a la participación directa de los obreros en la lucha política. Proudhon fue siempre enemigo del comunismo, al que oponía el mutualismo y la cooperación, y pisó en el terreno del socialismo pequeñoburgués hasta el final de sus días.

Los burgueses socialistas quieren perpetuar las condiciones de vida de la sociedad moderna sin las luchas y los peligros que surgen fatalmente de ellas. Quieren perpetuar la sociedad actual sin los elementos que la revolucionan y descomponen. Quieren la burguesía sin el proletariado. La burguesía, como es natural, se representa el mundo en que ella domina como el mejor de los mundos. El socialismo burgués hace de esta representación consoladora un sistema más o menos completo. Cuando invita al proletariado a llevar a la práctica su sistema y a entrar en la nueva Jerusalén, no hace otra cosa, en el fondo, que inducirle a continuar en la sociedad actual, pero despojándose de la concepción odiosa que se ha formado de ella.

Otra forma de este socialismo, menos sistemática pero más práctica, intenta apartar a los obreros de todo movimiento revolucionario, demostrándoles que no es tal o cual cambio político el que podrá beneficiarles, sino solamente una transformación de las condiciones materiales de vida, de las relaciones económicas. Pero, por transformación de las condiciones materiales de vida, este socialismo no entiende, en modo alguno, la abolición de las relaciones de producción burguesas —lo que no es posible más que por vía revolucionaria—, sino únicamente reformas administrativas realizadas sobre la base de las mismas relaciones de producción burguesas, y que, por tanto, no afectan a las relaciones entre el capital y el trabajo asalariado, sirviendo únicamente, en el mejor de los casos, para reducirle a la burguesía los gastos que requiere su domino y para simplificarle la administración de su Estado.

El socialismo burgués no alcanza su expresión adecuada sino cuando se convierte en simple figura retórica.

¡Librecambio, en interés de la clase obrera! ¡Aranceles protectores, en interés de la clase obrera! ¡Prisiones celulares, en interés de la clase obrera! He ahí la última palabra del socialismo burgués, la única que ha dicho seriamente.

> El socialismo burgués se resume precisamente
> en esta afirmación: los burgueses son burgueses en
> interés de la clase obrera.[54]

54. LA FILANTROPÍA BURGUESA

La cuarta y quinta década del siglo XVIII marcan el apogeo de la filantropía burguesa en la Europa occidental. El pauperismo era el peor enemigo de la humanidad y había que combatirlo. Los escritos acerca de la pobreza, la «maldición que pesa sobre el proletariado», etc., aumentan de año en año, paralelamente con el aumento del número de huelgas y de motines en el interior de las fábricas.

Entre estas personas de buena fe había no pocos «volatineros» que vivían de traficar con la caridad. Los que sinceramente querían que mejorase la situación de los trabajadores fundaban ligas, sociedades, organizaciones caritativas y de beneficencia para ayudar a la clase obrera. Estos filántropos tenían, sin embargo, un cuidado exquisito en evitar todo lo que pudiera «fomentar la rebeldía de los obreros contra sus condiciones de vida» o llevarlos a organizarse para la defensa de sus intereses. Alguien presentó un proyecto encaminado a premiar la laboriosidad de los obreros en las fábricas, pero no llegó a realizarse. Las «sociedades de templanza» incluían en sus programas la aspiración de levantar el nivel moral de vida de los trabajadores. La filantropía práctica se completaba con la teoría filantrópica.

> «La escuela filantrópica es la más desarrollada de todas las escuelas humanitarias. Sus secuaces niegan que exista ninguna necesidad de antagonismo (entre ricos y pobres). Aspiran a colocar a todo el mundo en un

nivel burgués y profesan una teoría que quisieran ver realizada en aquello en que la teoría puede diferir de la práctica y liberarse de los antagonismos de clase que gobiernan la realidad. Desde luego, en el campo teórico es muy fácil ignorar las contradicciones con que en la vida real tropezamos a cada paso. Por eso la teoría filantrópica aspira a ser la realidad idealizada. Los filántropos desean mantener las categorías que son expresión de las condiciones burguesas, al mismo tiempo que se empeñan en hacer desaparecer las contradicciones que forman la esencia de este régimen, del cual son inseparables. Y aun cuando se figuran estar atacando muy seriamente las prácticas de la burguesía, los filántropos son en realidad más burgueses todavía que los demás burgueses.» (*La miseria de la filosofía*, p. 173)

En su *Discurso sobre el librecambio*, Marx retrata brillantemente a los economistas que cantan a la libertad del tráfico mercantil... ¡en interés de la clase trabajadora!

«Verdaderamente [dice Marx] es difícil de comprender la asombrosa suposición de que parten los librecambistas al afirmar que un mejor empleo del capital pondría fin a los antagonismos que median entre los capitalistas y los obreros. El resultado sería precisamente el contrario. Sería, y no podría ser otro, acentuar más todavía la división entre las dos clases.»

En el congreso de economistas celebrado en Bruselas durante el mes de septiembre de 1847, Rittinghausen (1814-1890) (un socialista que, andando el tiempo, había de adquirir considerable fama como adalid del referéndum y de la libre iniciativa) salió en defensa de los aranceles protectores..., ¡en interés, claro está, de la clase trabajadora! La *Gaceta Alemana de Bruselas*, comentando el discurso de Rittinghausen, observaba que podía pasar perfectamente por una alocución del proteccionista burgués Friedrich List (1789-1846), si bien las arengas de éste solían ser más amenas y brillantes.

Coincidiendo con ese congreso, y en la misma ciudad, se celebró otro encaminado a promover la reforma de la legislación penal. Los filantrópicos abogados de la reforma penal sostenían que el sistema unicelular o de reclusión solitaria era el mejor medio para elevar el nivel moral de los criminales de la clase obrera. Por fin, los congresistas decidieron fundar una sociedad internacional destinada a mejorar la suerte de la clase proletaria y de los pobres. «Prisiones celulares en interés de la clase trabajadora (¡!)».

3. EL SOCIALISMO Y EL COMUNISMO CRÍTICO-UTÓPICOS

No se trata aquí de la literatura que en todas las grandes revoluciones modernas ha formulado las reivindicaciones del proletariado (los escritos de Babeuf, etc.).[55]

55. BABEUF

Cuando Eduardo Bernstein comenzó a atacar al marxismo revolucionario, trató de demostrar que Marx y Engels no eran, en el fondo, más que discípulos espirituales de Blanqui (1798-1854), que a su vez era pura y simplemente un «babuviano» (discípulo de Babeuf, 1760-1797). Bernstein apoyaba su tesis en el hecho de que en toda la literatura socialista no existiese ninguna crítica de las teorías de Babeuf.

Charles Andler, sin embargo, está seguro de que, aunque las ideas de Babeuf no aparezcan directamente discutidas en el *Manifiesto*, este autor se halla clasificado implícitamente entre los reaccionarios, como uno de aquellos paladines que «predicaron el ascetismo universal y una igualdad primitiva» (Andler, *Le Manifeste Communiste*, p. 191).

En el *Manifiesto* no sólo no se toman en *consideración* las doctrinas de Babeuf, sino que no se hace tampoco la más leve referencia a las de Blanqui. En el capítulo correspondiente al socialismo y comunismo crítico-utópico, el *Manifiesto* no menciona a los comunistas revolucionarios ni alude tampoco para nada a los comunistas materialistas franceses. No se hace la menor mención de comunistas como Gay y

Dézamy. El mismo Cabet (1788-1856) aparece aludido indirectamente, a pesar de ser el único comunista contemporáneo cuyas obras tuvieron presentes, indudablemente, los autores del *Manifiesto* al escribir el mentado capítulo.

Babeuf no fue nunca un teórico del comunismo, tesis que puede aplicarse también, con mucha más razón, a Blanqui.

> «Presentar a Babeuf como el exponente teórico del comunismo no podía caber más que en la cabeza de un maestro de escuela de Berlín.» («Marx contra Stirner», en *Documentos de socialismo*, t. III, pp. 309-310)

Sin embargo, en 1845, Marx asignaba un importante papel a Babeuf en la historia del pensamiento socialista.

Al explicar al demócrata Karl Heinzen toda la importancia que habían tenido las ideas socialistas en el curso de la Revolución francesa, Marx subraya la labor de Babeuf, calificándolo de defensor activo de los intereses proletarios.

> «El primer partido comunista verdaderamente efectivo se formó en el curso de la revolución burguesa, en el momento de ser derrocada la monarquía constitucional. Los comunistas dotados de mayor fuerza dialéctica (los "niveladores" en Inglaterra, y Babeuf, Buonarroti y otros en Francia) fueron los primeros que hicieron hincapié en la cuestión social. En *Gracchus Babeuf et la conjuration des égaux*, obra escrita por el amigo y camarada de Babeuf, Buonarroti, se pone de manifiesto cómo aquellos republicanos llegaron a comprender por experiencia que, aun cuando fuese posible resolver "problemas sociales" como los de

república contra monarquía, esto no solucionaría ni una sola "cuestión social", en el sentido proletario de la palabra.» (Marx, *Escritos varios*, t. II, p. 548)

Hacia fines de la tercera década del siglo XVIII, cuando (bajo la dirección intelectual de Buonarroti, que predicaba el viejo evangelio de la igualdad) los babuvistas intervinieron en el movimiento revolucionario francés, este grupo fue separándose cada vez más de aquellos que mostraban tendencias puramente republicanas y asociándose cada vez más íntimamente con los círculos comunistas proletarios. Antes de la revolución de 1848, los babuvistas se veían obligados a desarrollar secretamente sus actividades. Luego, durante las jornadas de febrero, ejercieron una influencia decisiva, logrando mantenerla hasta el final del movimiento, en junio. Dirigidos por Blanqui (que acababa de salir de la cárcel), contribuyeron a la formación de un partido proletario verdaderamente potente.

Como vemos, la importancia de las enseñanzas de Babeuf no está precisamente en el campo de las ideas ni de los sistemas comunistas, sino en el terreno de las organizaciones proletarias y su táctica, en la redacción de un programa en que se cifran las medidas fundamentales para el período de la dictadura del proletariado. Precisamente por la importancia que ejercían en este campo, pudieron convertirse los babuvistas en un partido revolucionario, a pesar de que en los escritos de muchos de ellos nos encontramos con una serie de ideas reaccionarias sobre el «ascetismo universal y la igualdad primitiva». Marx dijo en una ocasión que el materialismo babuvista era un materialismo «grosero y sin desbastar».

Engels demuestra que el ascetismo no sólo es característica de todos los levantamientos de la Edad

Media, sino que da también un tinte religioso al movimiento proletario moderno en sus primeros pasos.

«Este puritanismo ascético, esta insistencia en renunciar a todos los placeres y alegrías de la vida, representa, de un lado, una restauración del principio espartano de la igualdad contra las clases dirigentes, y es, de otro, una etapa necesaria de transición, sin la cual los sectores inferiores de la sociedad son incapaces de ponerse en marcha. Si los individuos de esta clase han de arreciar en sus energías revolucionarias, si han de llegar a darse cuenta de que su posición tiene que ser de hostilidad contra todos los demás elementos de la sociedad, si han de unirse y concentrarse en una sola clase, es necesario que empiecen por desprenderse de cuanto pueda reconciliarlos con el orden existente y que renuncien a los pequeños placeres que les permiten sobrellevar temporalmente su existencia y que ni aun la más fiera opresión puede arrebatarles. Este ascetismo plebeyo y proletario se distingue marcadamente, así en su acometividad fanática como en su verdadera esencia, del ascetismo burgués predicado por los moralistas luteranos y los puritanos ingleses, pues todo el secreto del ascetismo burgués reside en el medro de la propia clase. Advertiremos, además, que aquel ascetismo proletario y plebeyo va perdiendo poco a poco su carácter revolucionario, a medida que el desarrollo de las modernas fuerzas de producción multiplica en número ilimitado los placeres materiales, echando por tierra la igualdad espartana, y, sobre todo, a medida que la posición del proletariado y, por tanto, el proletariado mismo, se tornan, con cada día que pasa, más revolucionarios.» (Engels, *La guerra de los campesinos alemanes*, pp. 60-61)

Entre los movimientos autónomos de esos sectores de la sociedad a quienes cabe considerar como precursores más o menos rudimentarios del proletariado moderno, Engels incluye, además de los «niveladores», o mejor dicho, la extrema a la izquierda de este movimiento durante la revolución inglesa y el grupo de Babeuf durante la Revolución francesa, la insurrección acaudillada por Tomás Münzer (1490-1525) durante el período de la Reforma y la guerra de los campesinos en Alemania, insurrección en que explotó el descontento reinante entre los elementos proletarios de la población plebeya de Turingia.

> «La filosofía religiosa de Münzer rayaba en el ateísmo, del mismo modo que su programa político presentaba gran afinidad con el comunismo. En vísperas de la revolución de febrero (1848) había aún sectas comunistas cuyo arsenal teórico se hallaba todavía peor pertrechado que el de Münzer y sus secuaces en el siglo XVI.» (Engels, op. cit, p. 54)

Las primeras aspiraciones utópicas hacia una sociedad ideal se revelaron en el siglo XVI, como protesta contra el desarrollo incipiente del capitalismo. Portavoz de estas aspiraciones, cuyas raíces se hallaban en el propio suelo del capitalismo, fue Tomás Moro (1478-1535). Su *Utopía* vio la luz en 1516. Le siguió Tomás Campanella (1568-1639), con su *Ciudad del Sol* (*Civitas Solis*) en 1623.

En el curso del siglo XVIII, las teorías comunistas tuvieron su abogado en Meslier (1664-1729), un pobre cura parroquial, y en Morelly (se desconocen las fechas de su muerte y de su nacimiento; sus libros se publicaron de 1743 a 1755).

En las teorías de estos hombres basaron Babeuf y los que le seguían su crítica de las desigualdades existentes y sus reivindicaciones prácticas.

> Las primeras tentativas directas del proletariado para hacer prevalecer sus propios intereses de clase, realizadas en tiempos de efervescencia general, en el período del derrumbamiento de la sociedad feudal, fracasaron necesariamente, tanto por el débil desarrollo del mismo proletariado como por la ausencia de las condiciones materiales de su emancipación, condiciones que surgen solo como producto de la época burguesa. La literatura revolucionaria que acompaña a estos primeros movimientos del proletariado es forzosamente, por su contenido, reaccionaria. Preconiza un ascetismo general y un burdo igualitarismo.
>
> Los sistemas socialistas y comunistas propiamente dichos, los sistemas de Saint-Simon, de Fourier, de Owen, etc., hacen su aparición en el período inicial y rudimentario de la lucha entre el proletariado y la burguesía, período descrito anteriormente. (Véase «Burgueses y proletarios»).[56]

56. LOS GRANDES UTOPISTAS

Los sistemas erigidos por Saint-Simon (1760-1825), Fourier (1772-1837) y Owen (1771-1858) pertenecen al siglo XIX. Todos ellos se inspiraron en la Gran Revolución francesa y desplegaron sus actividades impulsados por las condiciones creadas por la gran industria.

No fue Engels el único que puso de relieve lo mucho que el socialismo científico debe a estos tres grandes utopistas. «Los exponentes del socialismo científico alemán no olvidarán nunca lo mucho que deben a Fourier, Saint-Simon y Owen. Estos tres hombres, por fantásticas y utópicas que fuesen sus doctrinas, deben ser clasificados entre los pensadores más fecundos de todas las épocas. Hombres de genio profético, esbozaron no pocas de las ideas que nosotros podemos ya asentar hoy sobre bases firmes y científicas.

Las obras de los grandes utopistas eran, ante todo y, sobre todo, descripciones de un país imaginario. Sin embargo, su crítica de la sociedad burguesa llegaba a lo más hondo de sus raíces y contribuyó no poco a despertar la conciencia de los obreros. Más aún: tan pronto como desnudamos sus escritos de las galas utópicas nos encontramos con preciosas indicaciones referentes a las medidas de carácter positivo por las que el proletariado debe luchar en tiempos de revolución social.

Estos tres grandes utopistas no ejercieron, sin embargo, la misma influencia sobre los fundadores del socialismo científico.

La influencia ejercida por Saint-Simon fue escasa, sobre todo en lo que a Marx se refiere. Engels reconoce que la defensa que Saint-Simon hacía de los obreros era perfectamente compatible con las aspiraciones burguesas. En un principio, Saint-Simon se alzó como defensor de la sociedad industrial contra el feudalismo. Dividió a la sociedad en tres clases: la clase feudal, la clase media y la clase industrial. En esta última incluía no sólo a los obreros, sino también a los dueños de fábricas, a los comerciantes y, en general, a todos los capitalistas industriales. Estos magnates industriales, guiados por los sabios, los científicos, estaban, según él, llamados a ser los grandes paladines de la futura sociedad.

«No debemos olvidar que sólo en su última obra (*Le Nouveau Christianisme*, 1825) abogaba Saint-Simon por la causa de los obreros, declarando que su emancipación era la meta final de todas sus actividades. Sus escritos anteriores no son más que panegíricos de la moderna sociedad burguesa, por oposición a la sociedad feudal, de los industriales y banqueros frente a los mariscales de campo y los legisladores de la era napoleónica. Entre sus manifestaciones y las de Owen, cuyas obras aparecieron casi al mismo tiempo, media un abismo.» (Marx, *El capital*, 4ª ed., t. III, 2ª parte, p. 144)

En una nota glosando estas manifestaciones de Marx, dice Engels que éste hubiera modificado considerablemente ese pasaje si hubiese podido revisar el manuscrito. Engels olvida, sin embargo, que, al escribir el *Anti-Dühring*, él mismo se vio obligado a subrayar estas declaraciones de Marx. Aunque sea cierto que Marx hablaba siempre elogiosamente de Saint-Simon refiriéndose a su genio y a su cultura enciclopédica, no es menos cierto que, de todos los grandes utopistas, el que menos influencia ejerció sobre él fue Saint-Simon. Merece la pena advertir que ni en los tres volúmenes de *El capital* ni en ninguna de las obras de Marx aparece citado nunca Saint-Simon en apoyo de sus opiniones.

Cuando Marx se entregó al estudio de los sistemas socialistas tenía ya detrás una experiencia de vida, adquirida en la campaña contra el régimen social del feudalismo prusiano, campaña en la que luchó mano a mano con los representantes de la nueva burguesía industrial de las provincias del Rin. Marx llegó a la conclusión de que no bastaba con criticar el orden social en términos generales; para él, el arma crítica principal debía ser la económica. Y esto fue lo que le alejó de Saint-Simon para acercarle a Fourier y a Owen, cuyas obras, en lo que a la crítica social se refería, tenía en mucha más estima que las del autor del *Nuevo cristianismo*.

Tan ridículo es suponer que Marx era discípulo de Saint-Simon en su interpretación materialista de la historia, como sostener que le seguía en el campo de la economía política (como seguía a Rodbertus, por ejemplo).

Engels se aprovechó de los servicios de Saint-Simon hasta donde le fue posible, lo mismo que de los de Fourier y Owen; pero también él tuvo que reconocer que Saint-Simon, a pesar de haber tocado en la esencia de casi todas las teorías socialistas posteriores, había fracasado en el campo de la economía política.

Sólo en un punto (y el propio *Manifiesto* lo subraya) puede decirse que Saint-Simon se anticipó a Marx: en la idea de transformar el Estado en un simple organismo administrativo del proceso de producción.

> «En 1816, Saint-Simon declaró que la política era la ciencia de la producción y predijo la fusión completa de la política con la economía. El hecho de que las condiciones económicas son la base de las instituciones políticas, sólo aparece aquí delineado. Pero tenemos ya la afirmación concreta de que el gobierno político sobre las personas se transformará, llegado un momento, en la gestión administrativa de las cosas y en la dirección de los procesos de producción. La abolición del Estado, que tanto se pregona hoy, aparece claramente esbozada en Saint-Simon.» (Engels, *Anti-Dühring*, p. 277)

He ahí por qué la filosofía de Saint-Simon y sus teorías históricas no pudieron influir sobre Marx, que en 1842 era ya un materialista más convencido que lo había estado nunca del idealismo. Fourier y Owen, materialistas también, ocupan una posición completamente distinta respecto a Marx. Sin un materialismo lógicamente mantenido y consecuente, sin una visión de las cosas que limpie de telarañas místicas el campo de las relaciones sociales y de la historia humana, no puede haber comunismo verdadero.

Basta comparar lo que Engels dice de Fourier con la opinión que exterioriza respecto a Saint-Simon, para comprender lo fácil que le era encontrar palabras y hechos acreditativos de los servicios prestados a la ciencia social por Fourier, y el trabajo que le costaba descubrir en las obras de Saint-Simon ninguna cualidad digna de encomio en este sentido. Lo cierto es que Fourier ejerció bastante influencia lo mismo sobre Marx que sobre Engels.

En *La Sagrada Familia* y en otros muchos escritos suyos, Marx cita con frecuencia a Fourier en apoyo de sus opiniones. Califica de «maestra» su crítica de la familia y del matrimonio en la sociedad burguesa, y reputa sus ideas sobre educación como las «mejores que existen en esa materia, llenas de agudeza y profundidad».

En 1846, Engels contrastaba ya las enseñanzas de Fourier con las de los exponentes del «verdadero» socialismo alemán, y decidió emprender la publicación de las obras más importantes del utopista francés, traducidas al alemán. Pero este plan no llegó a convertirse en realidad, y Engels hubo de contentarse con publicar la traducción de un artículo de Fourier sobre el comercio. Qué profundo conocimiento tenía Engels de las obras de Fourier lo demuestra el brillante retrato que traza del socialista francés, y en el que se advierte no sólo un gran respeto, sino también una gran simpatía personal hacia el eminente utopista.

He aquí la semblanza:

«Las obras de Fourier contienen una crítica de las condiciones sociales imperantes, crítica que no por estar brillantemente escrita deja de ser profunda, como podría esperarse de un francés. Ataca a la burguesía de un modo tajante, citando a sus inspirados profetas de los días prerrevolucionarios y a sus sicofantes de la república. Fourier demuestra de un modo inexorable cuán empobrecido vive el mundo burgués, así en lo material como en lo moral, a pesar de todas las brillantes promesas de la época enciclopedista, cuyos apóstoles solían predicar de una sociedad futura en la que reinaría la razón y la civilización irradiaría por todas partes la dicha y perfeccionaría el género humano. Cita las hermosas frases de los idealistas burgueses de la época, comparándolas con las realidades y cubriéndolos de ridículo. Fourier no es solamente un crítico; su carácter jovial e incisivo hace de él un satírico, y uno de los más grandes que jamás existieron. Describe con gran ingenio y maestría el frenesí especulativo y el espíritu devorador del mercantilismo que se apoderó de Francia después de la revolución. Pero la crítica que traza de la evolución de las relaciones sexuales burguesas y de la posición de la mujer en la sociedad es todavía más notable. El fue quien sentó el axioma de que en la sociedad el grado de emancipación de la mujer refleja siempre el grado de emancipación general. Pero donde Fourier raya más alto es en la perspectiva que traza de la historia de la sociedad. Fourier divide el curso de la historia social en cuatro fases de desarrollo: el estado salvaje, la barbarie, el patriarcalismo y la civilización. Esta última fase corresponde al período de la llamada sociedad burguesa; es el orden social que comienza con el siglo XVI. Fourier demuestra que "la civilización complica, arrecia y hace ambiguos e hipócritas todos aquellos vicios que en la barbarie se practicaban en una forma relativamente sencilla"; que la civilización se mueve en un círculo vicioso, en medio de contradicciones, que reproduce incesantemente sin lograr resolverlas, llevando a consecuencias que resultan ser siempre lo contrario de lo que persigue o de lo que profesa perseguir. Y así nos encontramos, por ejemplo, con que en la civilización la pobreza brota precisamente de la abundancia.» (Engels, *Del socialismo como utopía al socialismo como ciencia*, p. 22)

La influencia ejercida por Owen sobre Engels no fue menor que la ejercida por Fourier. En su primer viaje a Inglaterra, Engels colaboró en el periódico de Owen titulado *El Nuevo Mundo Moral* (*New Moral World*). En Marx influyeron todavía más intensamente las ideas de Owen. En varias partes de *El capital* se deja traslucir la importancia que Marx concedía al sistema de Owen, muy especialmente porque «Owen no sólo arranca en sus experimentos del sistema fabril, sino que declara que este sistema es, teóricamente, el punto de partida de la revolución social». (*El capital*, t. I, p. 544, nota) En este sentido, Owen ocupa en el socialismo científico un lugar más alto que Saint-Simon y aun que Fourier, del mismo modo que en su tiempo Inglaterra era, como país capitalista, superior a Francia, donde la gran producción se hallaba todavía en mantillas. Después de pasar al campo comunista, Owen concentró sus ataques contra los principales obstáculos que se oponían a la transformación de la sociedad burguesa en una sociedad comunista; por eso arremetió principalmente contra la propiedad privada, contra la religión y contra las formas vigentes de matrimonio. Owen era un materialista convencido y basaba sus teorías en la idea de que el carácter humano obedecía a influencias exteriores y de que el hombre no poseía ninguna cualidad innata, ningún sentimiento ni conciencia moral adquiridos *a priori* o transmitidos por un poder sobrenatural. «Lo cierto es que la conciencia es un producto manufacturado, ni más ni menos que el algodón o cualquier otro artículo.» Esta observación encierra un sentido más profundo que todos los pensamientos de los materialistas vulgares y antihistóricos juntos. Lo mismo en el campo teórico que en los dominios de la práctica, Owen prestó grandes servicios a la legislación obrera; fue el primero en abogar por la combinación del trabajo fabril con la educación de los niños empleados en la industria (el germen de las «escuelas de trabajo») y el iniciador de las cooperativas de producción y de distribución. Pero Owen no compartía las ilusiones de sus imitadores en punto a la importancia de estas reformas aisladas, que sólo consideraba como expedientes transitorios hacia el orden social comunista. Nadie, salvo Fourier, trabajó tan intensamente como él para descubrir los medios de poner fin al divorcio abierto entre el campo y la ciudad. Owen comprendía perfectamente la necesidad de llegar a un entendimiento mutuo entre los trabajadores de la ciudad y del campo.

Los inventores de estos sistemas, por cierto, se dan cuenta del antagonismo de las clases, así como de la acción de los elementos destructores dentro de la misma sociedad dominante. Pero no advierten del lado del proletariado ninguna iniciativa histórica, ningún movimiento político propio.

Como el desarrollo del antagonismo de clases va a la par con el desarrollo de la industria, ellos tampoco pueden encontrar las condiciones materiales de la emancipación del proletariado, y se lanzan en busca de una ciencia social, de unas leyes sociales que permitan crear esas condiciones.

En lugar de la acción social tienen que poner la acción de su propio ingenio; en lugar de las condiciones históricas de la emancipación, condiciones fantásticas; en lugar de la organización gradual del proletariado en clase, una organización de la sociedad inventada por ellos. La futura historia del mundo se reduce para ellos a la propaganda y ejecución práctica de sus planes iniciales.

En la confección de sus planes tienen conciencia, por cierto, de defender ante todo los intereses de la clase obrera, por ser la clase que más sufre. El proletariado no existe para ellos sino bajo el aspecto de la clase que más padece.

Pero la forma rudimentaria de la lucha de clases, así como su propia posición social, les lleva a considerarse muy por encima de todo antagonismo de clase. Desean mejorar las condiciones de vida de todos los miembros de la sociedad, incluso de los más privilegiados. Por eso, no cesan de apelar a toda la sociedad sin distinción, e incluso se dirigen con preferencia a la clase dominante. Porque basta con comprender su sistema para reconocer que es el mejor de todos los planes posibles de la mejor de todas las sociedades posibles. Repudian, por eso, toda acción política y, en particular, toda acción revolucionaria; se proponen alcanzar su objetivo por medios pacíficos, intentando abrir camino al nuevo evangelio social valiéndose de la fuerza del ejemplo, por medio de pequeños experimentos, que, naturalmente, fracasan siempre.

Estas fantásticas descripciones de la sociedad futura, que surgen de una época en que el proletariado, todavía muy poco desarrollado, considera aún su propia situación de una manera también fantástica, provienen de las primeras aspiraciones de los obreros, llenas de profundo presentimiento, hacia una completa transformación de la sociedad.

Mas estas obras socialistas y comunistas encierran también elementos críticos. Atacan todas las bases de la sociedad existente. Y de este modo han proporcionado materiales de un gran valor para instruir a los obreros. Sus tesis positivas referentes a la sociedad futura, tales como la supresión del contraste entre la ciudad y el campo, la abolición de la familia, de la ganancia privada y del trabajo asalariado; la proclamación de la harmonía social y la transformación del Estado en una simple administración de la producción, todas estas tesis no hacen sino enunciar la eliminación del antagonismo de clase; antagonismo que comienza solamente a perfilarse y del que los inventores de sistemas no conocen todavía sino las primeras formas indistintas y confusas. Así, estas tesis tampoco tienen más que un sentido puramente utópico.

La importancia del socialismo y del comunismo crítico-utópicos está en razón inversa al desarrollo histórico. A medida que la lucha de clases se acentúa y toma formas más definidas, el fantástico afán de ponerse por encima de ella, esa fantástica oposición que se le hace, pierde todo valor práctico, toda justificación teórica. He ahí por qué, si en muchos aspectos los autores de estos sistemas eran revolucionarios, las sectas formadas por sus discípulos son siempre reaccionarias, pues se aferran a las viejas concepciones de sus maestros, a pesar del ulterior desarrollo histórico del proletariado. Buscan, pues, y en eso son consecuentes, embotar la lucha de clases y conciliar los antagonismos. Continúan soñando con la experimentación de sus utopías sociales; con establecer falansterios aislados, crear *home colonies* en sus países o fundar una pequeña Icaria, edición en dozavo de la nueva Jerusalén. Y para la construcción de todos estos castillos en el aire se ven forzados a apelar a la filantropía de los corazones y de los bolsillos burgueses. Poco a poco van cayendo en la categoría de los socialistas reaccionarios o conservadores descritos más arriba, y solo se distinguen de ellos por una pedantería más sistemática y una fe supersticiosa y fanática en la eficacia milagrosa de su ciencia social.

Por eso se oponen con encarnizamiento a todo movimiento político de la clase obrera, pues no ven en él sino el resultado de una ciega falta de fe en el nuevo evangelio.[57]

57. LOS COMUNISTAS FRANCESES Y ALEMANES

Etienne Cabet (1788-1856), comunista y republicano francés, escribió una especie de fábula social, el *Viaje a Icaria* (*Voyage en Icarie*), que causó gran sensación en su tiempo. En vísperas de la revolución de febrero (1848) fletó una expedición utópica con el fin de fundar en los Estados Unidos de América una colonia de «icarios». Cabet confiaba en poder realizar sus sueños utópicos en el mismo seno de un orden social capitalista; su aspiración era edificar en suelo

americano la Nueva Jerusalén. No contento con apelar a las simpatías burguesas, se dirigió a los obreros,
entre los cuales encontró algunos dispuestos a apoyar la empresa. En 1847 había trazado ya los planes
para la fundación de su pequeña Icaria. Se dirigió en
busca de apoyo a varias organizaciones obreras, entre
otras a la Asociación Comunista de Cultura Obrera
de Londres, cuyos miembros más destacados (Bauer,
Moll, Schapper, Lessner, etc.) tuvieron una parte tan
importante en la creación de la Liga Comunista. Pero
aun reconociendo los servicios prestados por Cabet
a la lucha proletaria, los miembros de la Asociación
Comunista de Cultura Obrera se declararon en contra de sus planes. Razonaban la negativa diciendo que
la bancarrota inevitable en que acabarían esos planes no serviría más que para llenar de regocijo a la
burguesía y que, aun para comunistas, la propiedad
colectiva que él proponía era irrealizable sin el indispensable período de transición durante el cual se
iría haciendo desaparecer gradualmente la propiedad
privada; a su juicio, Cabet se obstinaba en cosechar
sin haber sembrado. Nuestro Ícaro se trasladó a Londres con el fin de convencer a los comunistas de la
viabilidad de sus planes, pero fue en vano. El espíritu
de la farsa enseñó su mueca grotesca en cuanto los
aventureros se hicieron a la mar. Cuando levantó an-
clas el barco de los expedicionarios de Icaria se oían
ya los primeros rumores de las tormentas revolucionarias de 1848. A la primera expedición, compuesta
por 1.500 icarios, siguieron, en el curso del mismo
año, otros destacamentos. Aquellas gentes utópicas
abandonaban el viejo mundo cuando todo se hallaba
forcejeando con la revolución, para regresar, pocos
años más tarde, a su tierra natal vencidos y desilu-
sionados.

Aparte de estos ilusos que soñaban con llevar a cabo la transformación de la sociedad por métodos pacíficos, en Francia y Alemania había algunos otros comunistas de tendencias revolucionarias. La figura más notable de todos los comunistas que precedieron a Marx y Engels fue Wilhelm Weitling (1808-1870), de oficio sastre. Aunque el *Manifiesto* no mencione su nombre, le incluye indudablemente en el grupo dominado por las ideas de Babeuf. Más aún. En el primer capítulo del *Manifiesto* hay un pasaje que se refiere evidentemente a Weitling, que, lo mismo que Bakunin, asignaba un papel importante al proletariado andrajoso o *lumpenproletariat*, viendo en este sector el elemento más leal y seguro de la revolución. Como Fourier, Weitling comienza su crítica del orden social analizando las pasiones y necesidades de la humanidad. En la construcción de su plan de sociedad futura reserva un puesto de primer plano a los representantes de las ciencias aplicadas. Para él, el mejor medio para instaurar un nuevo orden social era llevar el desorden social existente a un extremo tal, que la paciencia del pueblo llegara a agotarse. Weitling no se resignaba a admitir la idea de un período de transición durante el cual (en Alemania, donde no había estallado todavía la revolución burguesa) la burguesía actuara como clase dirigente. Esta disparidad de criterio fue la causa principal de su ruptura con Marx, que había sido uno de los primeros en saludar con palabras encomiásticas la aparición de su libro *Garantías de la armonía y la libertad* (1842). Marx habla de esta obra como de «un gigantesco y brillante debut de los obreros alemanes», destacándola sobre la medrosa y tímida mediocridad de la literatura política alemana de su tiempo. Weitling y Marx rompieron definitivamente el 30 de marzo de 1846, cerca de un año antes de fundarse la Liga Comunista.

En Francia existía otro grupo comunista revolucionario que actuaba secretamente y que no dejó de funcionar ni aun después del fracaso de la intentona revolucionaria de mayo de 1839. En este alzamiento tomaron parte, además de Blanqui y de Barbes, los futuros fundadores de la organización comunista alemana. Los guías de este grupo de comunistas franceses, hombres que gozaban de gran predicamento en los medios obreros, eran Dézamy y sus camaradas.

En su interesante digresión sobre la historia del materialismo francés, Marx expone que la teoría comunista se deriva de la filosofía materialista francesa del siglo XVIII. Y escribe:

«Fourier toma por punto de partida las doctrinas de los materialistas franceses. Los babuvistas eran materialistas groseros y sin desbastar, pero el comunismo progresivo se deriva, a pesar de todo, del materialismo francés. Nos encontramos con que estas doctrinas vuelven a Inglaterra, su país natal, después de haber asumido la forma que les imprimió Helvetius. Bentham construyó su sistema sobre las nociones morales de Helvetius; del mismo modo que Owen, partiendo del sistema de Bentham, llegó a ser el fundador del comunismo británico. Cabet, francés emigrado a Inglaterra, se sintió impresionado por las ideas comunistas que se agitaban entonces en aquel país y regresó a Francia para convertirse en el más popular, aunque también en el más superficial representante del comunismo en su patria. Al igual que Owen, los comunistas científicos franceses (Dézamy, Gay, etc.) desarrollaron la teoría materialista bajo la forma de un humanismo realista como la base lógica del comunismo.» (Marx, *La*

Sagrada Familia, VI, 3, d, reproducido en *Escritos varios*, ed. Mehring, t. II, pp. 239-240)

Dézamy, cuyo nombre aparece citado en algunos otros escritos de Marx, intervino activamente en los círculos comunistas obreros. Era un comunista de los pies a la cabeza, admirador convencido de Morelly, Babeuf y Buonarroti. Como Weitling, entró en contacto directo con el proletariado; pero era, a diferencia de éste, un materialista consecuente. Influido por los utopistas, sus precursores, trazó un plan detallado para la instauración de un orden social comunista, confiando en que la propaganda de este plan allanaría el camino para la transformación de la sociedad contemporánea en otra de tipo superior, es decir, en una sociedad de tipo comunista. Sin embargo, pese a estos proyectos utópicos, su crítica del régimen social burgués (que tiene cierto sabor de owenismo y fourierismo) ejerció indudablemente gran influencia sobre el pensamiento de Marx. En el mismo *Manifiesto* se percibe cierto eco de la crítica social de Dézamy. Dézamy y sus discípulos atrajeron a su lado gran cantidad de obreros, y los «comunistas materialistas» de todos los matices desempeñaron, como hemos indicado ya, un papel muy importante en la labor subterránea que precedió a la revolución de 1848. Estos elementos fueron los que luego formaron la medula del partido blanquista.

Aparte de sus escritos menores sobre Lamennais y Cabet, los libros más notables de Dézamy fueron: *Code de la communauté* (1842), *Organisation de la liberté et du bien-être universel* (1846) y *Le jesuitisme vaincu et anéanti par le socialisme* (1845). Dézamy editó también un *Almanach de la communauté* para obreros.

> Los owenistas en Inglaterra, reaccionan contra los
> cartistas, y los fourieristas en Francia, contra los
> reformistas.[58]

58. Cartistas y owenistas

A diferencia de Saint-Simon y Fourier, Owen, una vez que hubo roto con las ideas convencionales de la sociedad de su tiempo, se entregó en cuerpo y alma al movimiento proletario y luchó durante varios decenios mano a mano con los trabajadores. A pesar de esto continuaba siendo un utopista pacifista y se negaba a tomar parte en las actividades revolucionarias. No se le alcanzaba la necesidad de organizar a los obreros en un partido político independiente frente a los partidos políticos de la burguesía. Esto explica la actitud por él adoptada para con los cartistas, que luchaban por conquistar la plenitud de los derechos políticos para la clase obrera. En su obra sobre la situación de la clase trabajadora en Inglaterra, Engels nos pinta del modo siguiente las relaciones entre cartistas y owenistas durante los años 1850 y siguientes:

«Los socialistas (a diferencia de los comunistas) son totalmente dóciles y pacíficos y apoyan las condiciones de vida de la sociedad existente (por malas que sean), toda vez que se niegan a abrazar, para transformarlas, ningún método que no sea la senda pacífica de la persuasión. Al mismo tiempo, sus ideas son tan abstractas, que, presentadas en su forma actual, no se prestan para ganar adeptos... Los socialistas desconocen todo el proceso del desarrollo histórico y admiten la posibilidad de instaurar el comunismo en proporciones nacionales, sin pasar por un período de transición; creen en la posibilidad de implantarlo en bloque de la noche a la mañana. No comprenden que la marcha de los acontecimientos políticos impondrá la implantación de un régimen social comunista cuando la sociedad se halle madura para el cambio, cuando ese cambio se haga factible y necesario. Se explican que los obreros abriguen resentimientos contra los burgueses, pero no creen que este odio de clase pueda conducir a ningún resultado positivo. No ven que es precisamente ese resentimiento, que actúa como incentivo moral, el que más acercará al obrero a su meta. Su evangelio de filantropía universal es totalmente estéril, sobre todo bajo las condiciones que imperan actualmente en Inglaterra.» (Engels, *La situación de la clase obrera en Inglaterra*, pp. 239-240)

Engels no cerraba los ojos a la evidencia de que los cartistas se hallaban todavía muy rezagados en su desarrollo. Sin embargo, reconocía que eran los auténticos proletarios, los que representaban real y verdaderamente los intereses de la clase obrera. Por eso creía esencial llegar a un entendimiento entre los socialistas y los cartistas, y él mismo laboró de firme por conseguir sellar esta alianza, poniéndose en contacto con los cartistas y los owenistas.

Por aquel entonces, los fourieristas, en colaboración con Considérant (1808-1893), cambiaron su viejo periódico titulado *La Phalange* por un diario con el título de *La Démocratic Pacifique*. Basta mencionar el nombre para indicar la ideología del periódico. Este órgano sostuvo una campaña a favor de las «reformas» y se convirtió en portavoz de los socialistas democráticos franceses. Como hubo de escribir Engels en *La Sagrada Familia*, aquello no era más que un fourierismo bañado en las teorías sociales de la filantropía burguesa. Considérant, a quien algunos anarquistas gustan de presentar como maestro de Marx y Engels, acometió la empresa de reconciliar los intereses de las dos clases contrapuestas. En la cuarta década del siglo XVIII profetizó ya «el derrumbamiento de la política francesa». Pero después de la revolución de 1848 continuó soñando con la fundación de un nuevo falansterio, que «convencería» por la ejemplaridad a la clase capitalista. Considérant se trasladó a Texas (México), donde fundó una colonia comunista llamada «La Reunión», que, como todos los intentos de la misma clase, no tardó en estrellarse contra la cruda realidad. Regresó a París en 1869, cuando la colonia se había deshecho ya en una lucha sin cuartel, y murió el 8 de mayo de 1893. Jamás abandonó, ni aun en su avanzada edad, los intereses de la clase obrera y acogió con la más fervorosa alegría el resurgir del movimiento proletario francés.

IV. ACTITUD DE LOS COMUNISTAS ANTE LOS DIFERENTES PARTIDOS DE OPOSICIÓN

Después de lo dicho en el capítulo II, la actitud de los comunistas respecto de los partidos obreros ya constituidos se explica por sí misma y, por tanto, su actitud respecto de los cartistas de Inglaterra y los partidarios de la reforma agraria en América del Norte.[59]

59. LOS COMUNISTAS Y LAS ORGANIZACIONES PROLETARIAS DE INGLATERRA Y DE LOS ESTADOS UNIDOS

En el segundo capítulo del *Manifiesto* se habla de las relaciones entre los comunistas y los demás partidos de la clase obrera. Ya hemos visto que los comunistas no constituyen un partido frente a los demás partidos obreros. Por consiguiente, dondequiera que exista un partido obrero, los comunistas forman simplemente un sector considerable dentro de ese partido, con la ventaja de que su disciplina teórica los capacita para comprender las condiciones, los avances y los resultados generales del movimiento. Así fue como los comunistas consiguieron hacer pesar su influencia sobre dos organizaciones obreras que florecieron a mediados del siglo pasado: los cartistas ingleses y los adalides de la reforma agraria en los Estados Unidos de América.

Después de la publicación del *Manifiesto*, Marx, y sobre todo Engels, que mantenían ya relaciones con los cartistas, estrecharon todavía más los lazos que les unían al ala comunista del cartismo, principalmente representada por George Julian Harney (1817-1899) y Ernest Jones (1819-1869). A fortalecer esa intimidad contribuyeron los miembros de la Liga Comunista londinense.

Los asuntos tomaron un giro completamente distinto en los Estados Unidos, donde la Liga Comunista no había logrado echar raíces independientes. Entre los obreros alemanes emigrados a los Estados Unidos, el que ejerció una influencia más notable fue Herman Kriege (1820-1850), que se había trasladado a Norteamérica en 1845. Kriege estableció contacto directo con la organización americana llamada National Reform Association, fundada en 1845 para servir de manto legal a la sociedad secreta llamada Joven América. Esta sociedad política se proponía como fin, según dice Engels, la instauración de un gobierno democrático que pudiera utilizarse como arma contra la burguesía y a favor de la causa proletaria. No hay razón alguna para identificar, como lo hace Andler, la Joven América con la Liga Antirrentista. Esta había sido fundada mucho antes, como fruto del potente movimiento agrario desarrollado en el Estado de Nueva York durante el año 1839.

Los agricultores tomaban sus fincas en arriendo de propietarios a quienes se había concedido miles y miles de acres arbitrariamente. Al principio la renta era moderada; pero la creciente voracidad de los herederos de los primitivos concesionarios iba apretando cada vez más los tornillos de los colonos y tratando de extraer un tributo cada vez mayor. Los agricultores, en vista de esto, entablaron una activa campaña contra la renta y estalló una revuelta agraria. Esta agitación encontró cauces más pacíficos en la Liga

Antirrentista, que abrazaba procedimientos legales contra los abusos de los propietarios.

Los dirigentes de la Joven América intervinieron ahora en el movimiento, levantando, por medio de la Asociación Nacional de Reformas, un programa mucho más radical de condiciones agrarias. En este programa se pedía, entre otras cosas, la nacionalización de la tierra y el establecimiento de un límite máximo de 160 acres para cada propietario.

En octubre de 1845, la Joven América celebró un congreso en Boston, invitando a él a la Asociación de Trabajadores de la Joven Inglaterra (que había comenzado a funcionar aquel mismo año). El congreso adoptó un programa en el cual se proclamaba el derecho a la vida y a la libertad, declarando, además, que todo hombre era acreedor a que se le entregase la cantidad de tierra necesaria para el sostenimiento de su familia.

Marx no se forjaba ilusiones en cuanto a la índole de este programa. Tanto él como los que compartían sus ideas protestaron contra Kriege por no tomar la reforma agraria como base del movimiento, por su insistencia en no darle una forma más definida, una mira más alta, tomándolo como pauta del movimiento comunista.

> «Si Kriege hubiera concebido el movimiento de emancipación como una primera forma del nuevo movimiento proletario, necesaria bajo determinadas condiciones específicas, como un movimiento que, por las condiciones de vida de la clase de que arrancaba, estaba necesariamente destinado a desarrollarse hasta convertirse en un movimiento comunista; si hubiera demostrado cómo las tendencias comunistas en Norteamérica tenían que empezar forzosamente asumiendo esa forma agraria, aparentemente contraria

a todo comunismo, no hubiéramos tenido nada que oponerle.» (*Escritos varios*, t. II, pp. 421-422)

El primer resultado de este movimiento era acelerar el desarrollo industrial de la sociedad burguesa contemporánea. Pero como a la vez precipitaba el movimiento proletario y envolvía, además, un ataque contra la propiedad privada, Marx admitía que, visto en conjunto, aquella campaña tendía a promover la causa comunista.

Después de conseguir unas cuantas reformas mezquinas en el terreno de la legislación agraria, el movimiento se desvaneció. Fue, en substancia, una agitación de agricultores, y los pocos obreros industriales que tomaron parte en ella se vieron arrastrados a un movimiento de vuelta al campo.

Durante los años de 1845 a 1848, Marx y Engels creyeron de primordial importancia ponerse en contacto con una organización que indudablemente ejercía gran influencia sobre los obreros norteamericanos, aunque, como ya hemos visto en la controversia que Marx hubo de sostener con el demócrata Heinzen, el primero profesaba una idea un poco exagerada respecto a la medida en que los proletarios contribuían a la agitación agraria.

«En Inglaterra, bajo el nombre de "cartistas", y en los Estados Unidos bajo el de "reformistas nacionales", los obreros crearon sus partidos políticos. Su grito de guerra ya no era monarquía o república. Para ellos, la alternativa era otra: régimen proletario o régimen burgués.» (*Escritos varios*, p. 146)

Esta exagerada afirmación debíase a la falta de antecedentes.

En el siguiente episodio se trasluce la importancia que Marx y Engels concedían a este asunto. Los comunistas alemanes de Bruselas decidieron enviar a Kriege una circular criticando severamente su táctica en relación con el movimiento americano. Weitling fue el único miembro del grupo que se negó a firmar el documento. Esto determinó la ruptura entre los comunistas que se inclinaban a las ideas de Marx y los que, con Kriege a la cabeza, pugnaban por armonizar la labor revolucionaria con disertaciones morales y religiosas.

Los comunistas luchan por alcanzar los objetivos e intereses inmediatos de la clase obrera; pero al mismo tiempo, defienden también, dentro del movimiento actual, el porvenir de ese movimiento. En Francia, los comunistas se suman al Partido Socialista Democrático contra la burguesía conservadora y radical, sin renunciar, sin embargo, al derecho de criticar las ilusiones y los tópicos legados por la tradición revolucionaria.

En Suiza apoyan a los radicales, sin desconocer que este partido se compone de elementos contradictorios: en parte de socialistas demócratas al estilo francés, en parte de burgueses radicales.[60]

60. LOS COMUNISTAS Y LOS RADICALES EN FRANCIA EN SUIZA

Por aquel entonces, la democracia social estaba representada en Francia por Ledru-Rollin (1807-1874) y Luis Blanc (1811-1882). La tal democracia había de representar en 1848 el más afrentoso de los papeles. Sus secuaces salían de las filas del proletariado y de la pequeña burguesía. No tenían ninguna idea clara acerca de las condiciones que habían de presidir la emancipación de los obreros; todas sus esperanzas se cifraban en tópicos como «el derecho al trabajo», «la organización del trabajo», la creación de sociedades cooperativas de producción, etcétera.

Engels recomendaba frente a los socialdemócratas la táctica siguiente:

> «Por consiguiente, los comunistas, en momentos de acción, deberán llegar a un entendimiento con estos elementos socialistas democráticos y concertar con ellos una política momentánea lo más estrecha posible, siempre y cuando que estos socialistas no actúen al servicio de la burguesía dominante ni ataquen a los comunistas. Claro está que esta entendimiento para la acción no excluye la discusión acerca de las diferencias que los separan.» (*Principios de comunismo*, respuesta a la pregunta 24. v. infra, Apéndice)

El diario socialdemócrata francés más importante era *La Réforme*. Entre sus colaboradores se contaban Flocon, Luis Blanc, etc. Engels recibió el encargo de ponerse en contacto con los que dirigían el periódico, trabando así conocimiento con Flocon y Blanc. Para estrechar las relaciones con sus nuevos amigos envió al periódico algunos artículos acerca del movimiento proletario inglés.

En Suiza se aconsejaba a los comunistas apoyar a los radicales. Estos, a pesar de que formaban un grupo insignificante, eran los únicos con quienes, en aquellos tiempos, podían colaborar los comunistas. La mayoría de los radicales suizos vivían en los cantones de habla francesa de Ginebra y Vaud. En octubre de 1846 había estallado en Ginebra una revolución democrática, acaudillada por el periodista James Fazy

(1796-1878), después de cuyo movimiento el partido radical cobró más fuerza y se acercó más a los ideales de los republicanos franceses. En febrero de 1845, el gobierno conservador de Lausana, capital del cantón de Vaud, tuvo que dimitir ante un alzamiento popular, cediendo el puesto a otro gabinete de tendencias radicales, y Druey (1799-1855) ascendió a jefe del gobierno cantonal. Más tarde formó parte de una comisión nombrada para revisar la Constitución Federal y apoyó un proyecto para que se insertase en ella un artículo sobre la «organización del trabajo». Como hemos visto, este punto figuraba en el programa de los socialistas democráticos franceses. Cuando los socialistas, y aun los demócratas alemanes, se vieron obligados a refugiarse en Suiza, después del alzamiento fracasado de mayo de 1849, tanto Druey como Fazy demostraron ser fieles servidores de la reacción europea. Pero durante los años de 1847 y 1848 su reputación política era intachable. Ocuparon un lugar prominente en la guerra separatista de la Sonderbund. La Sonderbund, que pugnaba por separarse de la Confederación Helvética, era la liga de los siete cantones conservadores sometidos a un gobierno clerical y se había constituido para combatir al gobierno federal, mucho más avanzado. Engels escribe a este respecto:

«Ahora que los demócratas apoyan a la parte más civilizada, industrial y democrática de Suiza contra la democracia inculta y teutónico-cristiana de los cantones ganaderos y primitivos, estos demócratas son los representantes del progreso, dejan de revelar su afinidad con la reacción y demuestran que comprenden el verdadero sentido de la democracia en el siglo XIX.» (*Escritos varios*, t. II, p. 446)

En la lucha contra los jesuitas y los partidarios de la Sonderbund, que gozaban de la protección de Metternich y de Guizot, los demócratas y socialistas europeos pusieron todas sus simpatías de parte de los cantones radicales, que habían entrado en la etapa decisiva de la lucha. En noviembre de 1847 capitularon, una tras otra, las ciudades de Friburgo, Zud y Lucerna. Estas derrotas llevaron la más completa desorganización a la Sonderbund, y a las dos semanas había terminado la guerra suiza de secesión.

En la tercera sesión de la Liga Democrática, fundada en Bruselas poco antes por Marx y otros comunistas alemanes, se acordó dirigir una proclama al pueblo suizo. En ella se invitaba a todos los demócratas convencidos a que prestasen su apoyo a los radicales suizos en su lucha por «sacudir el yugo de los curas» y acabar con la Sonderbund. Este documento iba firmado por Marx, Jules Valles (1832-1885), compositor y literato; Wilhelm Wolff (1809-1864), representante de la Sociedad Obrera Alemana de Bruselas, a quien Marx dedicó el primer volumen de *El capital*; Moses Hess (1812-1875) y otros.

Entre los polacos, los comunistas apoyan al partido que ve en una revolución agraria la condición de la liberación nacional; es decir, al partido que provocó en 1846 la insurrección de Cracovia.[61]

61. LA CUESTIÓN POLACA Y LOS COMUNISTAS

En cuanto a Polonia, a los comunistas se les aconsejaba que apoyasen a la Sociedad Democrática Polaca, que había sido fundada en 1832 para contrarrestar la labor de los aristócratas desterrados. Los demócratas polacos creían que la causa principal del fracaso de la revolución de 1830-1831 había sido el egoísmo de los aristócratas, y sostenían que la salvación de Polonia no estaba sólo en el alzamiento armado, sino que era preciso desarrollar simultáneamente una revolución democrática y radical. La mira de los demócratas era, por tanto, apelar al pueblo, a los campesinos. Para ganarse las simpatías populares incluyeron en su programa la emancipación de los campesinos y la supresión de los vínculos feudales que pesaban sobre la tierra. En 1845, bajo la influencia de las ramas austríaca y prusiana, la Sociedad Democrática preparó un nuevo alzamiento bajo la dirección de Mieroslawski (1814-1878). El 24 de enero de 1846 se proclamó en Cracovia un gobierno nacional. Este gobierno nacional publicó el 22 de febrero un manifiesto en el que se prometía a los campesinos la igualdad de derechos y la posesión libre de las tierras que cultivaran. El intento fracasó. Excitados por los más ultrajantes métodos demagógicos (métodos de que Metternich sabía servirse con suma maestría), los campesinos se labraron ellos mismos su derrota haciendo una matanza de miles de propietarios. Y la pequeña república de Cracovia, último vestigio de la Polonia independiente que quedaba en pie después de los repetidos repartos, fue anexionada a Austria con el consentimiento de Rusia y de Alemania.

Esta insurrección despertó las simpatías de todos los demócratas de Europa. Fue el preludio de los sucesos revolucionarios que provocaron la convulsión del continente en 1847 y culminaron en la revolución de febrero de 1848. A pesar de su trágico fin, la tendencia socialista del levantamiento fue acogida por la gran masa del pueblo, a la que se le alcanzaba perfectamente la diferencia que mediaba entre este movimiento revolucionario y los que habían ocurrido durante los años 1830-1831. Los polacos se ganaron nuevas simpatías, esta vez procedentes del campo proletario. Sin exageración puede afirmarse que la restauración de la independencia polaca encontró su primera expresión enérgica en las clases proletarias de Alemania, Francia e Inglaterra después del alzamiento de Cracovia.

He ahí explicado por qué la cuestión polaca figura siempre, desde 1847 en adelante, en el orden del día de todos los congresos de alguna importancia celebrados por los demócratas europeos. En la asamblea celebrada en Londres el 29 de noviembre de 1847 en conmemoración de la revolución polaca de 1830-1831, Marx y Engels hablaron de la importancia de la cuestión polaca para el proletariado europeo.

En su discurso, Marx indicó que la cuestión polaca formaba parte del movimiento general en pro de la emancipación de la clase obrera:

«Para que los pueblos se unan, en el sentido genuino de esta palabra, es necesario que tengan intereses comunes. Y para que lleguen a tener intereses comunes es indispensable la previa abolición del régimen de propiedad imperante, pues este régimen es precisamente el que determina la explotación de unos pueblos por otros. Sólo la clase obrera está interesada en la abolición del régimen de propiedad existente. Sólo ella posee los medios para conseguirlo. El triunfo del proletariado sobre la burguesía pondrá fin, a la par, a los conflictos nacionales e industriales, que son la causa actual de la hostilidad de unas naciones contra otras. Por consiguiente, el triunfo del proletariado sobre la burguesía será la señal de la emancipación de todas las naciones oprimidas.» (Publicado en la *Gaceta Alemana de Bruselas*, 1847, núm. 98)

Engels explica por qué la lucha de los polacos por su libertad tenía un especial interés para Alemania:

> «Ninguna nación puede ser libre mientras mantenga a otra encadenada. Por eso la emancipación de Alemania no será posible mientras los alemanes no liberen a los polacos del yugo germano.» (id.)

En el mitin celebrado el 22 de febrero de 1848 en conmemoración del alzamiento de Cracovia, Marx abordó de nuevo el problema polaco, tratando de hacer comprender al auditorio, en todo su alcance, la importancia de los sucesos de Cracovia. De este examen sacaba en consecuencia que la emancipación nacional de un pueblo se hallaba siempre íntimamente unida al movimiento democrático, es decir, a la emancipación de la clase oprimida. Por eso no era la emancipación de la Polonia aristocrática, sino de la Polonia democrática, el problema que afectaba a toda la democracia europea.

En la misma asamblea, Engels encarece la importancia de este problema para el pueblo alemán. El alzamiento de Cracovia había convertido un asunto exclusivamente polaco en asunto de interés internacional; y lo que hasta entonces era pura fraseología sentimental, pasaba a ser una expresión positiva que afectaba a la actuación de todos los verdaderos demócratas. Alemania era la que más debía congratularse de ello, pues en una Polonia democrática tendría una aliada leal, una aliada que compartiría sus mismos intereses. El revolucionamiento político de Alemania, la desaparición de Prusia y Austria como potencias dominantes en la Europa central, el repliegue de la Rusia zarista detrás de los ríos Dniester y Dvina, todo esto sería el preludio para la emancipación de Polonia y de Alemania.

Tales eran, pues, y bien claros como se ve, los motivos por los cuales Marx y Engels insistían en que los comunistas apoyaran a aquel partido polaco que entendía que la emancipación de Polonia debía llevarse a cabo por medio de una revolución agraria como la que había estallado en la república de Cracovia el año 1846.

En Alemania, el Partido Comunista lucha al lado de la burguesía, en tanto que esta actúa revolucionariamente contra la monarquía absoluta, la propiedad territorial feudal y la pequeña burguesía reaccionaria.

Pero jamás, en ningún momento, se olvida este partido de inculcar a los obreros la más clara conciencia del antagonismo hostil que existe entre la burguesía y el proletariado, a fin de que los obreros alemanes sepan convertir de inmediato las condiciones sociales y políticas que forzosamente ha de traer consigo la dominación burguesa en otras tantas armas contra la burguesía; a fin de que, tan pronto sean derrocadas las clases reaccionarias en Alemania, comience inmediatamente la lucha contra la misma burguesía.

Los comunistas fijan su principal atención en Alemania, porque Alemania se halla en vísperas de una revolución burguesa y porque llevará a cabo esta revolución bajo condiciones más progresivas de la civilización europea en general, y con un proletariado mucho más desarrollado que el de Inglaterra en el siglo XVII y el de Francia en el siglo XVIII; por lo tanto, la revolución burguesa alemana no podrá ser sino el preludio inmediato de una revolución proletaria.[62]

62. Deberes de los comunistas en Alemania

En Alemania se recomienda a los comunistas que apoyen a la burguesía mientras ésta se halla empeñada en una guerra revolucionaria contra las fuerzas de la reacción.

Marx y Engels conocían harto bien la tibieza y falta de decisión de la burguesía alemana. Hasta aquel sector de la burguesía interesado en el desarrollo industrial de las provincias del Rin y de Westfalia formaba meramente en el movimiento de oposición; y aun los mismos colaboradores asiduos de la *Gaceta del Rin*, que dirigía Marx, hombres como Camphausen (1803-1890), Hansemann (1790-1864) y Mevissen (1815-1899), demostraron, en los debates de la *Dieta*, que estaban muy por debajo de un Mirabeau (1749-1791) o de un La Fayette (1779-1849). Pero no por eso perdían Marx y Engels su ecuanimidad.

«Sin embargo, los obreros alemanes saben muy bien que la monarquía absoluta no vacilará ni puede vacilar un solo momento en recibirlos, al servicio de la burguesía, con balas de cañón o a latigazos. ¿Por qué han de preferir, pues, los obreros la persecución brutal del gobierno absoluto, con su séquito semifeudal, al gobierno directo de la burguesía? Los obreros saben muy bien que la burguesía no sólo les hará concesiones políticas más amplias que la monarquía absoluta, sino que, mal que le pese, por exigirlo así la prosperidad de su comercio y su industria, provocará las condiciones necesarias para la unificación de la clase obrera, y la unificación de la clase obrera es el primer requisito para su victoria. Los obreros saben que la abolición del régimen burgués de propiedad no podrá llevarse a cabo precisamente manteniendo en pie el régimen feudal. Saben que el movimiento revolucionario de la burguesía contra los estamentos feudales y la monarquía absoluta no hará más que acelerar su propio movimiento revolucionario. Saben que su lucha contra la burguesía no podrá comenzar hasta el día en que la burguesía haya triunfado. Y a pesar de todo esto no comparten las ilusiones burguesas del señor Heinzen. Pueden aceptar y deben aceptar la revolución burguesa como condición de la revolución proletaria. Pero jamás, ni por un momento, considerarla como su propia meta final.» (Marx, *Escritos varios*, t. II, pp. 469470)

Es cierto que la burguesía alemana se había quedado muy rezagada, que empezaba a luchar contra la monarquía absoluta y a consolidar su poder político en una época en que la burguesía de todos los demás países adelantados se hallaba ya empeñada en una lucha a vida o muerte con el proletariado, cuando toda Europa había dejado ya atrás las ilusiones políticas de la infancia. Sin embargo, también en Alemania empezaban a estallar ya conflictos entre la burguesía y la clase obrera, cobrando incluso carácter virulento, como lo demuestran los disturbios de Silesia y Bohemia. Es decir, que, en Alemania, el proletariado y la burguesía luchaban ya en el terreno económico antes de que ésta se hubiese constituido en clase política independiente.

La burguesía alemana trató de convertir la monarquía absoluta en una monarquía burguesa por todos los medios pacíficos, sin querer recurrir a procedimientos revolucionarios. Pero esta esperanza era una vana ilusión, pues la monarquía absoluta tenía sus raíces en la burocracia y en el orden feudal, clases ambas que se veían encaradas con el dilema de «ser o no ser». La revolución burguesa era, pues, inevitable.

No obstante, los comunistas no debían frenar ni por un momento en su labor específica. No debían cejar en su misión de educar a los obreros en la conciencia de sus intereses de clase, opuestos a los de la burguesía, haciéndoles comprender que la batalla contra ésta empezaría inmediatamente después del derrumbamiento de la monarquía absoluta, tan pronto como se evidenciase que la revolución burguesa no era más que el preludio de la revolución proletaria.

Es corriente atribuir a Engels la paternidad de todo este capítulo IV; pero no es así, y basta con comparar el texto del *Manifiesto* y la táctica aquí propuesta con sus *Principios de comunismo* para comprender cuán difícil era hasta para un hombre como Engels trazar y expresar líneas de acción convenientes. Mientras que Engels dice que los comunistas debían luchar contra el gobierno apoyando al partido liberal burgués, Marx sostiene que los comunistas sólo debían hacer causa común con la burguesía en la medida en que ésta actuase revolucionariamente. Mientras que Engels se circunscribe a la lucha por la consecución de un gran número de derechos, merced a los cuales el triunfo de la burguesía sería al mismo tiempo el triunfo del partido comunista, Marx eslabona la revolución burguesa de Alemania (donde las condiciones eran mucho más propicias que aquellas con que se habían encontrado Inglaterra y Francia en los siglos XVII y XVIII respectivamente) con la revolución proletaria; entendiendo que la primera no sería más que el preludio de la segunda.

Que los comunistas tuvieron en cuenta las condiciones especiales imperantes en Alemania al estallar la revolución, lo demuestra el hecho de que inmediatamente de desatarse ésta levantaron un programa de reivindicaciones prácticas que difiere en varios puntos del que se formula en el segundo capítulo del *Manifiesto*. El programa redactado por los comunistas alemanes en el 48 tiene todavía gran interés de actualidad. (v. infra, apéndice: *Reivindicaciones de los comunistas alemanes*.)

Una de las diferencias esenciales que median entre este programa y el del *Manifiesto* estriba en la petición de concesiones que, aunque en muy pequeño grado, habían sido logradas ya en los países más adelantados, tales como Suiza, los Estados Unidos, Francia e Inglaterra. Sin estas reformas esenciales sería imposible la instauración de condiciones políticas y sociales que sirvieran a los obreros de armas en su lucha contra la burguesía.

Los puntos uno al seis, y el doce y el trece, resumen las reivindicaciones políticas generales, cuya realización transformaría a Alemania en una república indivisible y democrática.

Los demás puntos se refieren a concesiones tocantes a la vida social y económica. Corresponden al décimo punto del programa esbozado en el *Manifiesto*, si bien aparecen más desarrollados y difieren de éste en algunos respectos. Estos detalles y divergencias tienen un interés especial para nosotros, pues de ellos podemos colegir hasta qué punto Marx y Engels hubieran formulado los mismos principios, de no haberse visto obligados a introducir en el *Manifiesto* una serie de puntos que eran tal vez fruto de la deliberación colectiva o de las transacciones a que habían tenido que llegar con las distintas corrientes de opinión en el congreso de la Liga Comunista celebrado en Londres.

Pronto la experiencia de la revolución alemana demostró que allí donde la burguesía se ve arrastrada, bien a su pesar, a tomar parte en el movimiento revolucionario contra la monarquía absoluta, procura pactar inmediatamente con las fuerzas del pasado, con tanto más ahínco cuanto mayores son la decisión y la energía con que la clase obrera plantea sus propias reivindicaciones. Por lo demás, las reivindicaciones formuladas por Marx y Engels en Alemania eran como para sacar de quicio a la burguesía alemana... Eran demasiado fuertes para los estómagos de aquellos demócratas.

> En resumen, los comunistas apoyan por doquier todo movimiento revolucionario contra el régimen social y político existente.
>
> En todos los movimientos ponen en primer término, como cuestión fundamental del movimiento, la cuestión de la propiedad, cualquiera que sea la forma más o menos desarrollada que esta revista.
>
> En fin, los comunistas trabajan en todas partes por la unión y el acuerdo entre los partidos democráticos de todos los países.[63]

63. COMUNISTAS Y DEMÓCRATAS

Vemos, por consiguiente (tal es la idea substancial de este pasaje), que, lo mismo en Francia que en Suiza, que en Polonia o en cualquier otro país, los comunistas debían unir sus fuerzas a las de aquellos que batallasen contra las condiciones sociales y políticas dominantes, pues cada paso que se da en la senda de la emancipación de la clase trabajadora prepara el terreno para la lucha de clases entre el proletariado y la burguesía.

Pero, a diferencia de los demócratas, los comunistas, aun tomando parte en estos movimientos, no colocan la cuestión de la forma de gobierno o la de los derechos políticos a la cabeza de su programa. Combaten, ante todo y, sobre todo, contra la propiedad privada, y la solución de este problema es cuestión de vida o muerte para el proletariado, en lo que a la abolición del régimen burgués de propiedad se refiere.

Otro de los puntos del orden del día comunista, tal como se desprende del capítulo final del *Manifiesto*, es la unión y entendimiento mutuo de los partidos democráticos de todos los países. Todas éstas eran las razones que inducían a la Liga Comunista al tratar de unir a los comunistas y a los demócratas en un frente único. Con ayuda de Marx, Engels, Wolff, etc., la Liga confiaba en llevar a cabo la unión de las fuerzas democráticas de todos los países contra el feudalismo y la reacción. Sin embargo, este entendimiento no significaría para los comunistas la renuncia a seguir criticando la fraseología y las ilusiones de aquellos mismos demócratas con quienes se aliaban. La unión de las dos tendencias se llegó a realizar en algunas organizaciones internacionales, tales como la Asociación Democrática Internacional de Bruselas (cuya vicepresidencia ocupaba Karl Marx) y la Fraternidad Democrática de Inglaterra. En esta última organización predominaban los cartistas, y entre sus miembros figuraban Schapper y otros representantes del comunismo alemán en Londres.

Los comunistas consideran indigno ocultar sus ideas y propósitos. Proclaman abiertamente que sus objetivos solo pueden ser alcanzados derrocando por la violencia todo el orden social existente. Las clases dominantes pueden temblar ante una Revolución Comunista. Los proletarios no tienen nada que perder en ella más que sus cadenas. Tienen, en cambio, un mundo que ganar.

¡PROLETARIOS DE TODOS LOS PAÍSES, UNÍOS!

ÍNDICE

II. Proletarios y comunistas

III. Literatura socialista y comunista

1. Socialismo reaccionario

2. El socialismo conservador o burgués

3. El socialismo y el comunismo crítico-utópicos

Nota mental del 10 de enero
de 2026: Poner de colofón
alguna letra del *Then play on* de
Fleetwood Mac o algo así.